桂林
传统村落勘录

Traditional villages in Guilin

主编 韦 伟

中国建筑工业出版社

图书在版编目（CIP）数据

桂林传统村落勘录／韦伟主编．—北京：中国建筑
工业出版社，2016.6
ISBN 978-7-112-19507-7

Ⅰ．①桂…　Ⅱ．①韦…　Ⅲ．①村落－介绍－桂林市
Ⅳ．①K926.75

中国版本图书馆CIP数据核字（2016）第133825号

主　　编：韦　伟
副 主 编：郑景文　陈　清
编　　委：韦　伟　郑景文　陈　清　丁　玲　李　玲

封面设计：丁　玲
责任编辑：胡永旭　唐　旭　李东禧
责任校对：王宇枢　姜小莲

桂林传统村落勘录
主编　韦　伟
＊
中国建筑工业出版社出版、发行（北京海淀三里河路9号）
各地新华书店、建筑书店经销
北京锋尚制版有限公司制版
北京富诚彩色印刷有限公司印刷
＊
开本：880×1230毫米　1/16　印张：19　字数：582千字
2018年2月第一版　　2018年2月第一次印刷
定价：**198.00**元
ISBN 978-7-112-19507-7
（29048）
版权所有　翻印必究
如有印装质量问题，可寄本社退换
（邮政编码100037）

打开放在案头的这本《桂林传统民居勘录》，眼前一亮，一下子把我的思绪带到了桂林这座历史文化名城中泛着深厚历史积淀的传统民居画面里。尽管有一些传统民居已经破败，但她仍然承载着丰富的历史文化和民族情怀。

传统民居是桂北地区先民生产和生活的主要场所，是传承乡土文化，展示桂北农村风貌，承载乡愁记忆的空间载体。她是历史长河中留下的，有着丰富文化底蕴的宝贵财富。

传统民居的传统格局，不仅体现了古村落的特色和风貌，还蕴藏着古村落的历史和文化，是古村落历史无声的见证。

传统民居形成的历史格局、街巷空间、传统建筑的构成。她所代表的习俗、生产生活方式，以及中国传统的风水文化，都深深地镌刻着时代的烙印，对当时历史的居住形态、邻里关系、人类对天地的敬畏等等，都表现得淋漓尽致，无时不在唤起你对古村落历史和特色文化的追忆。

桂北地处湘、粤、桂、黔边界，明王朝在桂林设立靖江府以来，桂林曾经是中国历史上一个时期内岭南政治、军事、经济、文化中心，其典型的包容性极具魅力。特别是桂林籍的历代为官者，他们有的弃官回乡，有的省亲故里，陆续把外来的建筑文化带回来，反映在民居建筑上。中原地区建筑文化、巴蜀及黔南建筑文化、岭南地区建筑文化，以及桂北少数民族建筑文化，在桂北地区竞相绽放，并形成了桂北独特的，各具特色的民居风格。

传统民居，反映出世代生活在这片热土的先民的聪明才智。他们把对故乡的热爱，把历史的记忆，用勤劳的双手和汗水镌刻在这片神奇而富饶的土地上。无论是形式多样的马头墙，还是硬山式山墙檐；无论是精雕的各类木刻和各式雕花门窗，还是石雕的柱基和各类石肪；无论是独立的院落格局，还是按地形错落有致的建筑群，都渗透着先民的智慧，体现出先民对山水自然的尊重。

韦伟同志在繁忙的工作当中抽出时间，在人员、经费不足的情况下，用了近20年的时间，对桂北地区的传统民居进行了大量的调查研究，带领桂林城市规划设计研究院的同志们跋山涉水，几乎走遍了桂北地区有特色的传统村落。他们收集资料、照相、测绘、分类编辑，才为读者呈现出这样一册精美的桂北传统民居总汇。这是一个很好的尝试，无疑也是一份可圈可点的贡献。

桂北传统民居在祖国大家庭的各式民居建筑中，既让我们感受到与中原和闽粤皖建筑文化的水乳交融，又能展示出桂北传统民居独特的地域风格。面对先辈璀璨的建筑文化，我们更应该加大保护力度。习近平总书记寄语我们，要留住乡愁，就是让我们把历史传承的重任接过来，在新长征的路上，让她发扬光大。

（住房和城乡建设部驻广西规划督察组组长）

目 录

CONTENTS

序

桂林总体介绍 **001**

─01

全州县		**008**
石塘镇 沛田村		009
绍水镇 梅塘村		034
永岁乡 石岗村		045

─02

兴安县		**052**
白石乡 水源头村		053

─03

资源县		**070**
中锋乡 井头村		071

─04

龙胜各族自治县		**082**
龙脊镇 龙脊村		083
龙脊镇 金竹寨		096

─05

灵川县		**108**
大圩镇 熊村		109
九屋镇 江头村		133
灵田镇 长岗岭村		147
灵田镇 迪塘村		156

─06

灌阳县		**168**
文市镇 月岭村		169

07

永福县　　　　　　　　　　　　　　　**182**

罗锦镇　崇山村　　　　　　　　　　　183

08

阳朔县　　　　　　　　　　　　　　　**190**

普益乡　留公村　　　　　　　　　　　191

兴坪镇　渔村　　　　　　　　　　　　202

高田镇　朗梓村　　　　　　　　　　　211

09

恭城瑶族自治县　　　　　　　　　　　**220**

莲花镇　朗山村朗山屯　　　　　　　　221

西岭乡　杨溪村杨溪屯　　　　　　　　230

10

荔浦县　　　　　　　　　　　　　　　**242**

马岭镇　永明村小青山屯　　　　　　　243

11

平乐县　　　　　　　　　　　　　　　**252**

沙子镇　沙子村　　　　　　　　　　　253

张家镇　榕津村　　　　　　　　　　　262

张家镇　和村　　　　　　　　　　　　274

12

雁山区　　　　　　　　　　　　　　　**280**

草坪乡　潜经村　　　　　　　　　　　281

13

临桂区　　　　　　　　　　　　　　　**290**

会仙镇　山尾村　　　　　　　　　　　291

后记　　　　　　　　　　　　　　　　**295**

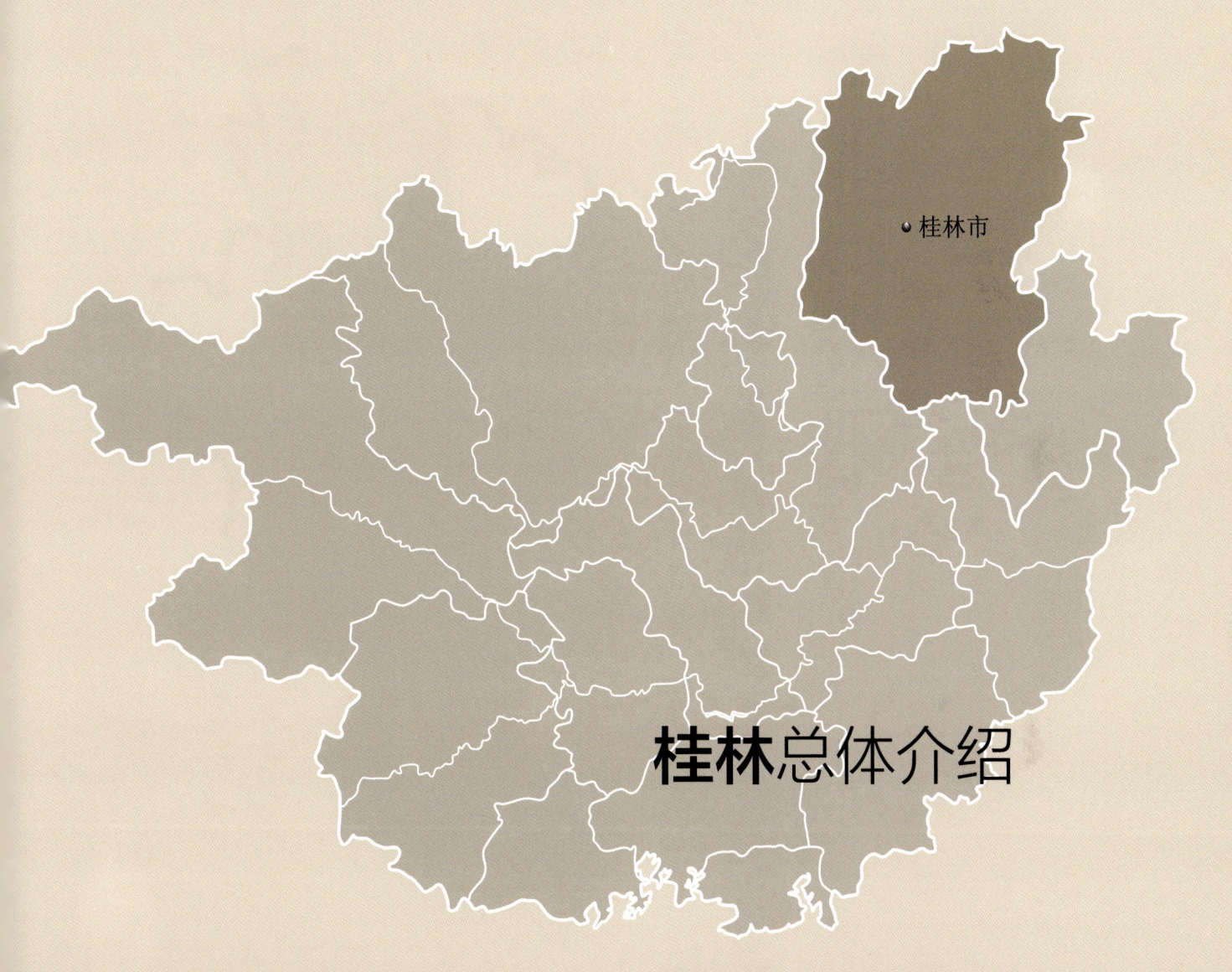

桂林市

桂林总体介绍

桂林 | 历史名城
       | 文化名城
       | 山水名城

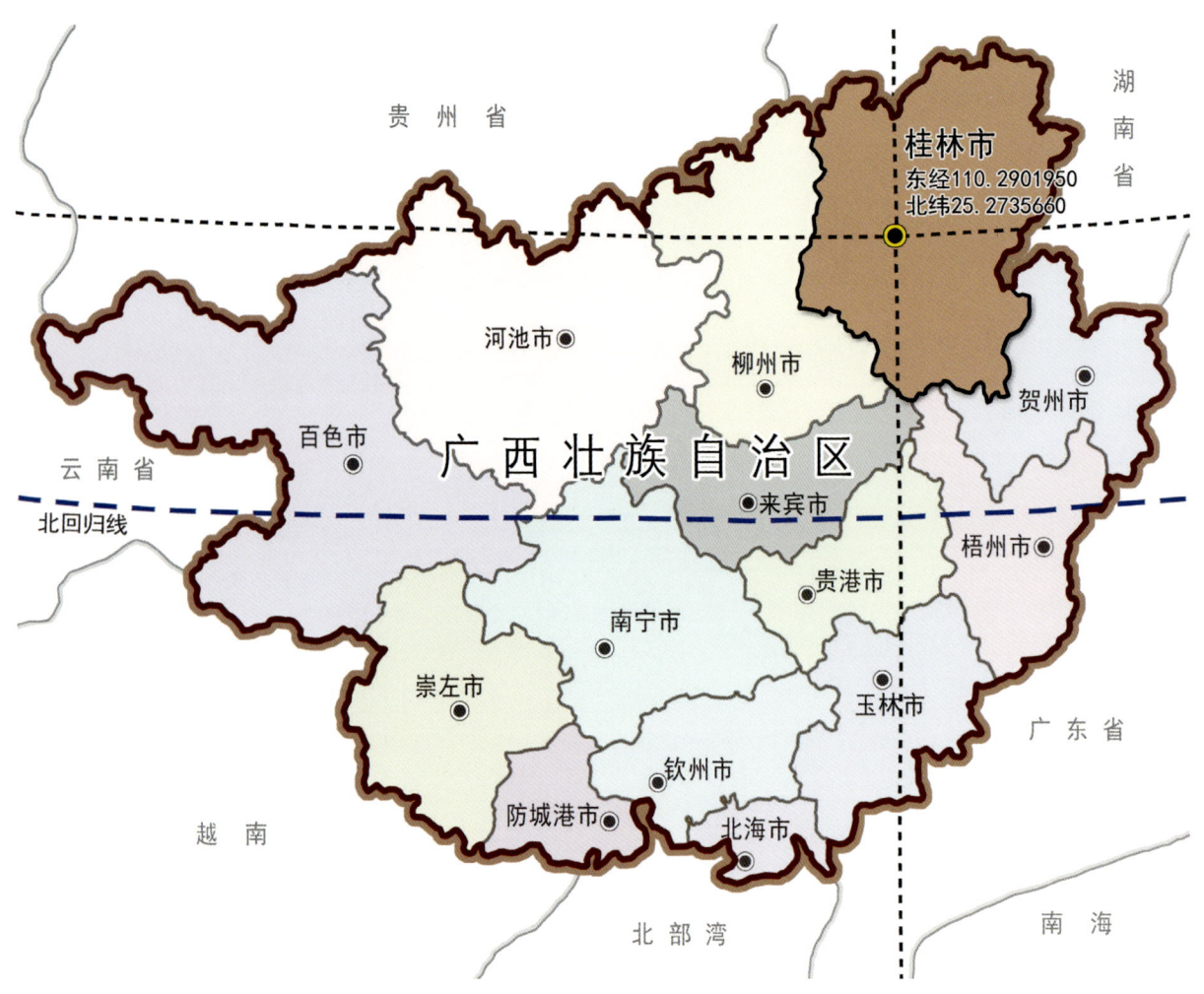

图1 桂林市域区位示意图

桂林市位于广西壮族自治区的东北部，地跨东经109°36′～111°29′、北纬24°15′～26°23′，位于"湘桂走廊"的南端，平均海拔150米，北、东北面与湖南省交界，西、西南面与柳州地区相连，南、东南面与梧州市、贺州市相连，毗邻广东省。

桂林市现辖秀峰、叠彩、象山、七星、雁山、临桂6个城区，阳朔、灵川、兴安、全州、荔浦、平乐、永福、灌阳、资源县和龙胜各族自治县、恭城瑶族自治县，11个县，桂林市行政区域总面积27809平方公里。

桂林地势西北高东南低，处于南岭山地西段向贵州高原过渡地带，也是湘南红色丘陵、黔东山原与桂中喀斯特盆地三大地貌单元的结合部，地貌形态众多，类型复杂，以中低山地丘陵为主。

桂林市境内主要河流为漓江、桃花江、桂柳古运河（相思埭）、义江、大江、金宝河、遇龙河、大源河等，分属长江和珠江两大流域的洞庭湖水系、柳江水系与桂贺江水系。漓江是桂林市域内的主要河流，发源于猫儿山东麓，属桂江水系上游。

桂林属于中亚热带季风气候，光照充足，夏长冬短，雨量充沛，降雨多集中于春夏两季。全年风向以偏北风为主，主导风向为东北偏北风。

桂林地处百越之地。秦始皇二十八年（公元前219年）开始了征服百越的战争。公元前214年，秦始皇派监御史史禄开凿灵渠成功，沟通湘漓两江，统一了岭南，设桂林、象、南海三郡，当时，桂林郡治设于现贵县（南距桂林约300公里），桂林的名称始出于此。

汉武帝元鼎六年（公元前111年）设始安县划归荆州零陵郡辖；三国时期，吴孙皓甘露元年（265年）置始安郡，仍属荆州管辖。从此始郡治、县治均设在今桂林市，自汉到隋相沿无改，距今二千七百多年历史。

两晋、南北朝时，桂林均为始安郡、始安县的治地。梁时曾一度改为桂州。隋大业三年（607年）恢复始安郡。

唐武德四年（621年）复置桂州；贞观八年（634年）改始安县为临桂县；开耀元年（681年）置桂林管内经略使，领桂、梧十四州，此时起正式称为桂林；兴化二年（900年）桂林设静江节度使后，便成为岭南政治、军事重镇。

宋至道三年（977年）设广南西路（简称广西），治所于桂州，桂林同时成为省、州、县三级地方政权机构所在地，成为广西地区的政治、军事、经济和文化中心，有"西南会府"之称。

此后，元初设广西宣慰司，明初改名桂林府，今桂林市以桂林为行政名称由此开始，并使用至今；明洪武三年（1370年），桂林又是靖江王的藩封府地，后建有靖江王城；到了清代曾为定南王府地，广西行省省会、桂林府府治，均设在桂林。

民国元年（1912年），广西省会从桂林迁往南宁，至1936年又迁回桂林；新中国成立后，1950年2月广西省会迁至南宁，桂林仍设市，同时成为桂林地区专员公署驻地。1998年11月桂林市与桂林地区合并。

表1　调研村落简表

序号	县名	乡镇名	村名编号	民居建筑测绘	村落属性
1	全州县	石塘镇	沛田村	118号民居、239-240号民居、明代古民居、114号门前小广场	
2	灵川县	大圩镇	熊村	305号民居、307号民居、43号民居、湖南会馆、路亭	中国传统村落、自治区历史文化名村
3	兴安县	白石乡	水源头村	元亨利金民居、紫气东来民居、绳其松茂民居、本固枝荣民居	中国传统村落、自治区级文物保护单位、自治区历史文化名村
4	全州县	绍水镇	梅塘村	梅溪公祠	
5		永岁乡	石岗村	燕窝楼	全国重点文物保护单位
6	资源县	中峰乡	井头村	50-53号民居	县级文物保护单位
7	龙胜各族自治县	龙脊镇	龙脊村	侯氏百年古民居	中国传统村落
8		龙脊镇	金竹寨	廖家祖宅	中国传统村落
9	灵川县	九屋镇	江头村	爱莲家祠	中国传统村落、全国重点文物保护单位、中国历史文化名村
10		灵田镇	长岗岭村	别驾第	中国传统村落、全国重点文物保护单位、自治区历史文化名村
11		灵田镇	迪塘村	80号民居、87号民居	中国传统村落
12	灌阳县	文市镇	月岭村	多福堂	中国传统村落、自治区级文物保护单位、县级文物保护单位、中国历史文化名村、自治区历史文化名村
13	永福县	罗锦镇	崇山村	95号民居	中国传统村落
14	阳朔县	普益乡	留公村	得月楼、21号民居	中国传统村落
15		兴坪镇	渔村	75-77号民居、99-104号民居	中国传统村落、自治区历史文化名村
16		高田镇	朗梓村	76-78民居	中国传统村落
17	恭城瑶族自治县	莲花镇	朗山村郎山屯	185号周氏民居、建筑组群	中国传统村落、自治区级文物保护单位
18		西岭乡	杨溪村杨溪屯	贻谷堂	中国传统村落
19	平乐县	沙子镇	沙子村	和平街59号，景仁街59号	中国传统村落
20		张家镇	榕津古村	粤东会馆	中国传统村落、县级文物保护单位、自治区历史文化名村
21		张家镇	和村	祠堂入口建筑	中国传统村落
22	荔浦县	马岭镇	永明村小青山村	龙氏古宅	中国传统村落、自治区级文物保护单位
23	市区	雁山区	潜经村	白氏宗祠、87号民居	广西传统村落
24		临桂区	山尾村	白崇禧故居	广西传统村落

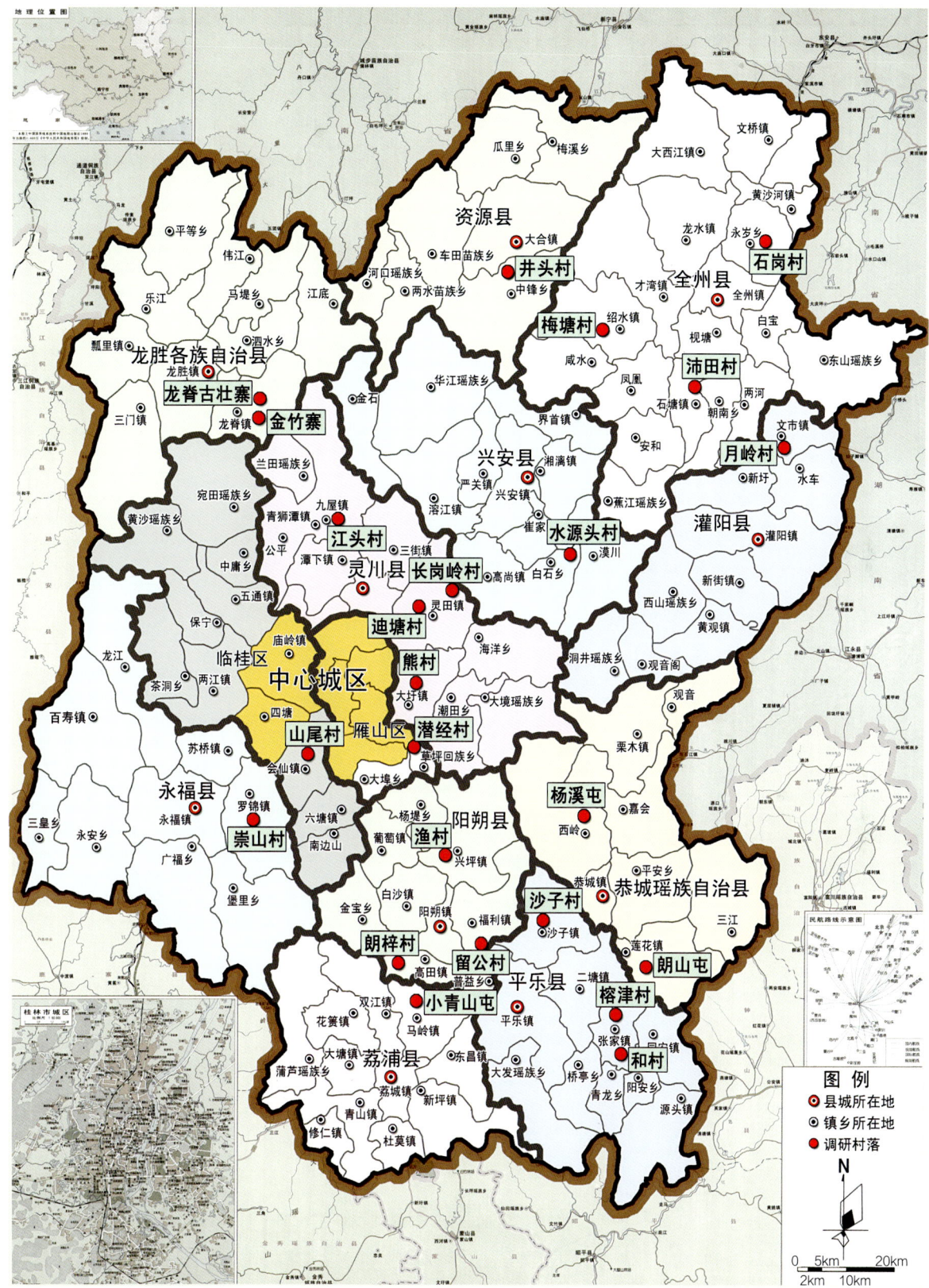

图2 调研村庄分布示意图

01

全州县		**008**
石塘镇	沛田村	009
绍水镇	梅塘村	034
永岁乡	石岗村	045

全州县

全州县位于广西壮族自治区东北部的湘江上游，地处北纬25°29′～26°23′，东经110°37′～111°29′之间，为桂林市辖县，是桂林市行政区规划面积最大、人口最多的副中心城镇，又是桂北湘南的物资集散中心，有"中国金槐之乡"的美称。

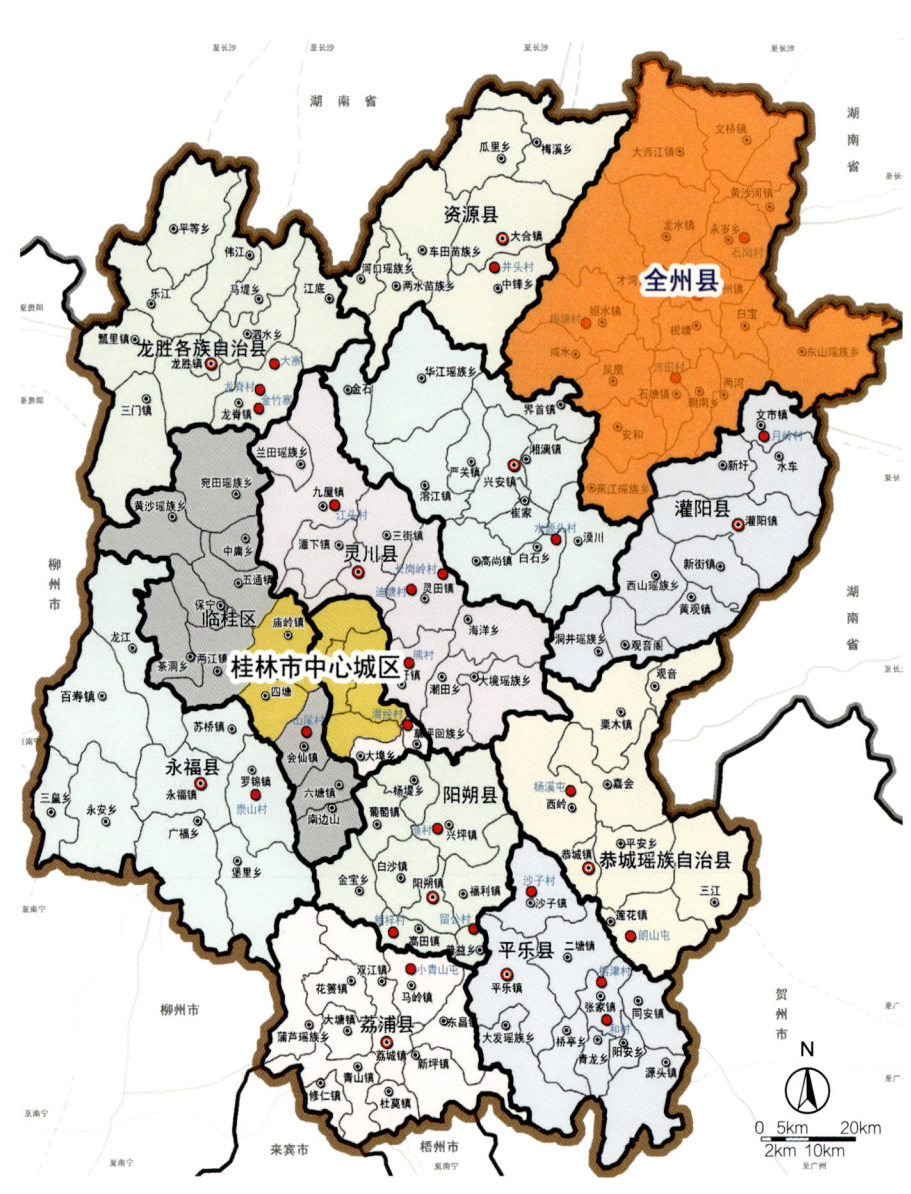

图1　全州县县域区位示意图

石塘镇

沛田村

村落概况

沛田古村落位于该县石塘镇东北部，属于石塘镇沛田村委，距桂林市约100公里，距全州县城约24公里，距镇政府约3.5公里。全村现有人口1500余人，村落保存较为完整，农舍、祠堂、官员府邸建筑层次丰富，大小院落形式多样，集中体现明清时期建筑的营造样式。

沛田村始建于明景泰年间（公元1450年～1456年），该村始祖唐志政从全州县永岁乡上界洞村迁徙至此，至今已有500余年历史。据唐氏族谱记载，自始祖志政公定居在此以来，明清至民国时期，曾授官职的就有30多人，其中包括声名显赫一时的唐正发和才华横溢的翰林院博士唐一飞。历史上曾有过"辉煌"时期，被谓是"祖德之厚而家宅之佳也"。

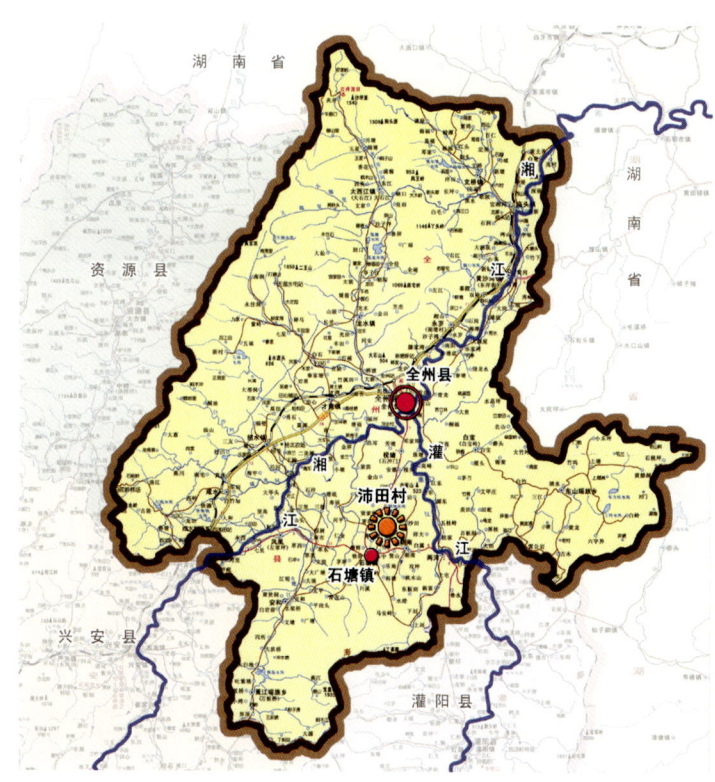

图2 村域区位示意图

图3　古民居建筑

村落环境

唐氏族谱中的"村名说"所述"环村原田每每四水潆潆,沛泽既多,故名之曰泽沛田"。沛田村先祖迁徙至此,适宜农耕的自然条件是首要因素:该地域三面环水,有充沛的水资源;其次土地资源充足,开阔平坦的土地可供开垦耕种;再次东面山丘可为日常生活所需的柴草等提供资源供给,这些都满足农耕经济时代人们生存的条件。

沛田村为典型的汉族民居聚集村落,沛田村落形态与周边的自然环境有着密切的关系,村寨以祠堂为中心,居住建筑布局或许因地处北回归线附近而不拘朝向,形态较为规整,建筑集中布置,院落之间距离很近,以巷道分隔形成组群,既不存在纵横轴线,也没有明显的村寨边缘。村寨外轮廓亦无规整的几何形状,而是随其自然"生长"。

因村落建在一山丘上,村内街巷依地势呈西南低、东北高的走向,没有十字交叉巷道,而多为丁字交叉,且住宅大门均避开巷口。主要巷道均为青石板铺设,沿路两侧布置排水沟,与每户天井的出水口相通,收集生活污水并排放至附近的河流。

村内中部有一巷道,村民称之为"龙巷",该巷道长约36米,宽约1.6米,呈南北走向。该巷道北望瑾南公坟,南面对应一民居大门,巷道南端转向西南侧约30°角,巧妙的化解了风水中正冲大门的煞气。巷道北侧6级台阶形同龙尾微微上扬,南部为进入巷道的大门,上搭设屋面构建形如龙头轻摆,十分神似。可惜南部入口屋面现已损毁,仅残留部分木构架。

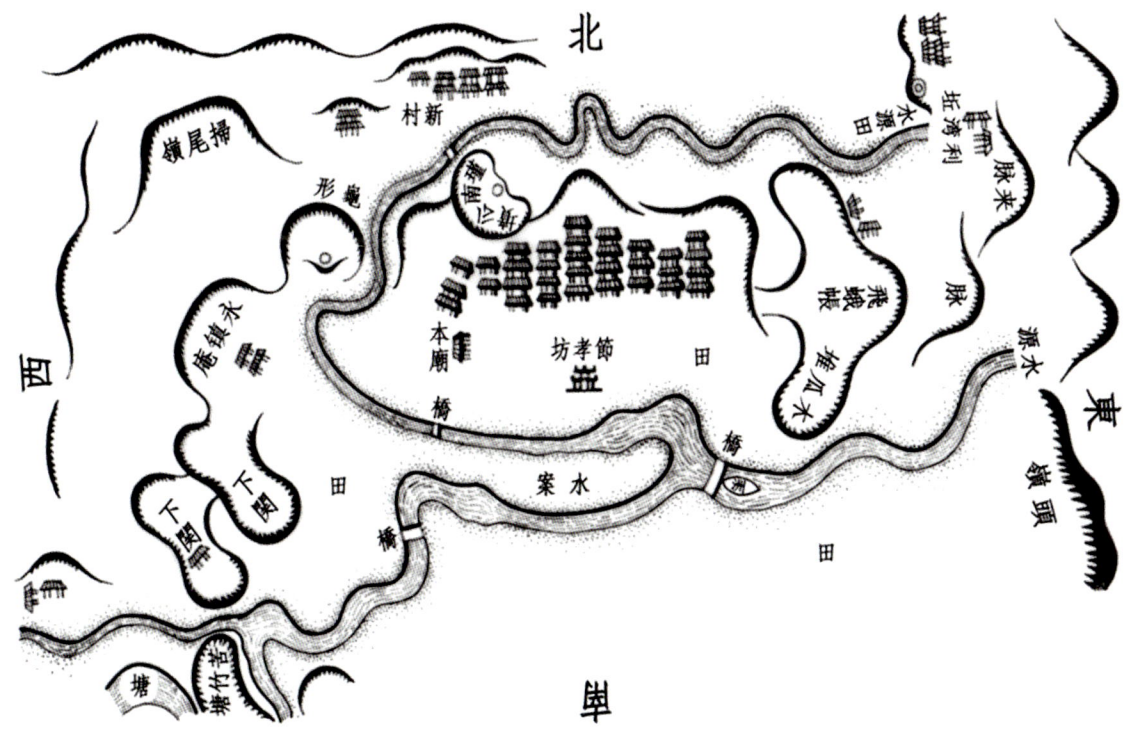

图4　沛田村落图(临摹《唐氏族谱》)

图5 沛田村外围环境

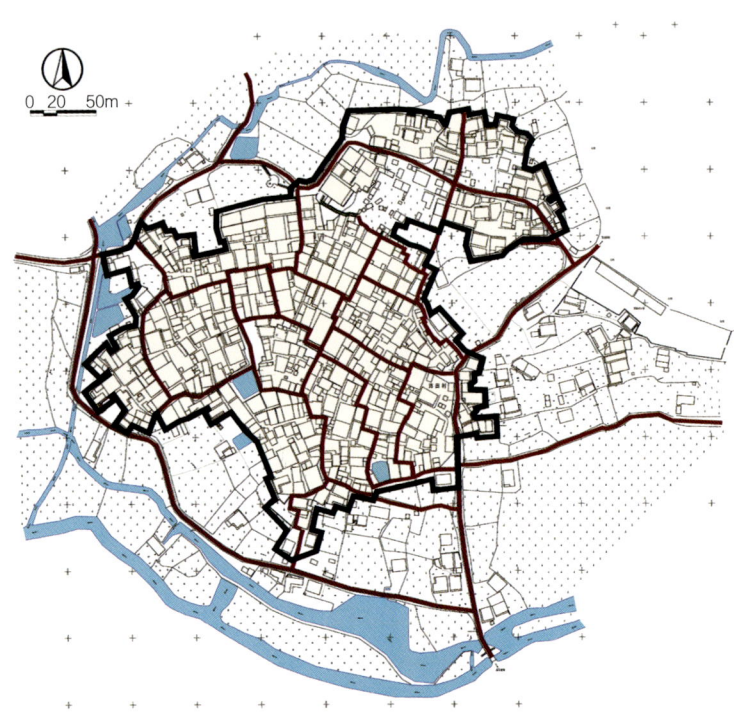

图6 村落布局形态图

水塘是桂北村落日常生活的重要场所，它既可养鱼、养鸭，也可为建筑防火提供用水。除此之外，以水塘为中心还形成不同的村落景观。以村落南部水塘为例，该处水塘位于村落南面入口位置，水塘周边场地北宽南窄，呈不规则倒梯形，南部开敞面朝村外水田，其余三面以建筑围合，自然巧妙的将村外开敞的田园景观过渡到村内封闭的巷道空间。水塘西面、南面为进入村落的石板路，石板路沿水塘自然转折，行人循着石板路进入村落，映入眼帘的便是民居围合的一处小水塘，水面倒映着错落有致的屋脊飞檐，水塘边柴草堆积，三两鸭子戏水其中，颇具农家生活意蕴。

图7　沛田村小巷（钢笔画）

图8　龙巷

图10　水塘边建筑

图9　南部入口水塘

图11　出挑斜三角阳台

　　水塘边的建筑空间布局也十分巧妙，水塘西侧巷道边有一民居一层退让巷道，为拓展空间在二层出挑一小阳台，有趣的是出挑形状并非矩形，而是斜三角形，这样出挑的阳台体态轻盈，与环境相容相协，既提高空间的利用率，又不妨碍交通，并且在平直的建筑立面上创造出富于变化的形体，体现了传统民居建筑与环境的和谐之美。

历史要素

沛田村目前现存有古建筑百余栋，其中明朝至清末传统建筑约75座、祠堂4座，旧时官员府邸桐荫山庄1座，总建筑面积约38110平方米。

建筑历史最早可以追溯到明朝末年，除祠堂年久失修外，其他大部分民居仍保留较为完好。这些建筑的形成受到当地气候条件、自然环境、风俗习惯、宗族礼法等诸多因素影响，呈现出独特的地域特色。

传统建筑以青石巷道相连，均为小青瓦两坡顶结构。祠堂四座集中分布于村中心，坐北朝南，为小青瓦硬山顶抬梁结构院落式建筑，总面积约871平方米。桐荫山庄位于村东口，1925年修建，建筑面积约5840平方米，由练武厅、文书厅、官厅、会客厅、对面厅、住宿厅和绣楼七部分组成，依山势建造，层层递进，是特色鲜明的旧时大户庄院。

沛田村有着丰富的历史文化遗产，除上述保存完好的古民居建筑外，还包含有古桥、古井、古巷道、石雕、木雕等文化遗存。其中青石构筑的古井3口，位于村东口，分别为白头井、富贵井、龙门井；古桥2座，位于村口，为单孔石拱桥。

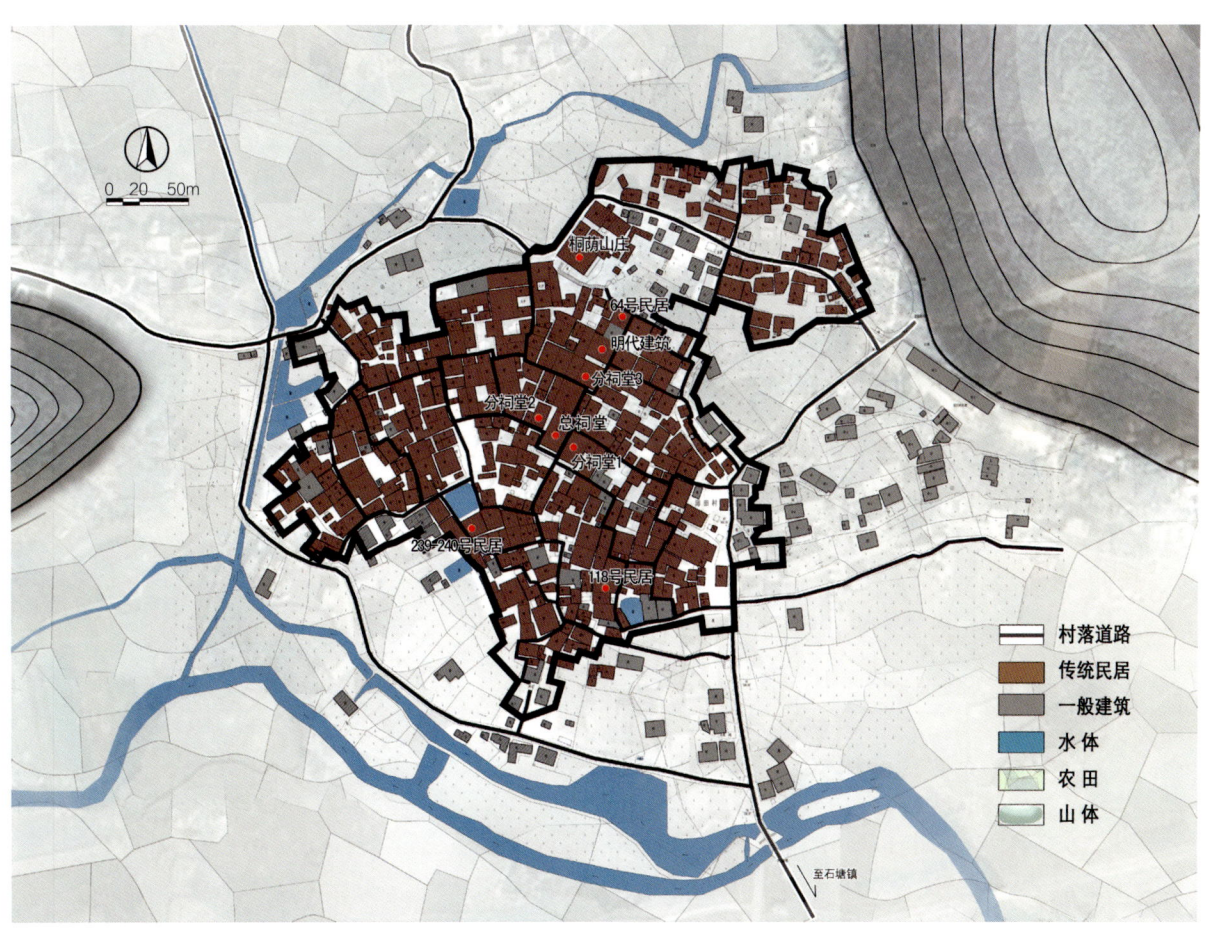

图12　沛田村村落平面图

图13　祠堂

图15　118号民居

图14　马头墙

图16　桐荫山庄

图17 古巷道两侧高耸的山墙

图18 村头古树

村落地处丘陵地带，村北有螺狮岭，南有天马山，东列玉屏山，西踞旗山；涧水与丽岩之水会于村西，水井分布于村东，山水相间，绿野平畴，村中古樟蓊郁，自然环境宁静幽美。

图19 古井

图20　青石古巷道

图21　石雕柱础

图22　木雕梁头

建筑院落

118号民居院落

118号民居位于村落入口处，建筑临近水塘，造型轻盈优美。马头墙、木阁楼与水塘中的倒影相映成辉，是进入村落所见的典型景观。

建筑规模不大却布局方正，堂屋与厢房围绕形成三合院，中间设一小天井。出入口设在院落两侧，正房次间设有阁楼，屋面两边倒水，山墙为硬山。118号民居体量虽然较小，但建筑构造却十分考究，院门门头、马头墙及内部门窗雕花无不制作精良。建筑的用地十分狭窄，又在道路旁边，为了不影响行人，采用了二楼出挑增加使用空间，出挑的木质阳台呈三角形，体现了桂林民居的随意性、灵活性。

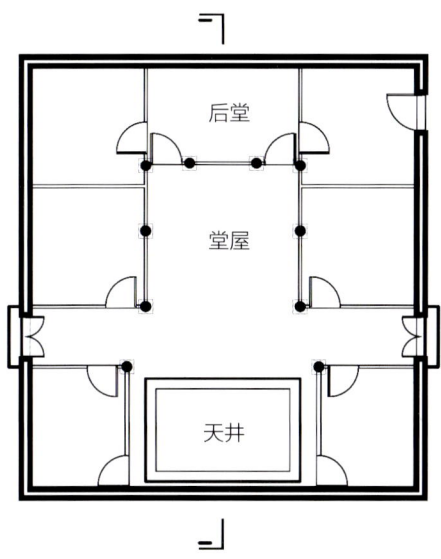

118号民居一层平面

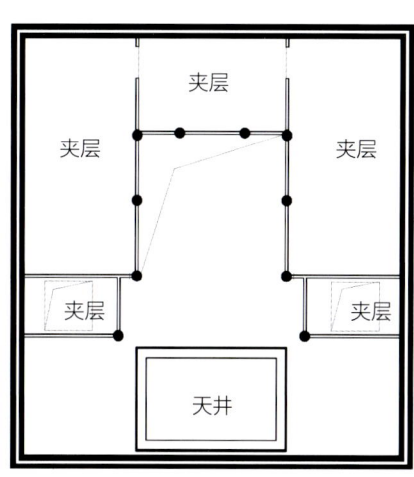

118号民居二层平面

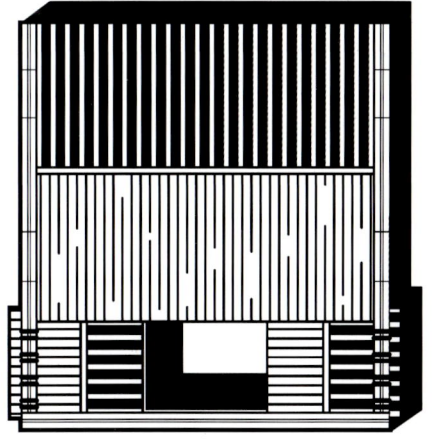

118号民居平面图

图23 118号民居屋顶平面

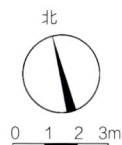

北

0 1 2 3m

_01_

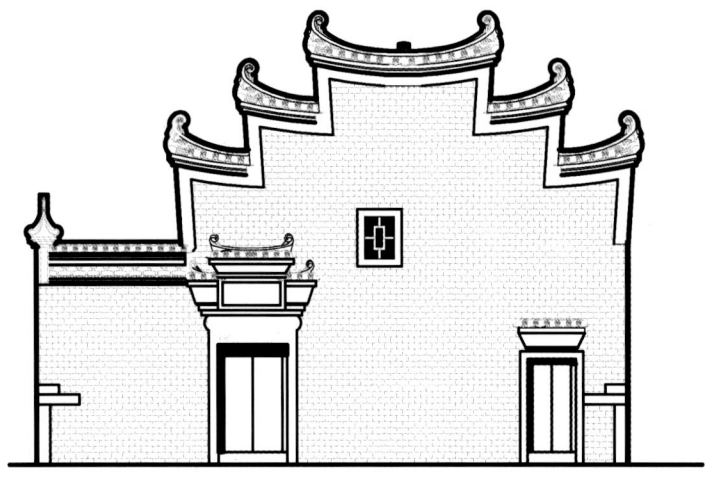

118号民居侧立面

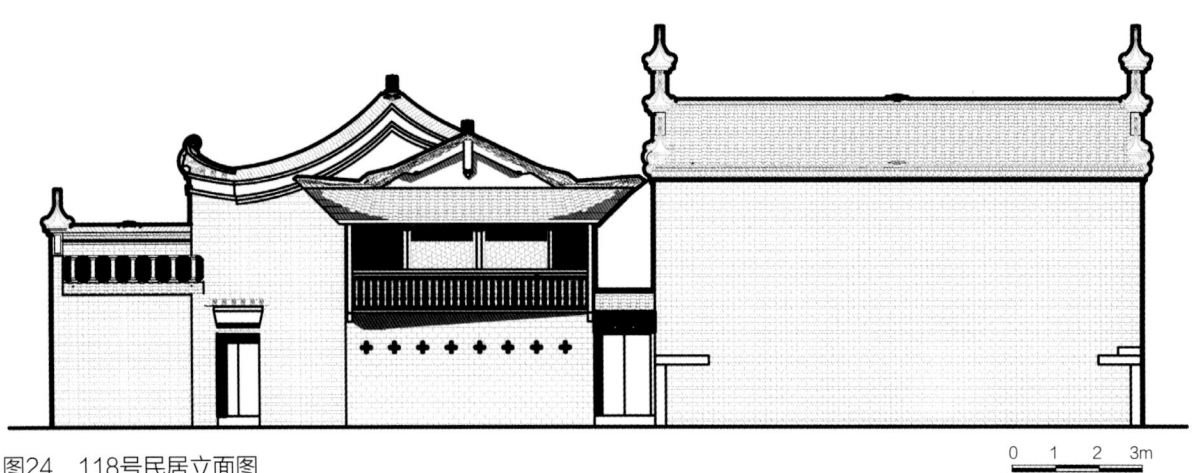

图24 118号民居立面图

0 1 2 3m

图25 118号民居剖面图

0 1 2 3m

图26　118号民居（钢笔画）

图27　118号民居出挑斜阳台

图28　马头墙一角

图29 118号民居（钢笔画）

239～240号民居院落

239～240号民居位于村落中央一水塘南侧，山墙临近水塘，其入口门头的雕琢尤为精致。门前古树翠竹同水中倒影相映，形成桂林传统村落典型景观。

建筑布局基本为方形，堂屋与厢房围绕形成三合院，堂屋两侧次间设阁楼，屋面为硬山式屋顶，此类三合院为桂林北部传统村落的一种典型院落形式。该民居是沛田村古民居中外部及内部装饰保持较完好的一栋，外部的山墙、门头，内部的木门花格都是少有的精美。

图30　239～240号民居（钢笔画）

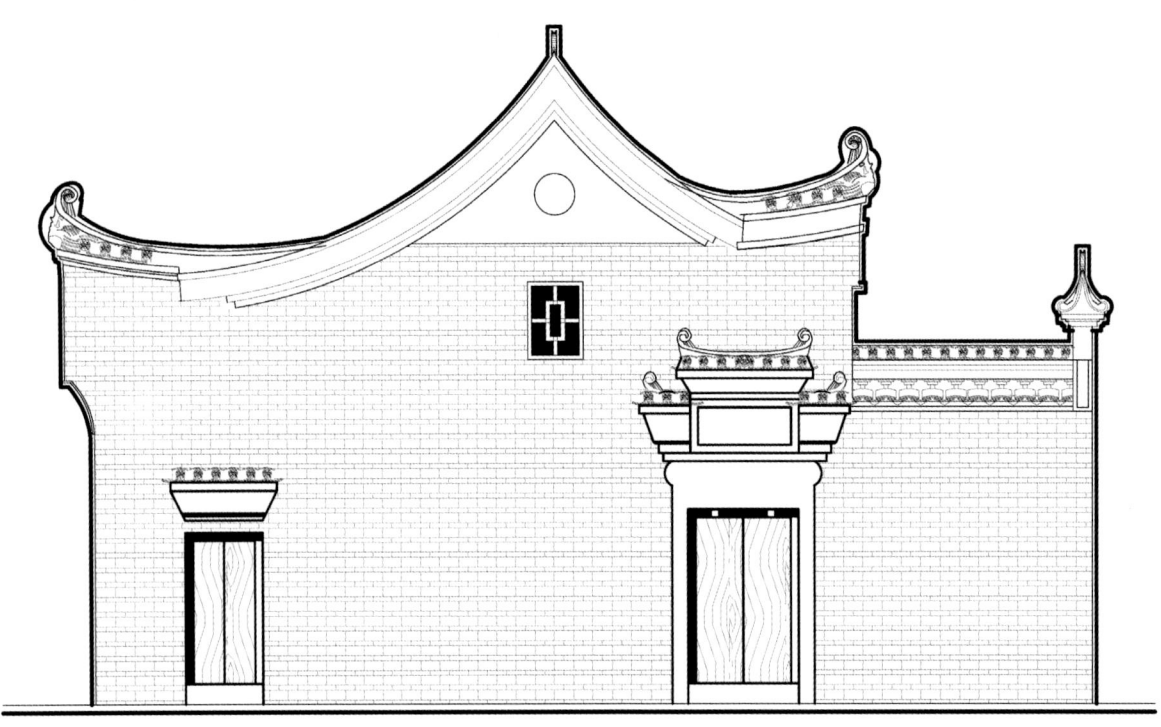

图31　239~240号民居立面图

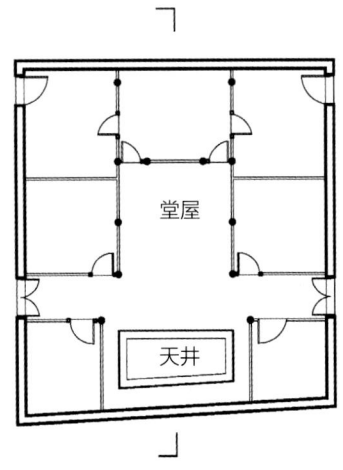

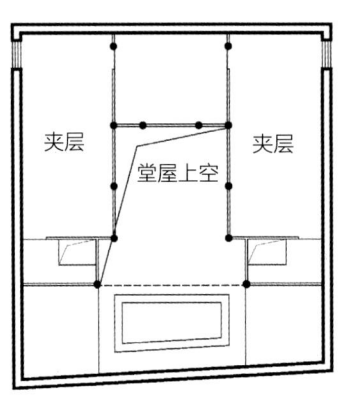

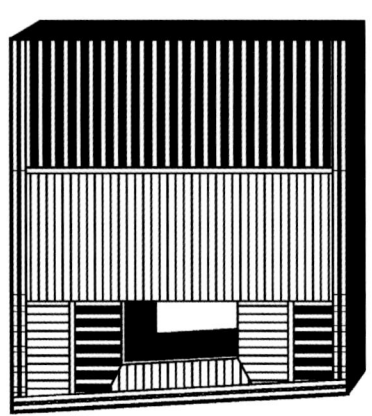

图32　239~240号民居平面图

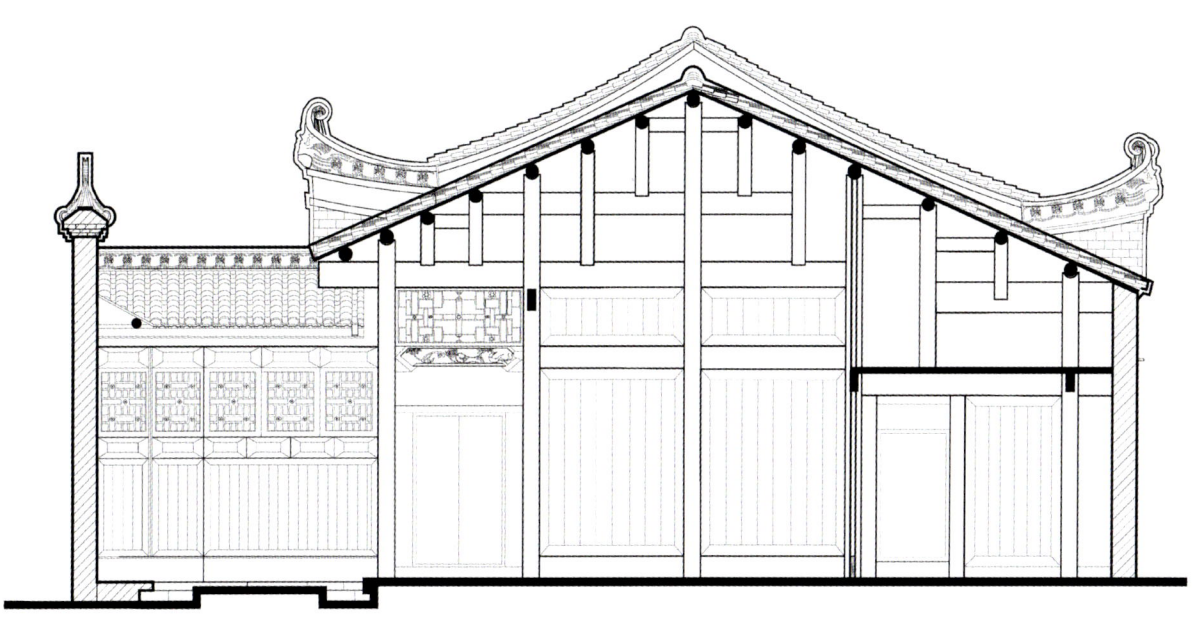

图33　239～240号民居剖面图

0　　　1　　　2　　　3m

图34　镶花格木门

明代民居

图35　明代民居入口巷道

图36　明代民居天井一角

图37　明代民居内部梁柱

图38　明代民居马头墙花纹

　　明代民居为沛田村66~68号，位于村落北部，据村民介绍该建筑是村中唐姓祖先早期所建，约成于明代晚期，这在桂北地区极为罕见。民居经抢救性测绘后现已坍塌。

　　建筑平面为布局规整的长方形院落，前后天井中间为堂屋，堂屋正中设有一夹道，内设楼梯通往二层，二层堂屋上方是敞厅，通透的栏杆可以将院落情景一览无余。民居外墙为青砖构造，内部为木造的穿斗式结构，屋顶采用硬山式做法，整体做法朴素简洁。

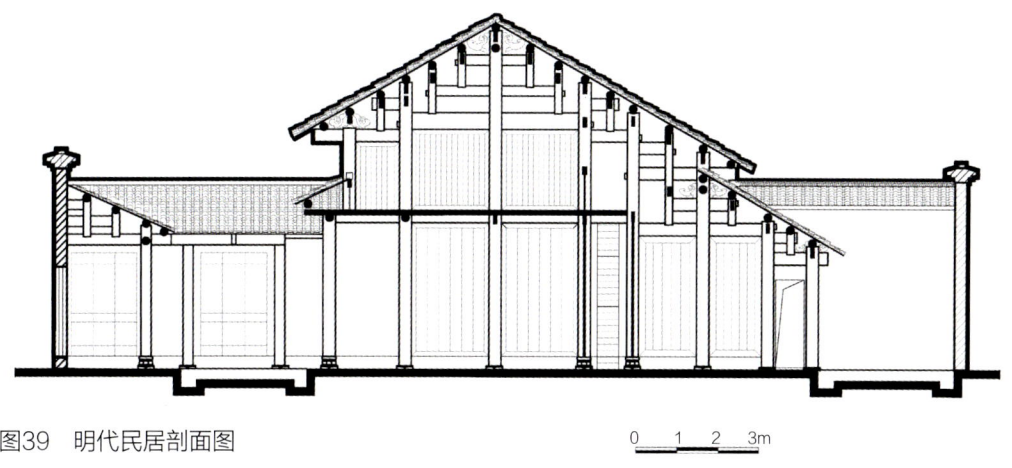

图39　明代民居剖面图

0　　1　　2　　3m

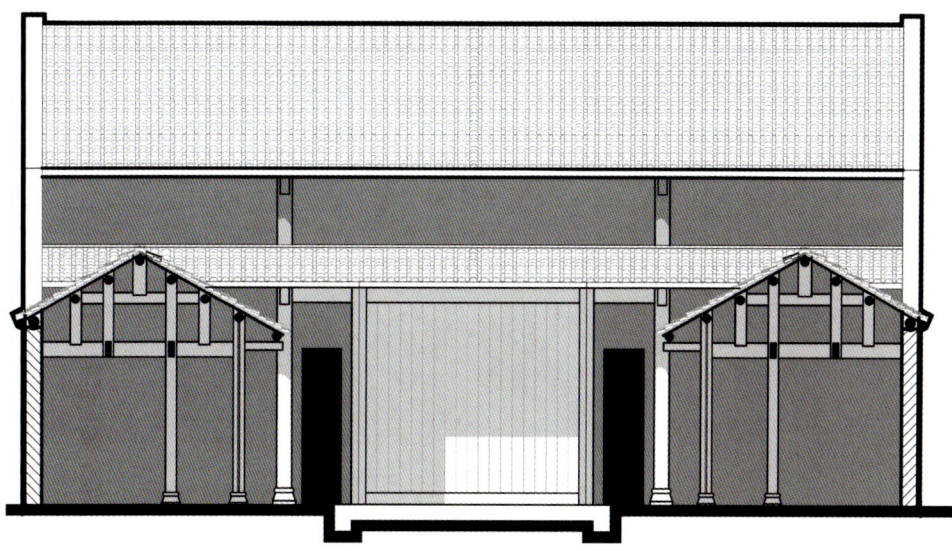

图40　明代民居院落剖面图

0　　1　　2　　3m

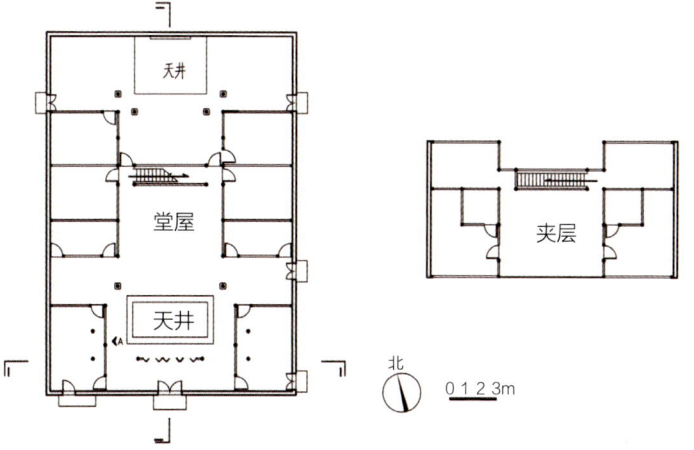

天井

堂屋

天井

夹层

北

0 1 2 3m

图41　明代民居天井平面图

入口门头

沛田民居建筑立面简洁朴实，外墙采用厚实的清水砖墙，入口处多设置贴脸式门头，造型轻盈秀丽，其中以239～240号民居门头保存最为完好精美。

图42　239～240号民居门头

图44　入口门头2

图45　入口门头3

图43　入口门头1

图46　入口门头4

门窗装饰

沛田民居的外墙通常封闭厚重，但民居内部却大量使用轻盈通透的木质门窗隔扇，不但满足房间内部通风采光的使用要求，也增添了建筑的装饰之美。桐荫山庄的外墙窗，还采用了古典园林常用的"框景"手法，较暗的房间中，从圆形小窗瞥见外面美丽的山墙翘角，形成了一幅优美的建筑图画。

图47　桐荫山庄圆形空窗

图48　栏部裙板

图49　冰裂纹横披窗

图50　窗棂木雕

柱础、门槛及门墩

　　沛田村中保留的大量柱础不仅具有装饰功能，更是满足木柱与基础连接的防潮需要，造型有四边形、六边形、圆形等。其上雕刻的纹样多为浅浮雕，内容则为各种吉祥图案。大祠堂的入口处至今仍保留了由一整块青石雕刻而成的门槛及门墩，其上的花纹繁复精美，雕刻有摇钱宝树、四季花卉、鱼跃龙门等。

图51　大祠堂青石门槛及门墩

图52　明代民居柱础

图53　柱础

图54　柱础

图55　柱础

马头墙

沛田村中房屋密集，几乎每户都设有造型不一的马头墙。马头墙的脊檐采用直檐和观音兜两种形式，直檐长短随建筑体量大小变化，以三叠式居多，观音兜则以曲线起伏穿插其中。

图56　富有韵律的马头墙

图57　马头墙翘角细部

图58　马头墙一角

图59 山墙细部

图60 山墙样式之一

图61 直檐马头墙

绍水镇

梅塘村

村落概况

梅塘村位于全州县绍水镇西部，距桂林市约86.6公里，距全州县城约26.2公里，距绍水镇镇政府约4公里。

梅塘村为全州县绍水镇一个自然村，全村现有人口共计900余人，约300户，姓氏主要为赵氏。梅塘村的得名来源于村口有一占地两亩的水塘，水塘的水由山涧溪水集聚而成，水质甘甜，一年四季清澈见底。

据《竹简梅塘宗谱》记载："始祖由大宋皇佑三年，弃浙江原籍金华府兰溪县竹简村，迁来湖广清湘县，即今全州县"，其长子延堂第十五代子孙梅岩公为翰林学士，见此处池塘水清如镜，景色宜人。尤其喜欢池塘边生有梅树，遂迁居于此塘边，生息繁衍至今。

图1 村域区位示意图

图2 建筑依水布置

图3 梅溪公祠

图4 古民居建筑

村落特色

梅塘村中随处可见穿村而过的小溪和家家户户门前的水池，水池多为三段，一为饮用水，二为洗菜池，三为洗衣池。村落主要街巷或沿水塘环绕，或沿小溪延伸，古色古香，整体格局与环境融为一体，是一个有江南水乡韵味、风景秀丽的古村落。

梅塘村传统建筑主要沿水塘环绕建造，多为砖木结构，造型简洁古朴。梅溪公祠内精细的石雕、精美的雕梁、多檐变化的马头墙，以及建筑与水塘的和谐相依，皆独具特色。

图5　穿村而过的小溪

图6　雕梁

图7 卵石巷道

图8 马头墙

图9 梅塘民居天井（钢笔画）

图10 石雕柱础

图11 水井

梅溪公祠

梅溪公祠较为少见的是系三姓公用，故曰"公祠"。大门正对村庄入口的方向，一走进村落即可看到水塘边的建筑与水中倒影，层层叠叠的马头山墙气势恢宏，入口保留至今的弧形天棚和各式木雕无不显示出建筑当年的华美精致。

梅溪公祠平面为规则长方形，面阔约12米，进深约50米，三间三进两院落。前院作为进入祠堂的通道，较小，后院较大，接近正方形，且左

图12　梅溪公祠（钢笔画）

右两侧设柱廊通行。值得一提的是，祠堂正房面向前院方向的柱子呈八字形布置，形成向房间中央凝聚的效果。

祠堂入口除大门、牌匾，还保留有局部二层栏杆、弧形顶棚与精美的雕刻装饰，侧立面不同形制山墙的组合，加上圆月形门洞，使得整个侧面形态端庄流畅，富有变化。

图13 公祠内天井一角

图14 长方形布局院落

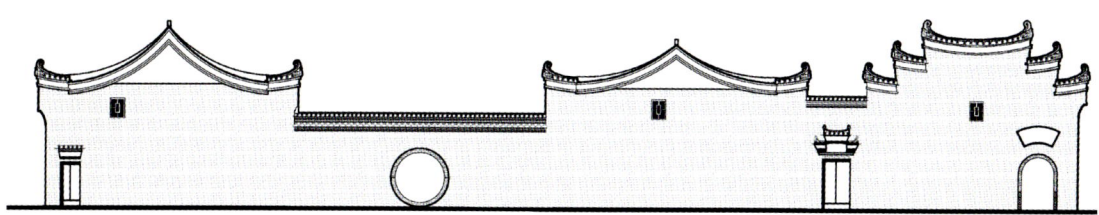

图15 梅溪公祠立面图

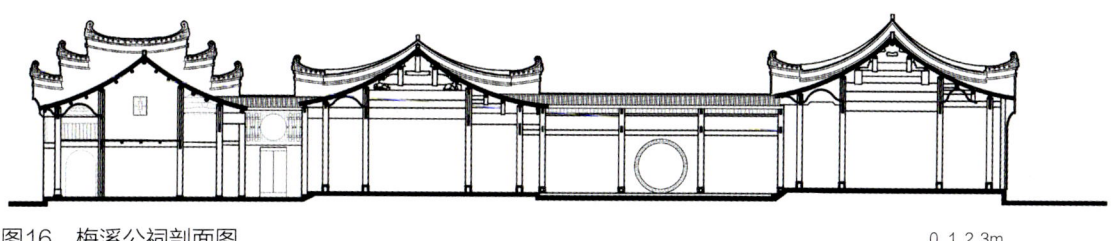

图16 梅溪公祠剖面图

0 1 2 3m

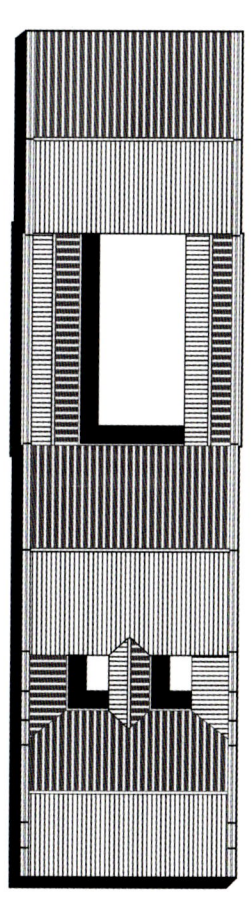

内天井

水池 水池

北

0 1 2 3m

图17 梅溪公祠平面图

图18　山墙上圆形门洞

图19　入口保留雕花

图20　环绕庭院廊道

图21　侧面山墙

建筑构件

图22　雕花门轴座

图23　弧形顶棚及雕花

图24　雕花木构件

图25　梁柱雕花

图26　马头墙

图27　满雕花抬梁

图28　石雕柱础1

图29　石雕柱础2

永岁乡

石岗村

村落概况

石岗村位于全州县永岁乡东北部，距桂林市区约119.8公里，距全州县城约14.5公里，距乡政府约2.3公里。

石岗村以蒋姓为主，村内最具代表的建筑即为三国时期蜀国丞相蒋琬后裔蒋氏所建的蒋氏宗祠，因牌楼上数百朵斗拱环环相扣，巧筑如"燕窝"而得名，距今已有500余年的历史，是广西已发现的最古老的木质牌楼，是全州祠堂建筑文化的代表和缩影。

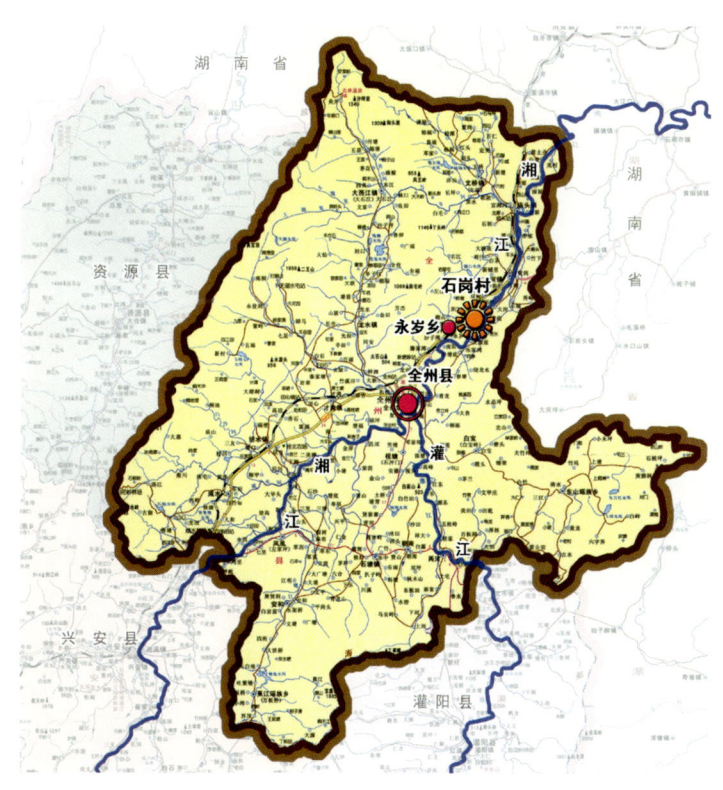

图1 村域区位示意图

燕窝楼

建筑概貌

燕窝楼原是永岁乡石岗村的蒋氏宗祠，入口门楼是广西区内发现最早的如意斗栱的木质牌楼，是2006年国务院核定并公布的第六批全国重点文物保护单位。据当地文管工作人员介绍，燕窝楼蜂窝状的斗栱结构风吹时会发出非常特别的声音，令鸟类烦躁不安，因此从未有鸟类在门楼上筑窝或停留。

燕窝楼总建筑面积446平方米，现存牌楼、门厅、天井及两侧连廊、中殿、过廊、横廊及后殿。燕窝楼筹建于明弘治乙卯年（1495年），创建于正德六年（1511年），由该村正德年间工部右侍郎蒋淦主持修建，于嘉靖七年（1528年）建成，为全木质结构。其中，牌楼高12米，宽8米，整座牌楼不用一根钉，由324根榫木卯装而成。牌楼上的梁坊、雕刻、彩绘工艺非常精致，具有很高的历史、艺术价值。

图2　建筑入口大门

图3　建筑随地势逐步高升

图4　正房实景

建筑特色

建筑位于村庄入口处，平面为规则的长方形，面阔与进深的比例达到了1:4，为两天井串联三建筑的格局。燕窝楼是桂林民居中门楼式大门的代表之作，其斗拱结构复杂，彩绘颜色艳丽，构件雕刻精美，是不多见的建筑珍品。

由于面宽相对狭窄，进深较长，建筑依照地形逐渐升高，走进燕窝楼，随着空间的流动，给人一种向内延伸的吸引力，引导人们逐渐进入宗祠神位中心。

入口为三间、四柱、三楼式木结构建筑，是广西保存最为完好的带有如意斗拱的木质牌楼。牌楼的如意斗拱为榫卯结构，上部为四层，下部为三层，组成燕窝形状。

图5　建筑内部梁柱

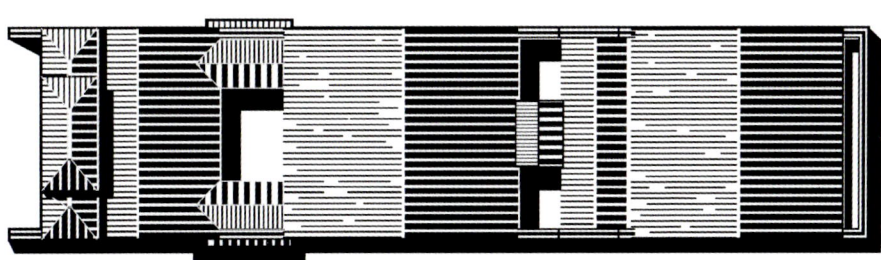

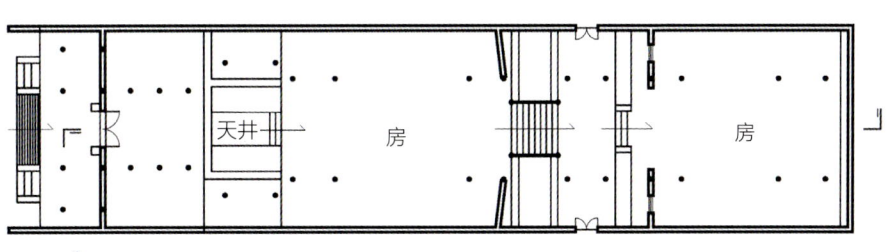

0 1 2 3m

图6　燕窝楼平面图

_01_

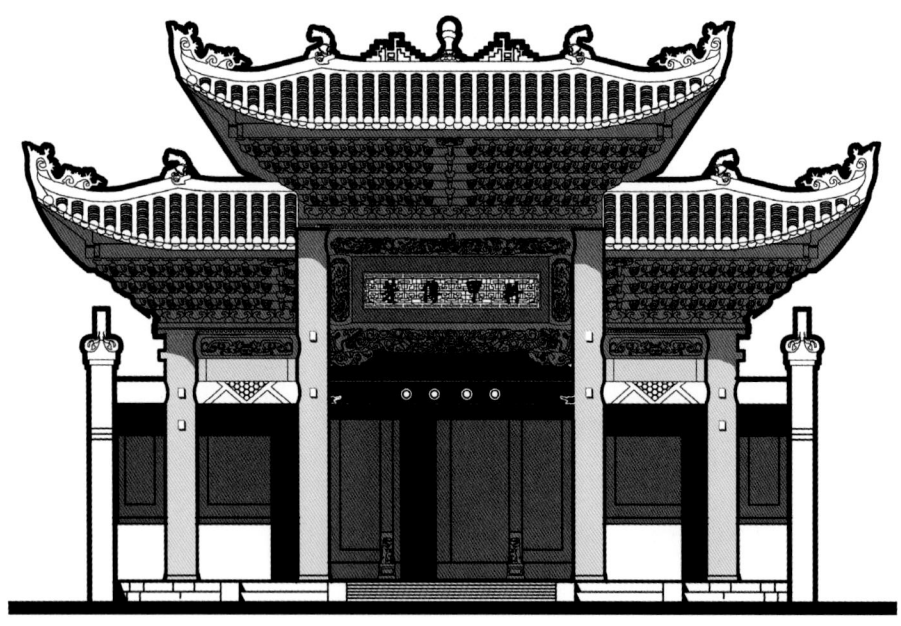

图7 燕窝楼正立面图

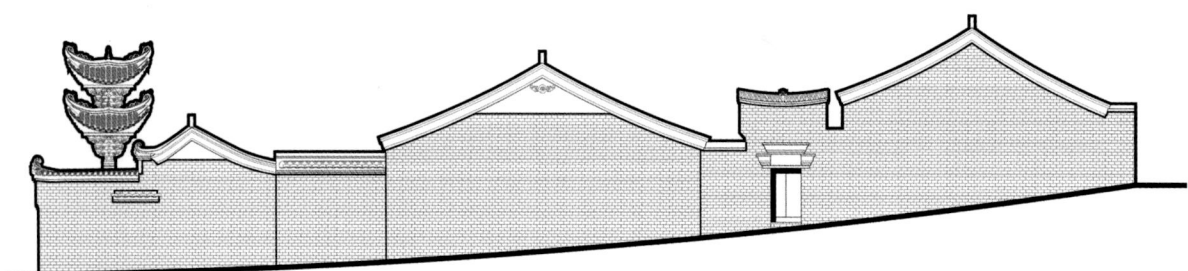

图8 燕窝楼侧立面

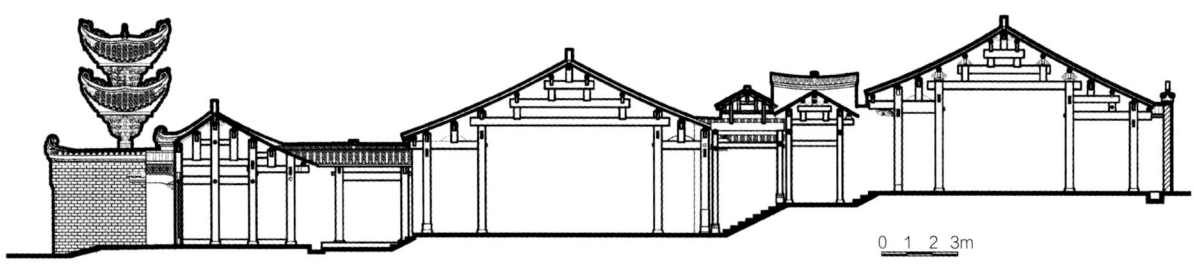

图9 燕窝楼剖面图

入口门楼

图10　匾额

图11　鸱吻

图12　屋脊装饰

石雕门鼓及柱础

图13　石雕门鼓1

图14　石雕门鼓2

图15　石雕门鼓3

图16　石雕门鼓4

02

兴安县 052

白石乡　水源头村 053

兴安县

兴安县位于桂林东北面，地处北纬25°17′～
25°55′，东经110°14′～110°56′之间，为
桂林市辖县，是湘江、漓江二水发源地，也
是世界上古老运河之一的灵渠所在地，自古
以来即是楚越文化交汇之处。

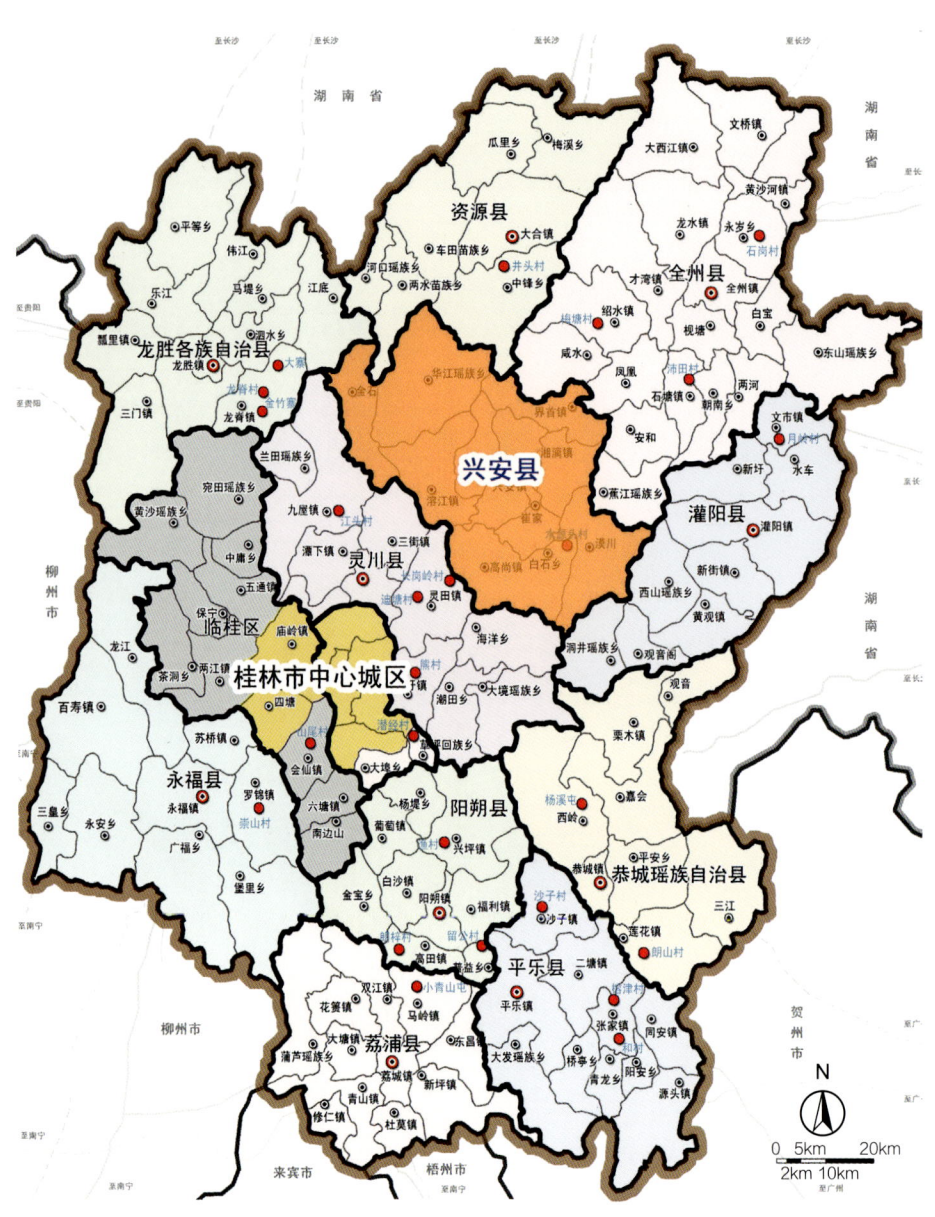

图1　兴安县县域区位示意图

白石乡

水源头村

村落概况

水源头村位于该县白石乡东北面，白石乡鳌头村委与白竹村委的交界处，距兴安县城约25公里，距白石乡集市约1.5公里。

水源头村约有村民120户，约400余人。2012年列入中国传统村落名录，2013年广西壮族自治区人民政府公布为自治区历史文化名村，其古建筑群为自治区级文物保护单位。

水源头村为一座由若干明末清时民居建筑群组合而成的长约120米，宽约90米的方形院落，前有总大门，后有闸门，四周墙壁围合，具有较强的防御性。

水源头村为典型的汉族移民聚居村落，根据原村党委书记秦昌安收藏的水源头村先祖相关材料记载，秦氏祖先秦公德裕，于明洪武年间（1268～1398年）由山东移居桂林市灵川县海洋乡水头村，随后德裕公的子孙有一支迁往水源头村作为安居栖息之地，繁衍生息至今。

兴安县博物馆根据秦氏家谱的记载，推算秦氏人家在水源头村居留已13代，约400余年的历史。另有村内碑文记载，嘉靖壬辰年（公元1532年），载有"名门大族水源坊"字样，推算嘉靖年间，此村名为水源坊，彼时已是名门大族，故而水源头村至今至少有470年以上的历史。

水源头村村名的由来有两层含义：1. 村落先祖由灵川水头村迁徙至此，取名水源头是为了纪念原来的水头村；2. 因村前有一股泉水，流入湘江东源白石河，故名"水源头村"。

村落还有一个别名"秦家大院"，关于秦家大院的由来，相传明洪武年间，一位山东青州的秦姓武官是唐代名将秦叔宝的后裔，不幸蒙冤被贬，便携家带眷突破重重追杀到达此处，经若干代人繁衍生息，选定水源头这块风水宝地作为安居栖息之处，村内居民多为秦姓子孙，故而又称"秦家大院"。

图2　村落一角俯瞰

图3　街巷
图4　村落一角银杏

桂林传统村落勘录

村域环境

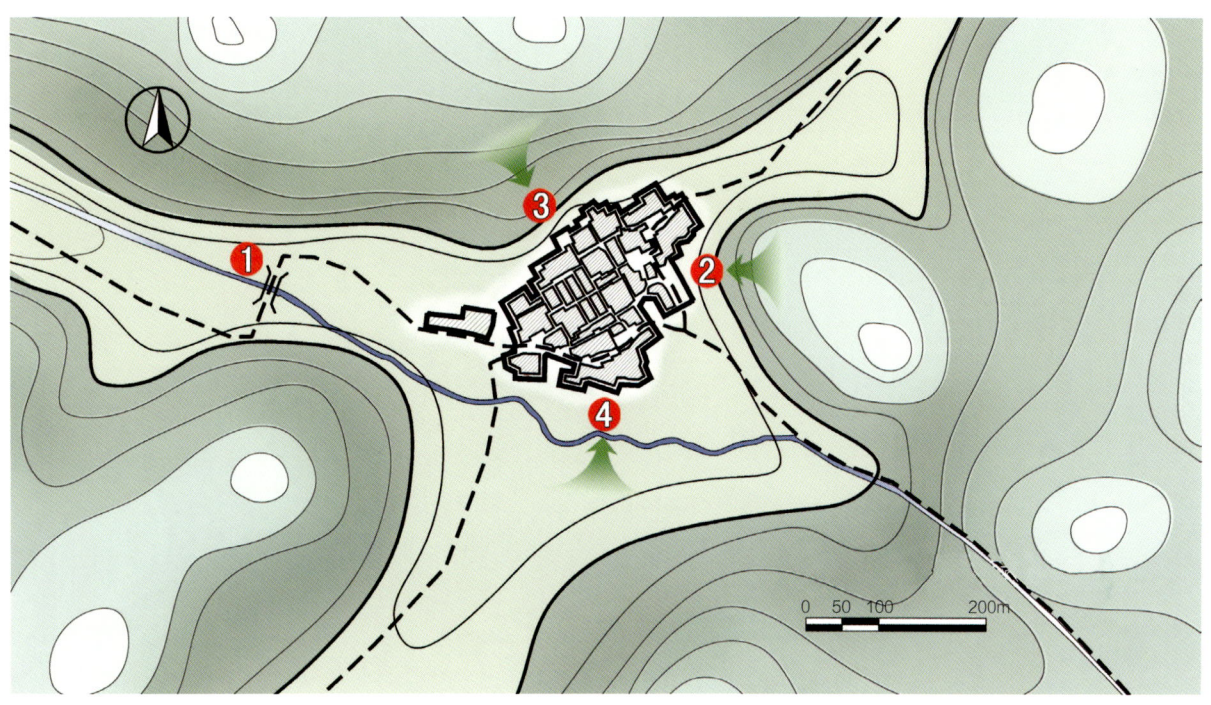

图5　村落大环境示意图

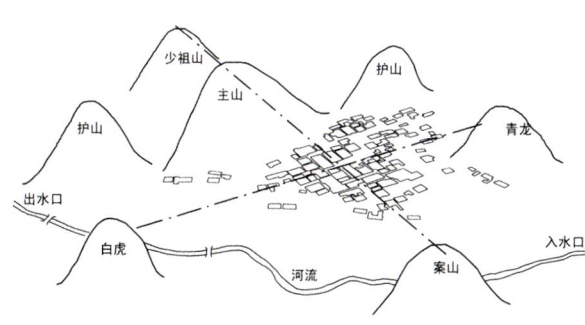

图6　村落选址意向图

村落蕴涵着独特的风水理念和生态观念。村落因地制宜，依山傍水，讲究山水和谐倚处。总体而言，村落选址理念基本沿袭着汉族的风水意向，讲究具备主山、护山、青龙、白虎、河流、案山、朝山等风水要素。具体来说，绵延起伏的山脉是村寨的"龙脉"，绵延而来至溪流边戛然而止之地称为"龙头"，"龙头"前面为环绕的溪流。

村落三面环山，群山环抱，村庄依山而建，地势北高南低，村前平野开阔，有平坦的土地可供开垦耕种。村前有一小河由东南方向西流过，于村落入口处建有一座金盆桥，锁住小河的水口。

历史要素

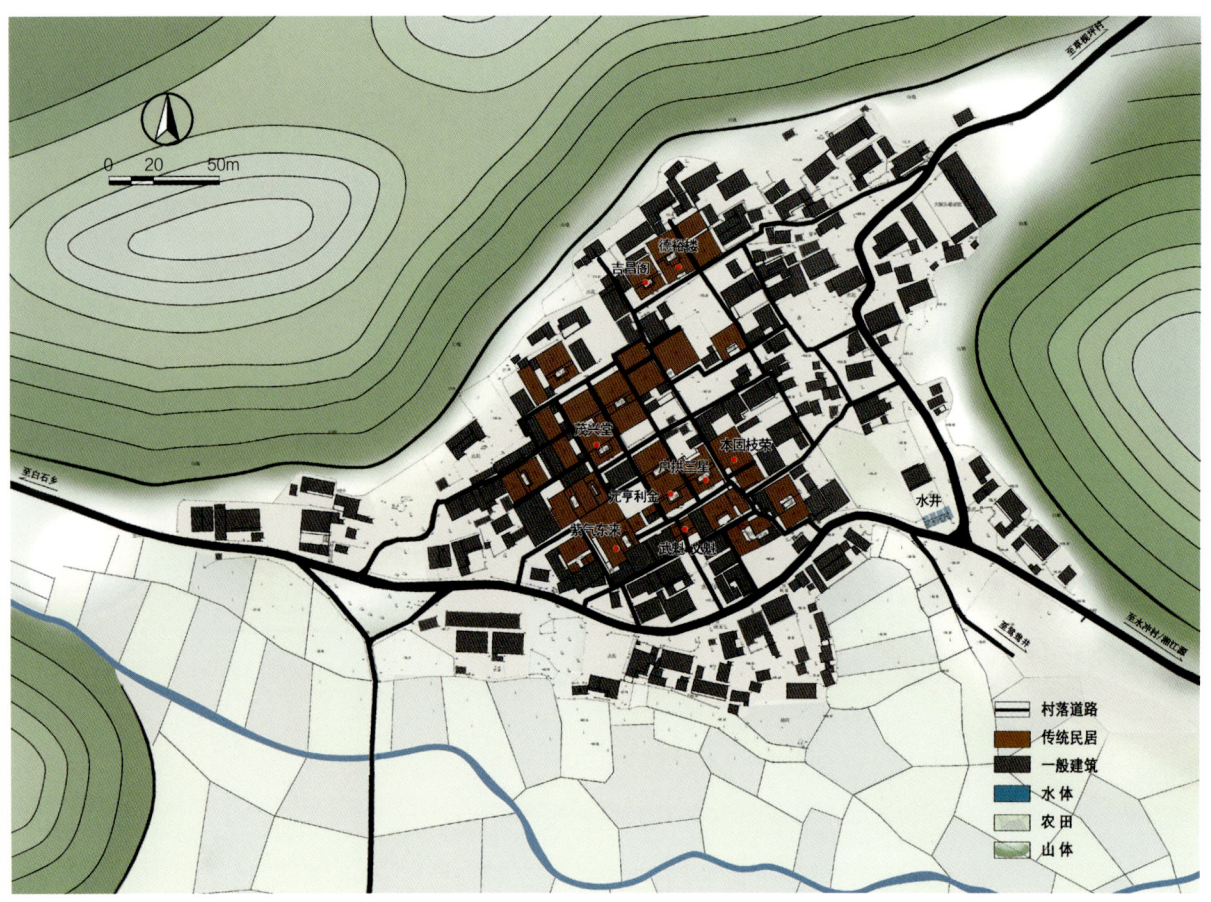

图7 水源头村落平面

水源头村占地约17000平方米，其明清建筑群、古迹等保存较为完好，各种雕刻艺术精美绝伦，有广西"紫禁城"之称。

保存较为完整的古建筑群约有23座，包括元亨利金、户拱三星、本固枝荣、绳其松茂、吉昌阁、德裕楼、紫气东来等。建筑群主次轴线分明，依轴线层层深入，左右对称，连片成排，高墙窄巷，高低错落。其中绳其松茂始建于康熙初年（1622年），三进院落，上下两天井，木雕、石缸保存完好；吉昌阁始建于康熙初年，二进院落，木雕、屏风保存完好；德裕楼建于明洪武十三年（1380年），为纪

念始祖德裕公而得名，为兴安县最古老的民居。

水源头村包含丰富的历史文化遗产，除上述保存完好的古民居建筑外，还包含有金盆桥、古井、古巷道、石雕、木雕等文化遗存。村落内巷道纵横交错，地面铺以青石，两侧青砖高墙，连通每户的巷道设有雨廊相连。

水源头村山环林绕，银杏遍布，村内现有树龄500年以上的银杏树1棵，树龄100年以上的银杏树10余棵。村落入口处生长着一株名为"七仙女"的银杏，其由根部分生出7株树干，每株树干都杆径相当，枝繁叶茂。

图9　木雕

图8　绳其松茂院落入口

图10　石雕

图11　从南向北全景图

建筑院落

图12　立面图

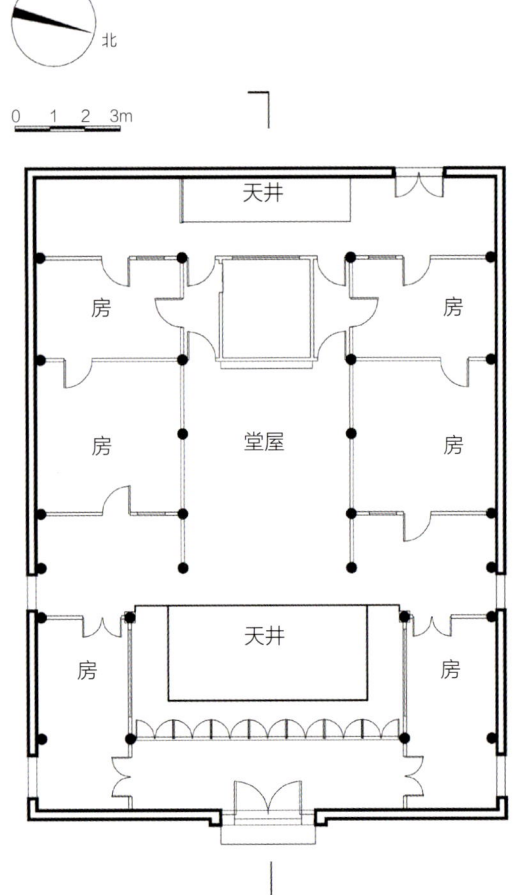

北

0　1　2　3m

图13　一层平面图

紫气东来院落

　　紫气东来民居又名"西花厅"，建于清乾隆初年，位于村落入口西侧。建筑坐西朝东，与秦家大院中其他民居相比进深较小，规模不大。其特色为建筑内部木雕、石雕精美雅致，即便后院的小天井处，窗花装饰图案都各不相同。

　　紫气东来入口处设置了代替影壁的12扇木门，两侧四扇可向内推开，中间8扇可拆卸。从入口处看去犹如一道木墙壁，转入天井，才发现隔扇雕花美轮美奂。建筑平面布局接近正方形，规模虽小，布置却很紧凑实用，一进的院落还见缝插针地布置出了两个采光天井，堂屋及前后7个房间均有舒适的自然通风及采光。

图14　前院屏门钢笔画

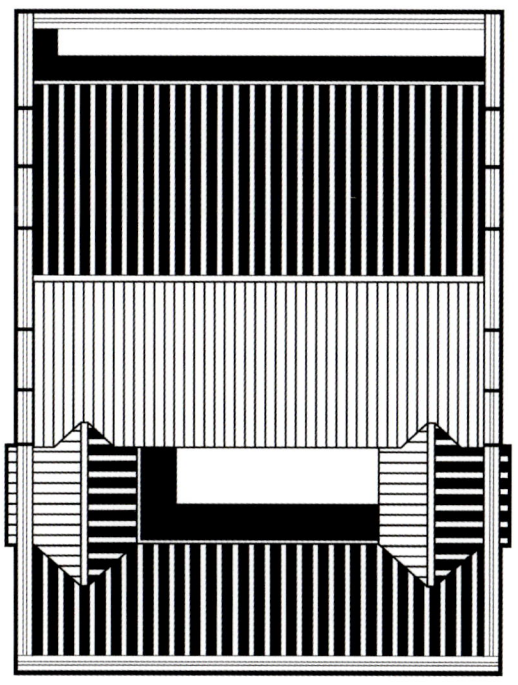

图15　屋顶平面

图16　民居堂屋

图17 天井（钢笔画）

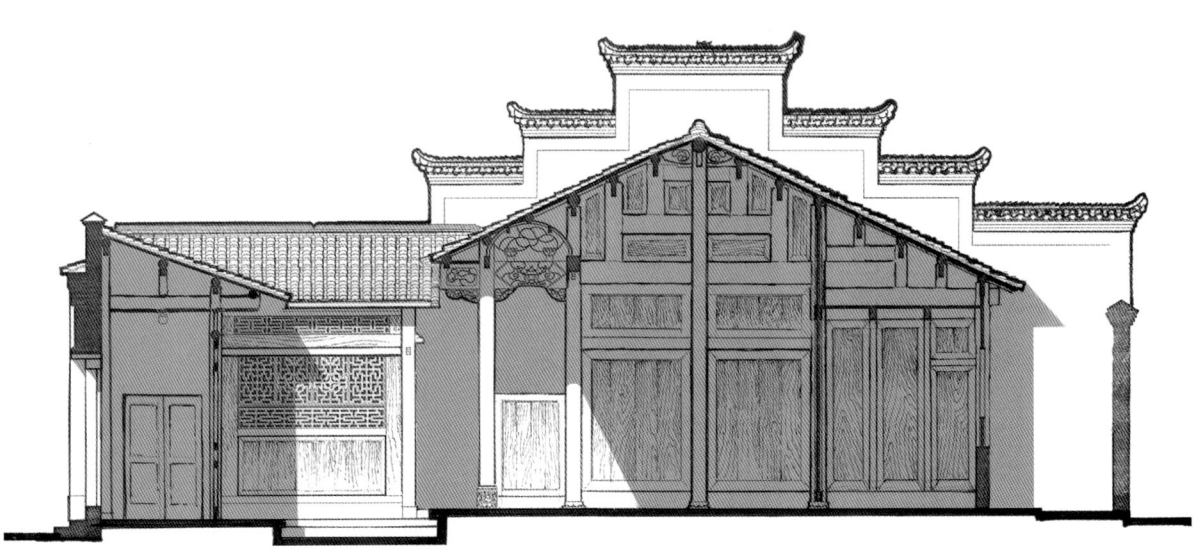

图18 剖面图

元亨利金院落

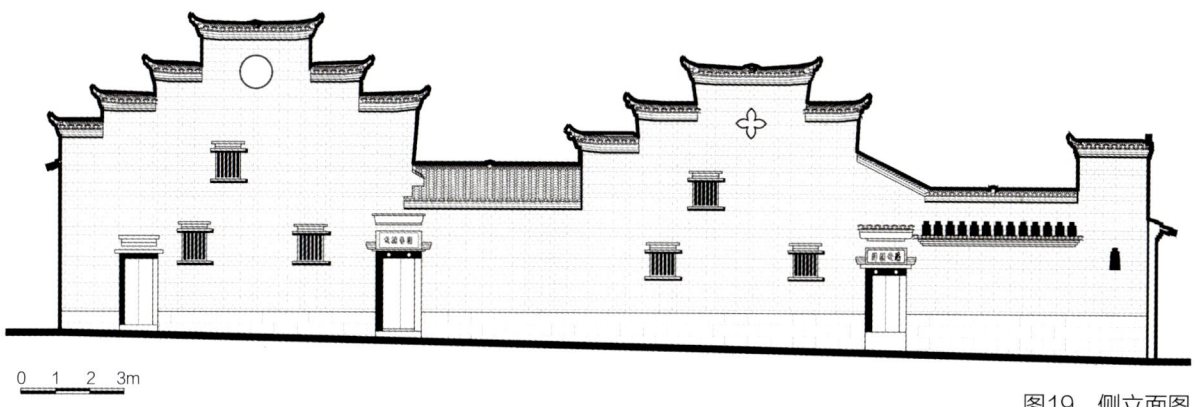

0 1 2 3m

图19 侧立面图

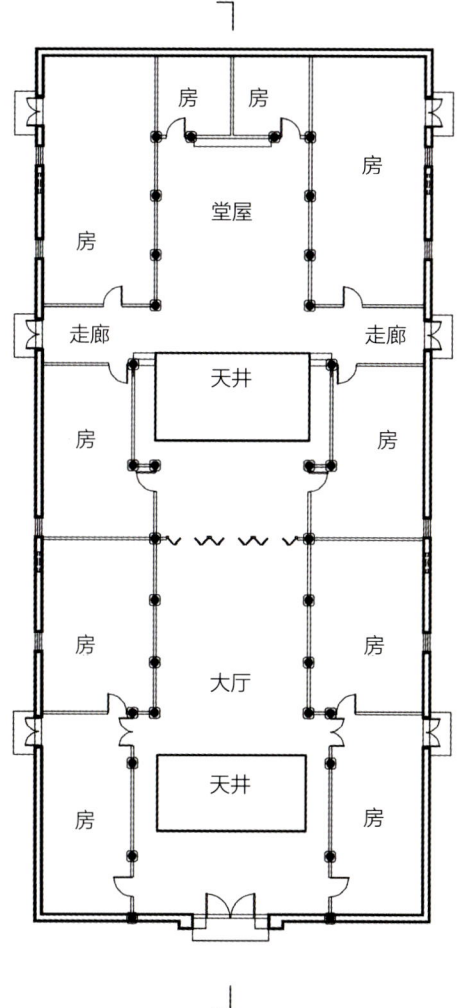

北

0 1 2 3m

图20 平面图

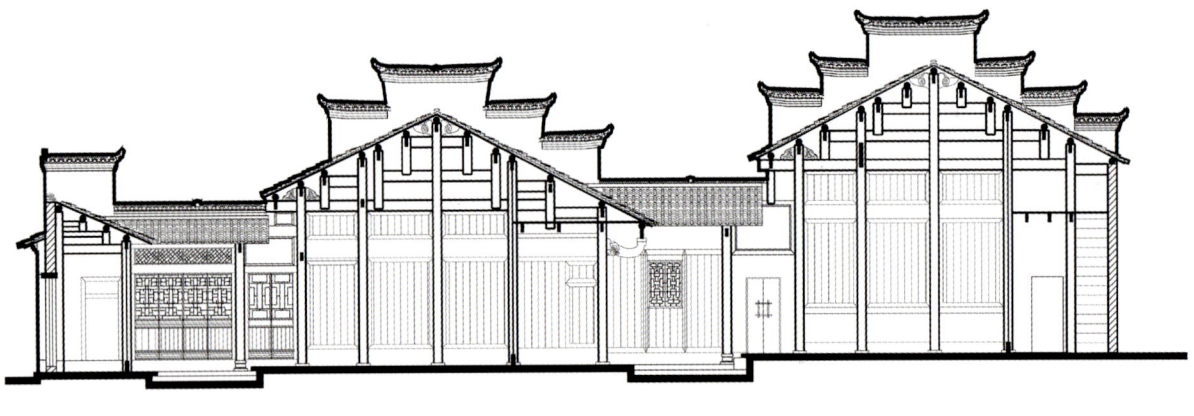

图21 剖面图

0 1 2 3m

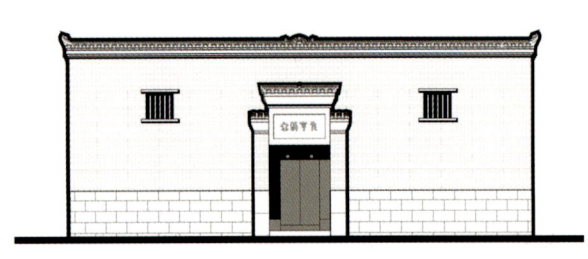

图22 立面图

0 1 2 3m

元亨利金是秦家大院民居中较为典型的院落，建筑坐北朝南，开间与进深比例约为1:2，为两天井串联三进厢房的长方形布局。该民居设计巧妙利用了村中南低北高的地势，使得建筑内部房间地面一路上升，既有利房屋排水，又暗合"步步高升"的吉祥寓意。

进入建筑大门是由木质影壁隔出的通道，左右厢房与正面大厅环绕前天井，穿过大厅为后天井，左右设外廊，从外廊登台阶即可到达堂屋。

图23 民居天井

绳其松茂院落

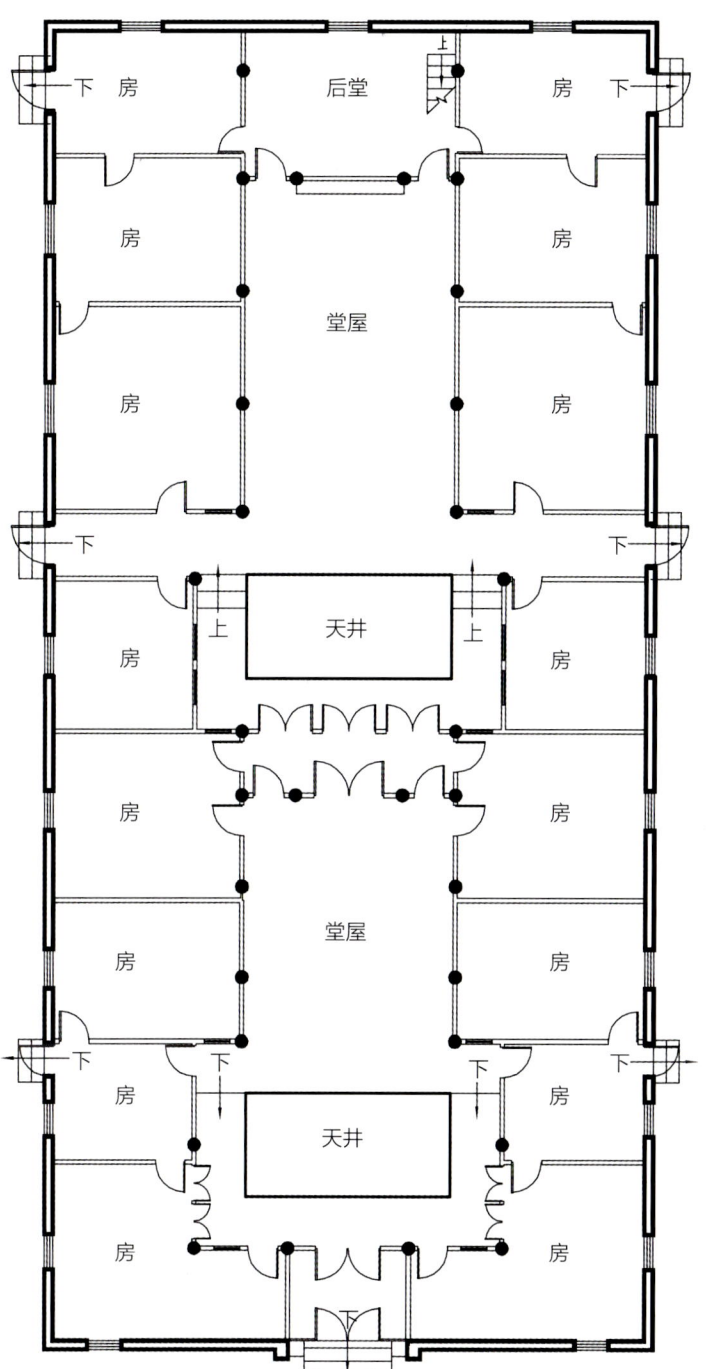
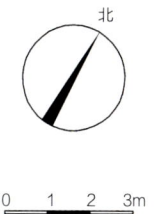

图24 一层平面

绳其松茂民居是典型的秦家大院代表民居，坐北朝南的长方形规整的建筑院落，布局为两天井串联三进厢房。

让人眼前一亮的是建筑入口处的砖石雕刻门楼。秦家大院民居门楼大多外形方正，柱础略宽于柱身。绳其松茂民居门楼柱础采用了束腰的处理手法，形成简形须弥座造型，这在桂北地区极为罕见。大门匾额上方花饰采用了四季花卉的造型，使得门楼端庄而秀丽。

图25　天井

图26　立面图

0　1　2　3m

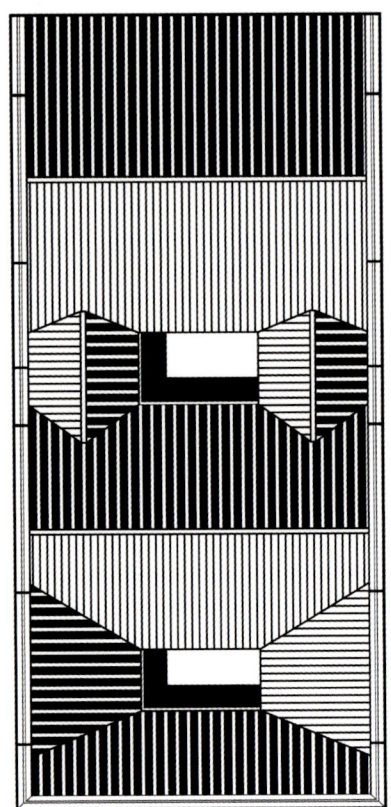

图27　屋顶平面

图28　天井一角

本固枝荣院落

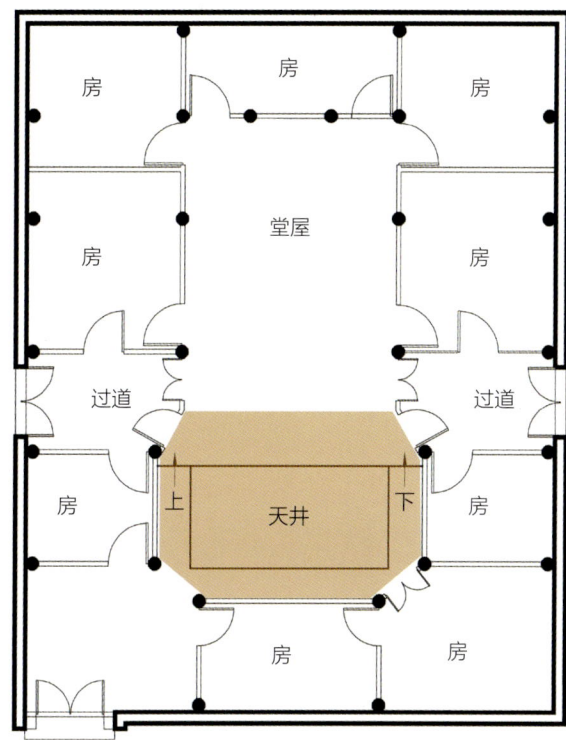

图29 平面图

　　本固枝荣民居位于秦家大院建筑群东面，房屋总体格局与其他民居大体一致，保持了堂屋、厢房围绕天井设置的方正形态。由于主入口朝向南偏东，近道路转角处，入口形成了过厅，以往的天井三面围合房间的格局就顺势成了四面围合房间格局。整个房屋规模非常小巧，但由于天井设置在了中央位置，各房间的采光通风都十分良好。

　　该民居最特别的地方在于环绕天井巧妙的形成了八角形的围合空间，人为设计的斜墙打破了民居横平竖直的传统布局，十分罕见。

图30 院落大门

门楼

图31 户拱三星

图32 紫气东来

图33 元亨利金

　　门楼的造型、装修和细部装饰，往往是民居建筑特征和家庭综合实力的表现。水源头村不论民居内部大小布局如何，家家都重点装修自家的门面，形成了统一的尺度与装饰手法，只每户在细部各不相同。

木门、窗

图34　天井隔扇门

图35　隔扇绦环板

相对于砖石外墙的厚重与封闭，水源头村内部的木质隔墙与门窗则轻盈通透，格棂样式丰富多彩，精美的木雕蕴藏着深厚的传统文化底蕴，衬托着人们的美好期望和朴素的审美意识。图案丰富多样、意向繁复、构造巧妙、雕工精致，以植物、动物、字形、几何图案等为基础，相互交错，组成了无数种寓意吉祥的图案样式。

图36　隔心细部

石雕柱础和门枕石

图37　门枕石1

图38　门枕石2

图39　柱础1

图40　柱础2

设置石材柱础是由于木柱与基础连接的防潮需要，石础选用整块石材雕刻而成，形状多种多样，有四边形、六边形、圆形及瓜形等。其上雕刻的花纹简单的只按照四边形或六边形以阴刻勾勒边框，复杂的则采用浮雕在每个面雕成不同的图案，有象征吉祥如意的龙凤、花卉、乐器等。

水源头村每家每户的入口都设置了气派的门楼，门楼下端放置四方形的门枕石。门枕石大小形状左右对称，石雕花纹为吉祥图案。

03

资源县   070

中锋乡　井头村   071

资源县

资源县位于广西壮族自治区东北部岭南山脉腹地，全境位于越城岭西麓，金紫山、银竹老山的东南侧，东经110°15′~110°55′，北纬25°46′~26°21′，是广西的北大门，属桂林市管辖。资源县境内有华南第一高峰猫儿山，是长江水系和珠江水系的发源地之一。资源县东西横距65.5公里，南北纵距63.4公里，总面积1961.14平方公里，属亚热带季风气候，全县平均海拔在800米以上，是一个少数民族聚居县。

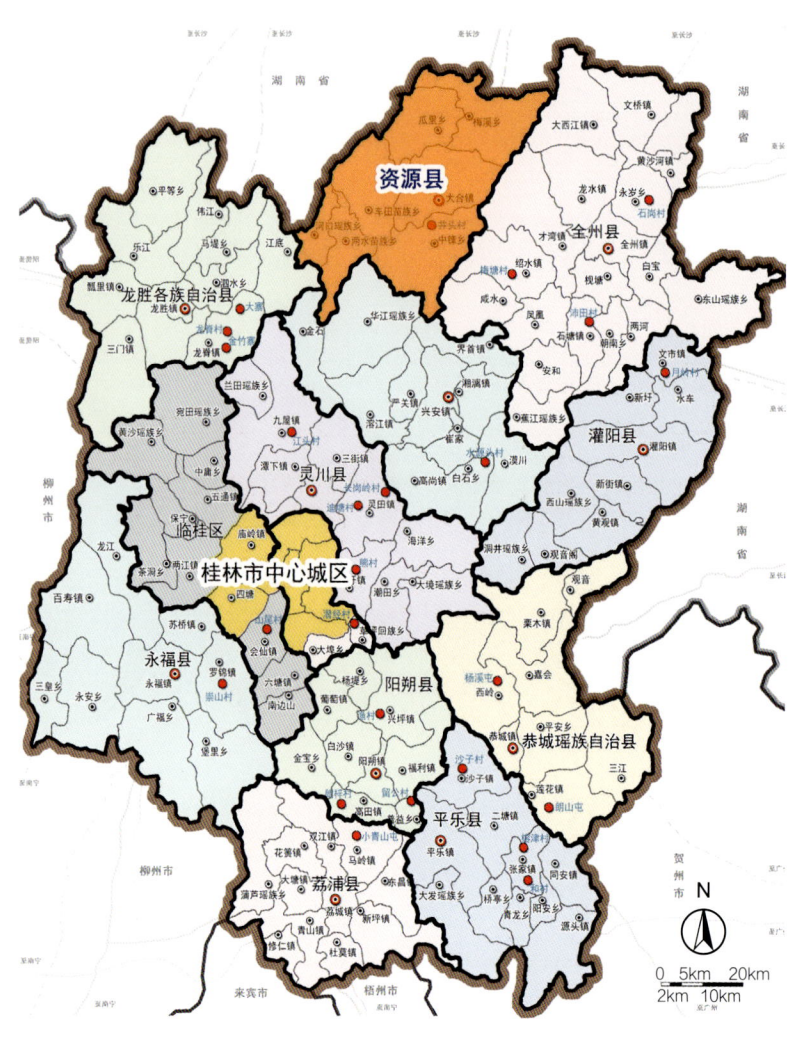

图1　资源县县域区位图

中锋乡

井头村

村落概况

图2 村域区位图

　　井头村位于该县中部偏南，距离桂林市区约85.7公里，距离资源县城约7.2公里，距离中峰乡政府所在地约3.6公里。井头村处于资江源头区，与自治区生态农业名村老王家相连，村四周种植有近5万亩红提。村内保留清代时期的古建筑群，具有较高的历史及古建筑艺术研究价值。井头村古民居群2005年已被公布为县级文物保护单位。

图3 村落古民居群

村落环境

井头村具有优美的自然环境，山明水秀，峰峦
环峙，生态环境极佳。村落西面山峦环峙，形成围
抱之势，阻挡了西面而来的西北寒风，东面资江水
系呈环带状流过，依山傍水符合传统择居理念。村
落的发展离不开农业耕作，选址也与农业发展有着
密切的关系，村周边广袤平坦的土地资源，满足了
村落就近耕种的需求。

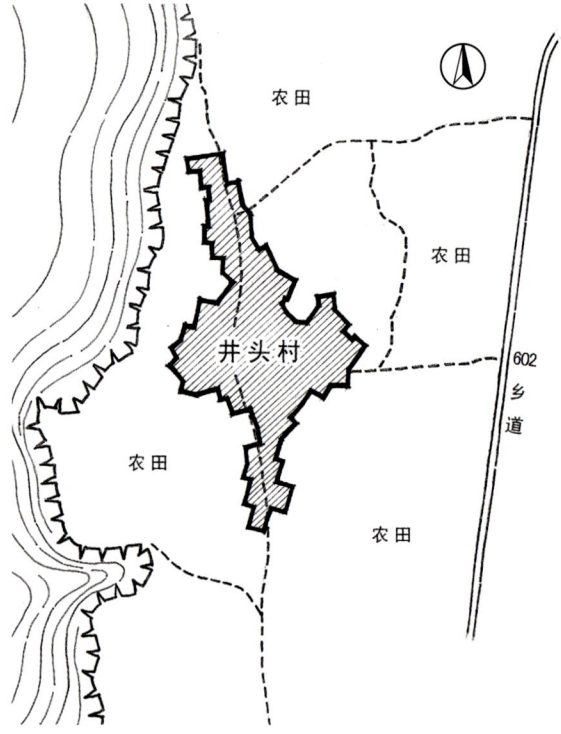

图4　村落选址示意图

图5　村落一角景观

历史要素

井头村现存的古民居建筑多为清初至清末所建，至今保存古建筑约12栋，是资源县古建筑数量保存较多的村庄之一。其中最早的建于乾隆三十年（1765年）。

井头村古民居建筑群多为单歇山式屋顶，外墙极重装饰，墙面抹灰讲究，多在正门门头砌出造型丰富的镂空装饰。因村落毗邻资江，有大量河卵石，因此建筑建造就地取材，墙体上部多用青砖，下部多用大块河卵石与黄泥灰间隔砌筑，墙体厚重而坚固。

村落内现存最古老的民居为王氏祖先王昌宇1766年所建，小青瓦屋顶，檐口处有水滴和罗锅瓦，院墙虽已破败，但墙上刻的"透风"两字依稀可见；建筑正门保存完好，门上有牌匾，牌匾左右

为方格花板，上方为叠砖、镂空盘头及翘檐，整个门头造型华丽，装饰感极强。

此外，村落还保存有建于清道光、光绪年间的宅院数栋，其正门牌匾字迹可辨，有"云灿星辉"、"日升月恒"等字样。其中保存最为完好的王绍槐父亲建于清同治年间（约1870年）的民居，其外墙面抹灰时留下的奇特花纹似云腾雾绕，至今仍十分清晰。

图6　隔扇门木雕

图7　古民居院落入口

图8 井头村民居入口（钢笔画）

图9 民居门头

桂林传统村落勘录

50~53号民居院落

民居外大门倾斜朝向东北，民居平面为五开间、两进天井院落，堂屋两侧厢房前形成小型门厅空间，院落内门窗隔扇雕花精美。该民居平面是罕见的五开间布局，据推测是家庭人口增加后扩建而成。原有形态应是以"天井-堂屋-天井"为中心的三开间布局，扩建后对称增加了左右两边的房间。

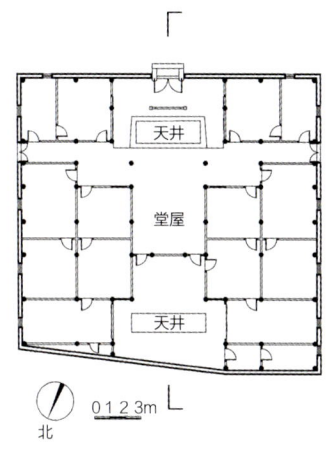
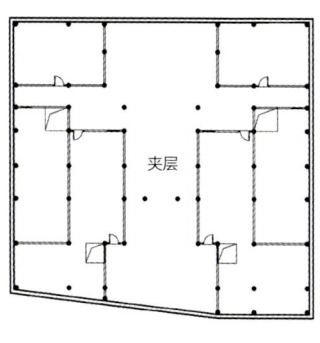
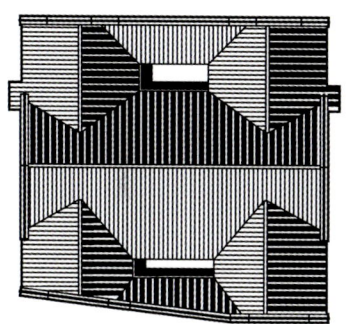

图10 （资源井头50号）平面图

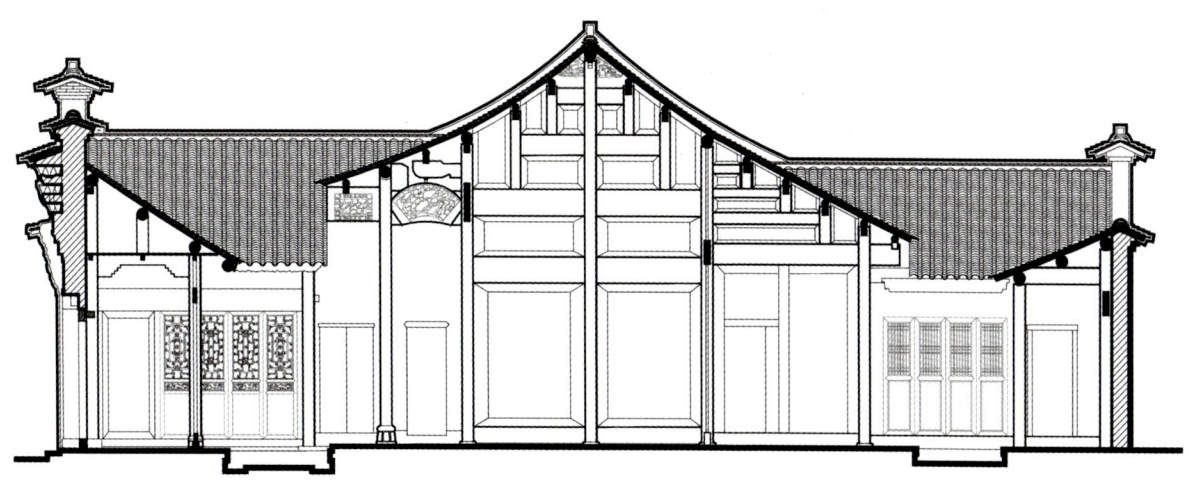

图11 （资源井头50号）剖面图

图12　朴素的木门隔扇

图13　入口天井一角

图14　内部梁柱

桂林传统村落勘录

门头及山墙

图15　入口门头

图16　山墙及门头

窗花及柱础

图17　窗棂花格1

图18　窗棂花格2

图19　雕花图案1

图20　雕花图案2

图21　柱础1

图22　柱础2

图23　柱础3

04

龙胜各族自治县　　　　　　　　　**082**

龙脊镇　龙脊村　　　　　　　　　083
龙脊镇　金竹寨　　　　　　　　　096

龙胜各族自治县

　　龙胜各族自治县（下简称龙胜县）位于桂林市东北部，界于北纬25°29′～26°12′，东经109°43′28″～110°21′14″之间，为桂林市辖县。龙胜县地处越城岭山脉西南麓的湘桂边陲，国道321线桂广高铁从龙胜县境内通过，是湘西南、黔东南与四川进入广西之咽喉与物资集散地。龙胜旅游资源丰富，有"天下一绝"的国家一级景点龙脊梯田。

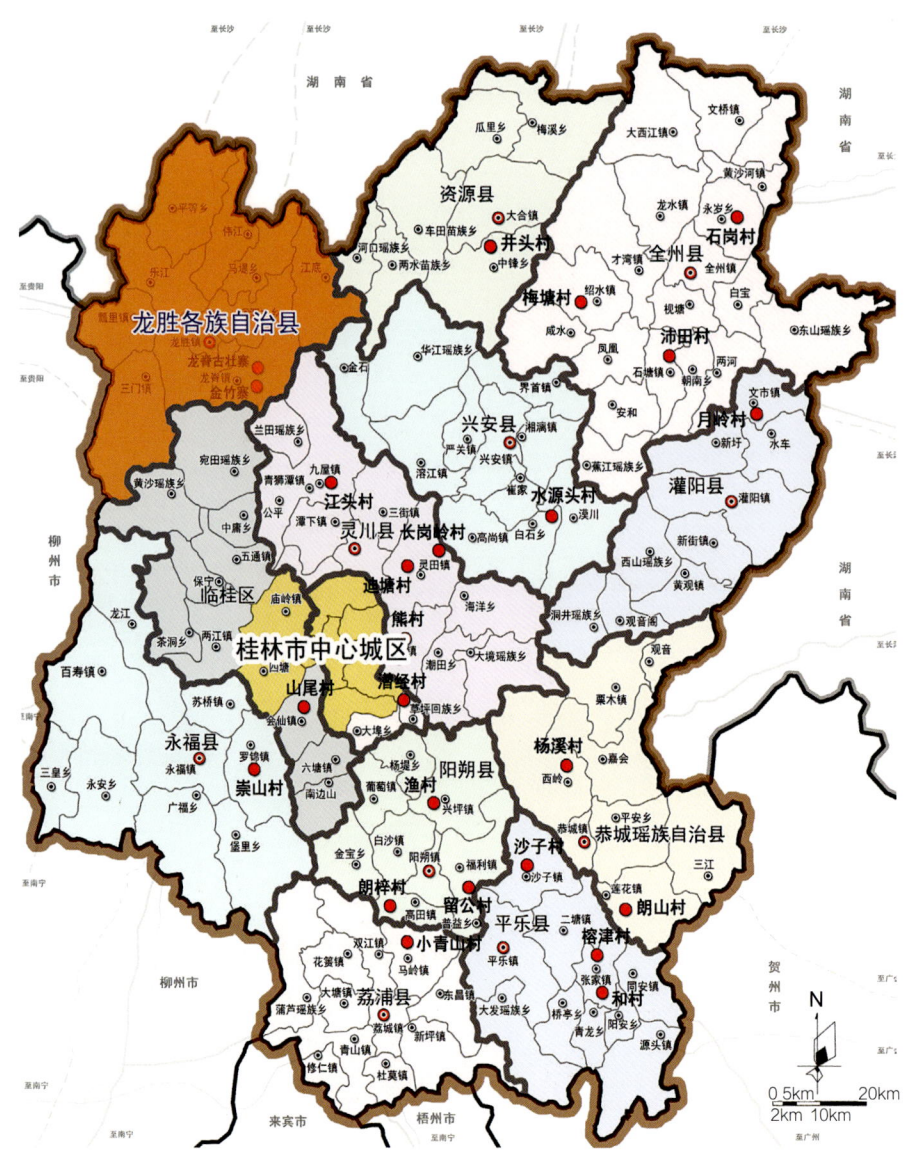

图1　龙胜县县域区位示意图

龙脊镇

龙脊村

村落概况

　　龙脊村地处桂北越城岭山脉西南麓，位于该县龙脊镇的东北部，距龙脊镇镇政府所在地约10公里，距龙胜县城约21公里，距桂林市区约76公里。

　　龙脊村全村约有295户，约1212人，劳动力约136人，居住着壮族和瑶族等少数民族，其中壮族人口所占比例达到99%。龙脊村包括廖家寨、侯家寨、平段和平寨4个壮族村寨。全村共有13个村民小组，分别为廖家第四、五、六、十一组，侯家第七、八、十二组，潘家第九、十组，以及七星、岩背、岩板、岩湾。全村耕地面积约为1300亩，林地面积约为1000亩，占农业用地总面积的50%，经济作物面积约0.4亩/人，至2012年底，全村粮食年总产量约50万公斤。龙脊村地处中亚热带季风气候区，夏半年受湿热的夏季风控制，多吹偏南风；冬半年受干冷的冬季风影响，多吹偏西或北风。

图2　村域区位示意图

村落历史

　　龙脊村至今至少有430多年的历史。据村内廖姓、侯姓族谱以及潘家祖坟碑刻记载，三姓祖先均来自南丹庆远府。据《龙胜县志》载，龙脊廖姓于明代万历年间(1573~1620年)迁入现在居地。

　　800多年以前，第一批到达龙脊的壮民面对横亘在面前的深山，决定依靠最原始的刀耕火种，开垦出第一块梯田。村落两侧的山脊恰如天然的屏障将整个村寨包围起来，梯田依山势从海拔1200米的高度层层而下，犹如一条巨大的金龙盘踞在茫茫青山之中。村落正好位于龙的脊背之上，故而得名为"龙脊"。又因龙脊村主要以壮族人为主，壮族先民最早迁入廖家寨、侯家寨、潘家寨（平段和平寨），故而人们又把廖家寨、侯家寨、潘家寨称为龙脊村。

　　由于此处地域偏僻，地势险要，历史上长期交通不便，中原文化对此处影响较少，因此龙脊村的壮族以其勤劳和智慧创造出与桂林其他地区民居风格迥异的建筑形式。龙脊村为壮族的支系北壮的世居村寨，作为龙脊稻作文化的重要组成部分，村寨与梯田景观浑然天成。

图3　村落俯视

村域环境

龙脊村水系较为发达，主要水源为涧水与山泉，全村内分布着龙泉、清泉等4处泉眼，有大小溪流50余条，最大的溪流为金江河。村落外部环境为高山—阶地—河谷地貌，山脉与构造线一致，梯田坡度大都为26°~35°之间，境内地貌类型单一，侵蚀构造中山陡地形遍及全村，但在同一大地貌单元内的不同部位也出现多种次一级地貌，有山前梯田、河流谷地、桌面山、长条状分水岭、V形河谷等。

图4　远眺龙脊村

图5　潘姓民居与梯田浑然一体

村落格局

村落依山就水，按血缘聚族而建，布局为自由分散式，村落建筑随自然地形自由布置，不受任何格局约束，既不存在纵横轴线，也没有明显的村寨边缘，村寨外轮廓不遵守一定的几何形状，随自然地貌因势而定。村落道路依山势而布，路面宽度通常只有1米左右，高低起伏，转折自如。村内大部分传统巷道保存较好，门前场地尺度适宜。

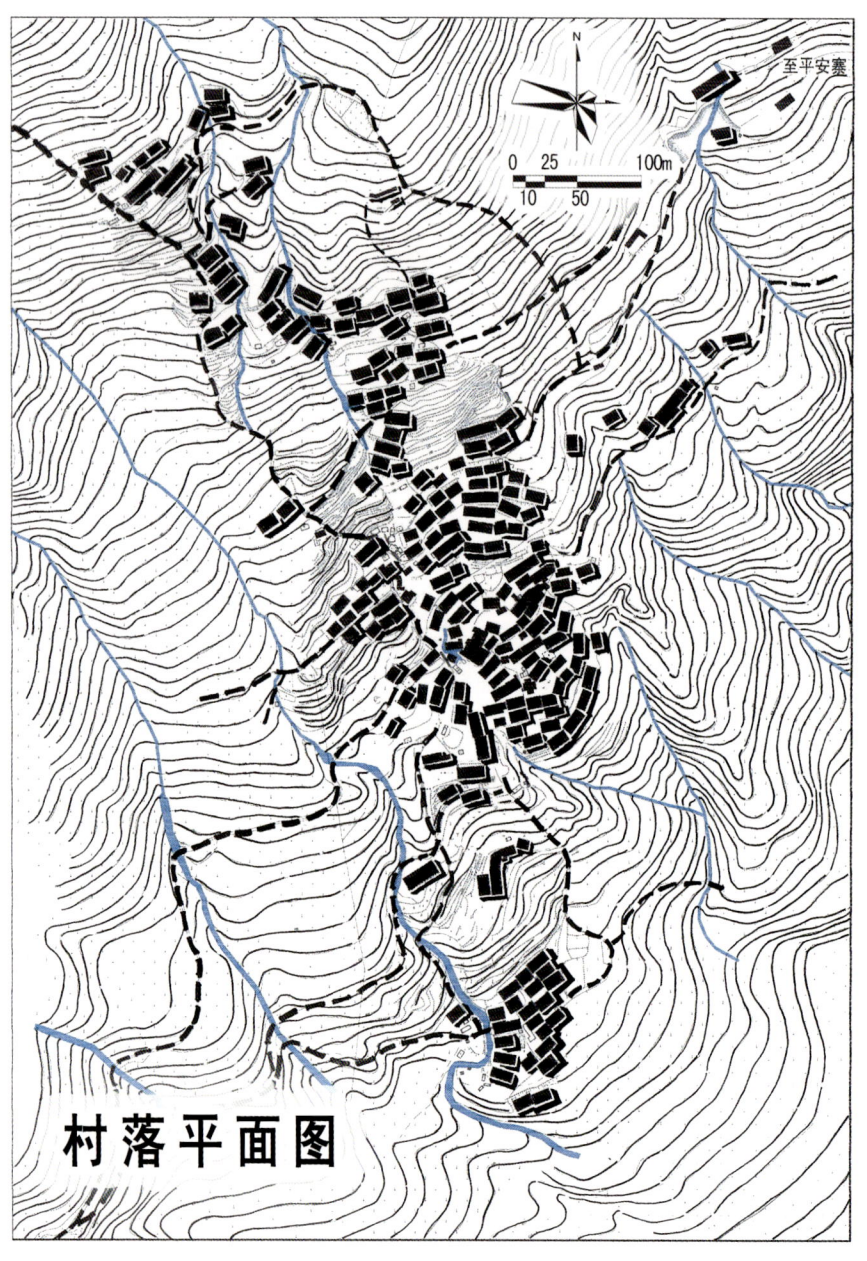

村落平面图

图6　龙脊村村落平面图

图7　龙脊梯田（钢笔画）

历史要素

龙脊村拥有广西乃至全国保存最完整、最古老、规模最大的壮族干栏式建筑群，其中7座木楼已经超过100年的历史，最老的达250年。

村落海拔从廖家的915米到潘家的615米，垂直落差达300米，建筑充分利用复杂多变的地形，或悬挑、或垒台、或架空，与环境有机结合、融为一体。吊脚木楼，杉木构造，有灵活、多变、质朴、轻盈的特点。建筑多为二层三开间，底层用作圈养牲畜，二层为居住，堂屋正中为祖宗神位，两侧为火塘，背面布置居室。建筑立面多采用三面出挑，逐层伸出，外形朴实无华。

龙脊村蕴含丰富的壮族文化，包括建筑、石刻、服饰、饮食文化等。除保存完好的7座百年老屋外，还有石寨门、古庙、石碑、凉亭、古桥、石雕、木雕等。其中石寨门2座、古庙2座、古石碑3处、古凉亭7座、古桥1座。

村落内古树名木种类繁多，有红豆杉、樟树、柿树、桂花、玉兰、杉、竹柏等。其中有一棵樟树和一株红豆杉，树龄已有200多年，均被列为国家重点保护古树。

图8 212-213号侯家百年古民居

图9 廖家百年老屋侧面

图10 古寨门

图11 康熙兵营遗址

图12　龙泉亭

图13　千年古树红豆杉

图14　三鱼共首石刻

图15　太平清缸

图16　蛙石刻

179号侯家百年老屋

　　该民居始建于清同治年间，由侯姓两父子修建，是龙脊地区现存七座百年老屋之一。民居采用全杉木建造，整体建筑以凿榫、打眼、木栓穿合，全楼不使用一颗铁钉，为典型干栏式民居。大门的朝向、祖宗神龛都请地理先生看过风水，房屋的长、宽、高都是按照"鲁班尺"精心测量以达到趋吉避凶的效果。

　　一楼为牲畜圈养及舂米使用，采用片石基础，上设木柱；二楼用作居住，中间为堂屋，两侧次间分别设置火塘，火塘上方利用屋顶设置阁楼储藏粮食。平面的特色是由于使用需要，设置了"一柱四门"使得夹角空间形成了通道。

图17　民居入口立面

图18　火塘

图19　片石基础

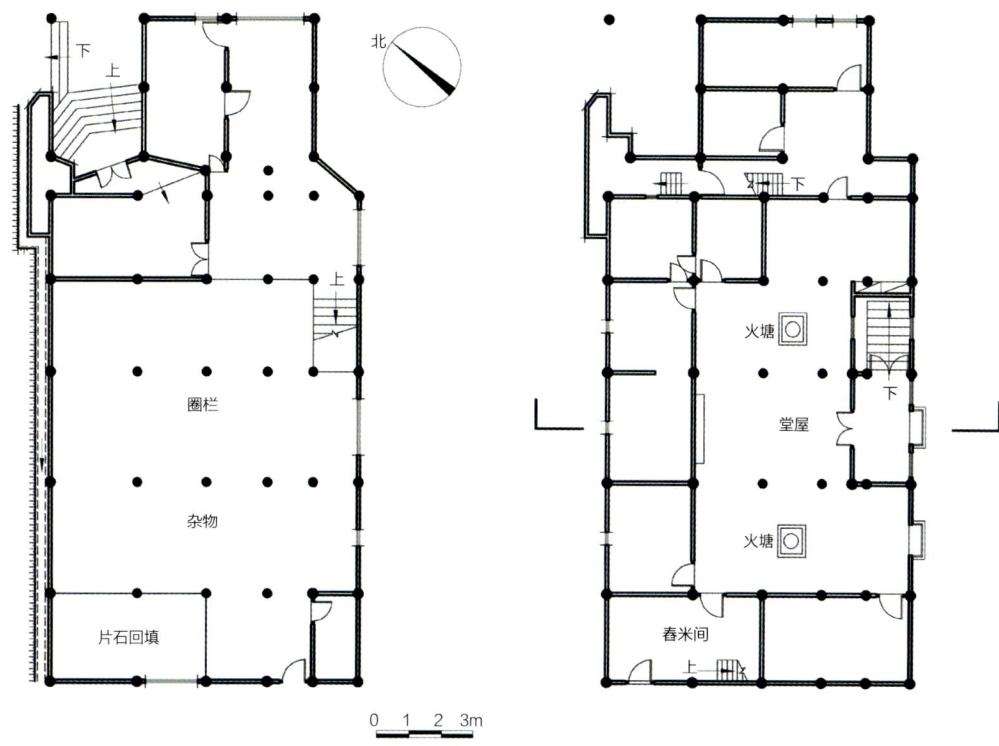

北

0 1 2 3m

图20 侯家百年老屋一层及二层平面图

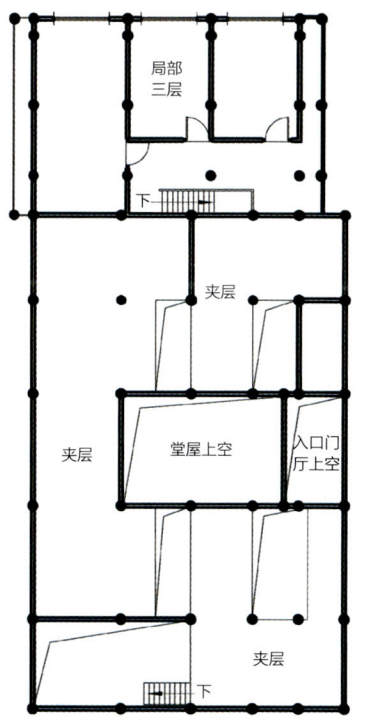

图21 侯家百年老屋三层及屋顶平面图

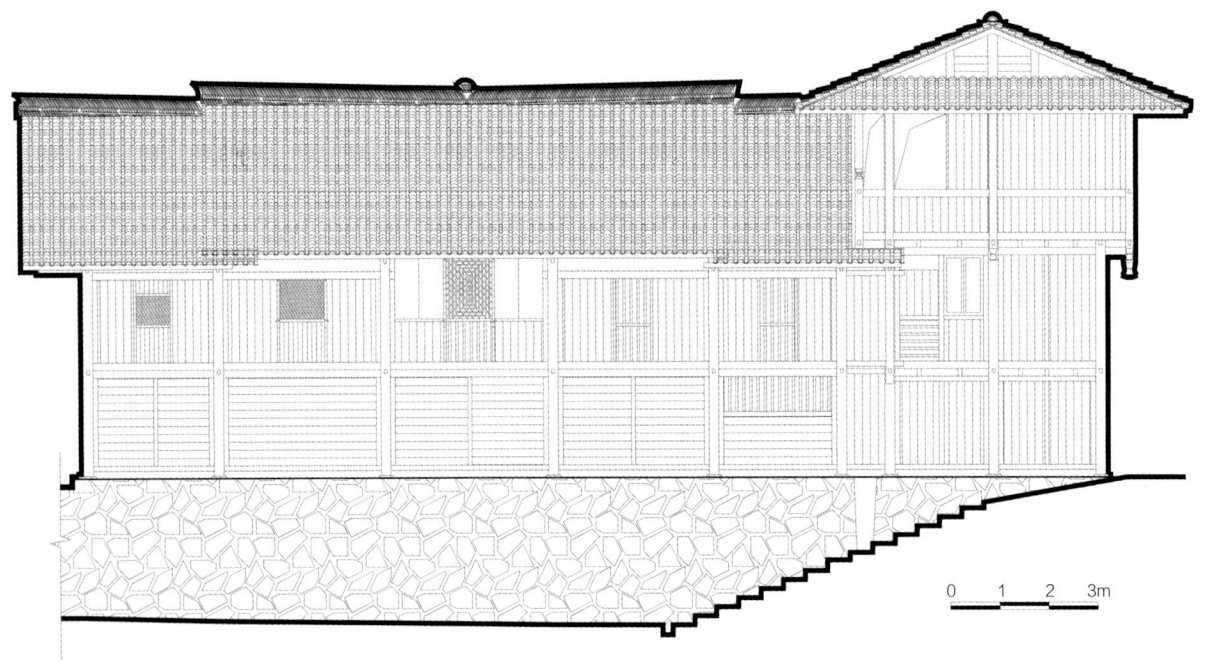

图22 侯家百年老屋侧立面图

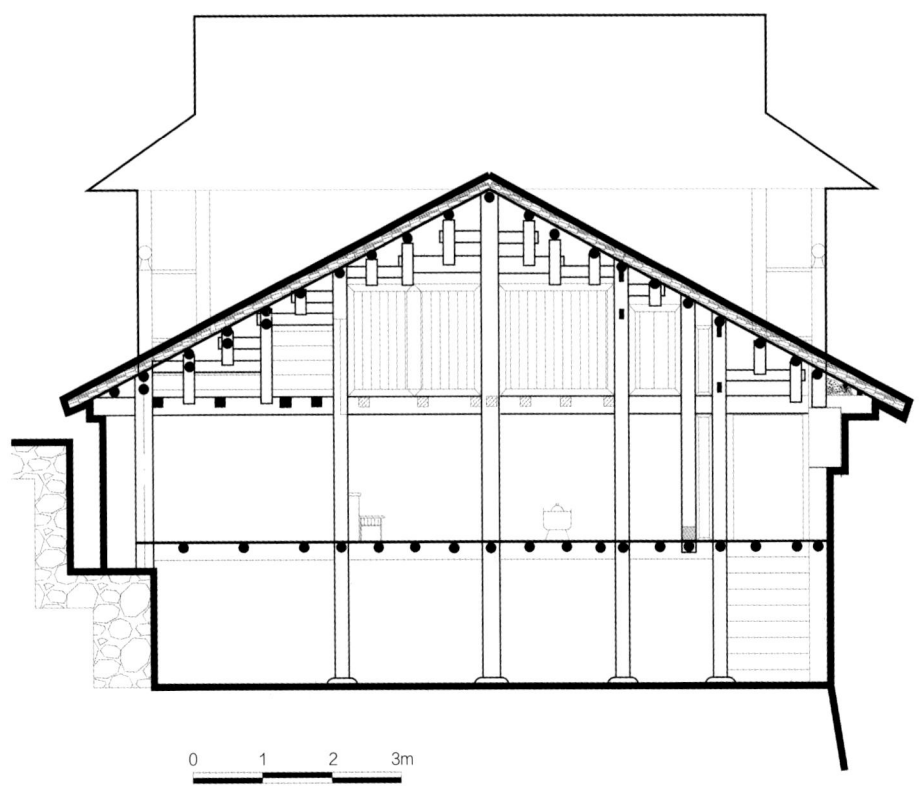

图23 侯家百年老屋剖面图

建筑细部

图24 动物形梁托

图25 花形梁托

图26 铜钱花纹石雕

龙脊镇

金竹寨

村落概况

金竹寨位于龙胜各族自治县龙脊镇的金江村，距县城约20公里，是进入龙脊风景名胜区的第一个壮寨。村寨占地面积约5万平方米，建筑面积约为3.5万平方米。全寨以壮族人口为主，约有80户人家，450多人，为我国典型的山地型壮族村寨，其建筑具有鲜明的干栏式建筑风格，1992年曾被联合国教科文组织称为"壮寨的楷模"，誉为"北壮第一寨"。

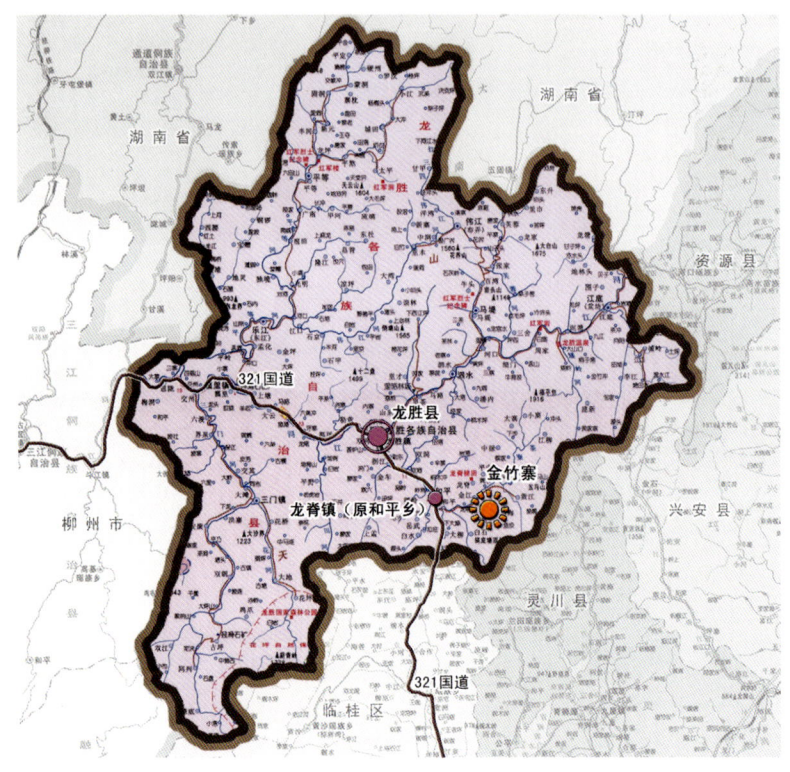

图1 村域区位图

图2　金竹寨远眺（钢笔画）

村域环境

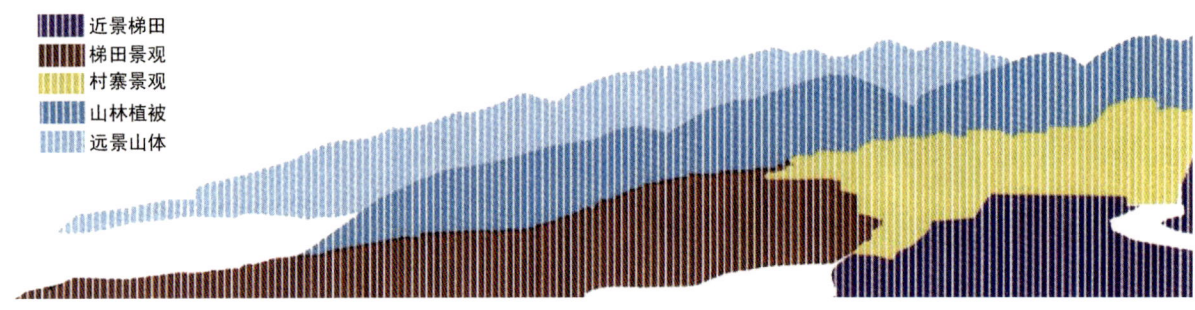

图3　金竹寨村寨格局示意图

图例：
- 近景梯田
- 梯田景观
- 村寨景观
- 山林植被
- 远景山体

图4　远眺山腰上的金竹寨

　　金竹寨属于典型的桂北壮族村寨类型，村寨选址于山腰坡地，注重与地形结合，干栏式民居随山势起伏建造，与梯田曲线韵律协调。同时村寨建于山腰，对于"日出而作，日落而息"的小农生产，提供了不必远行即可就近耕作的方便条件。

　　金竹寨始建于清末，为自由分散式布局模式，既不存在纵横轴线，也没有明显的村寨边缘，建筑随地形沿等高线而建，与环境相融合。村寨内部有几条小溪由高处川流而下，汇入山脚河流，沿路灌溉梯田，为生产、生活提供了方便的水源。另在山洪暴发时，溪流还能起到排洪作用，确保村寨安全。整个村寨环境体现了森林、溪流、村寨、梯田"高度有机融合"的自然生态格局。

图5　建筑与梯田协调

村寨特色

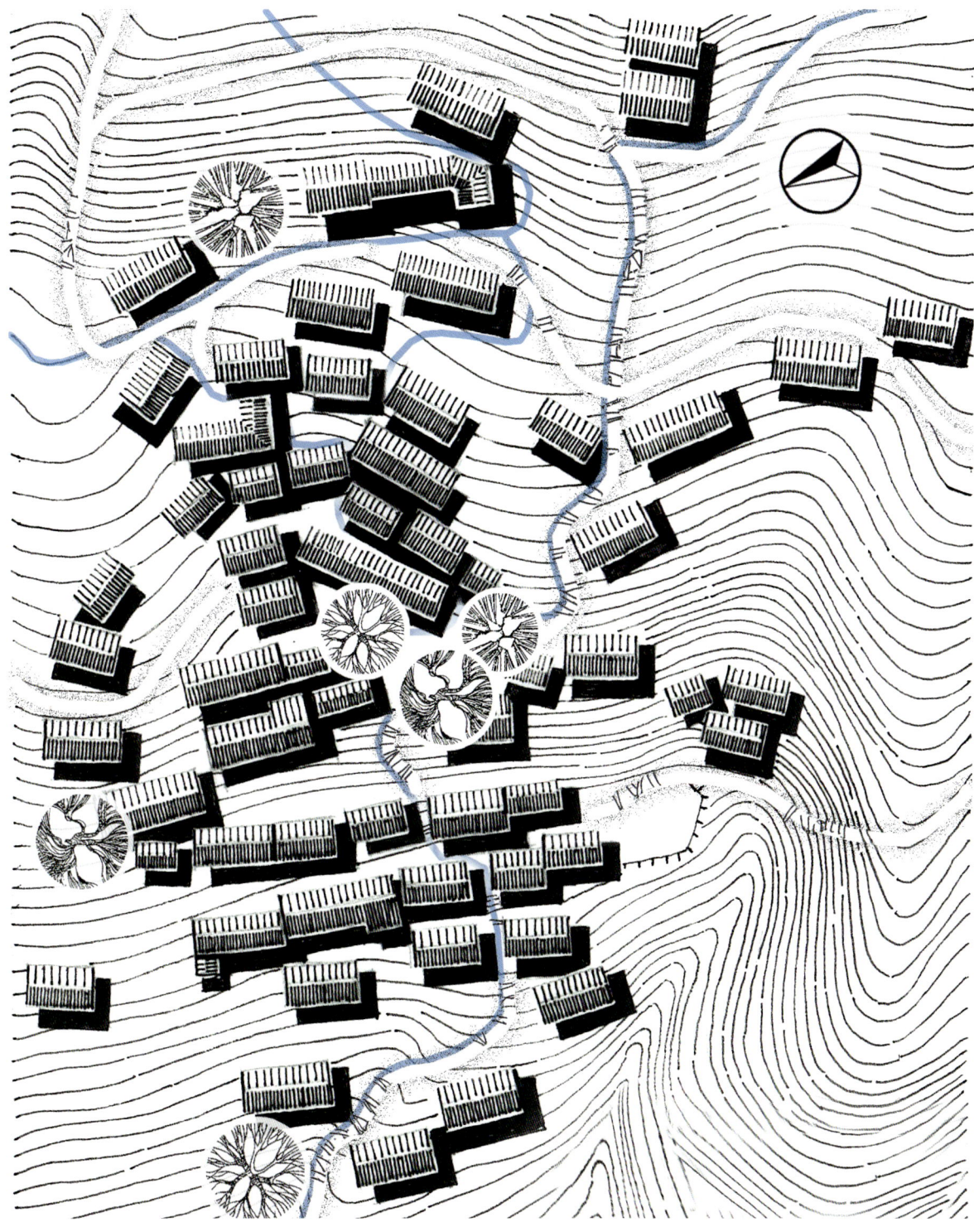

图6 村落平面手绘

图7　道路两侧的古树

　　金竹寨建筑皆为壮族风格干栏式吊脚木楼，建筑面积约100～200平方米，高2～3层，全杉木结构，以穿榫衔接，石头叠地基。寨内保留有许多石门、石井及莫一大王（壮族传说英雄）雕像，显现壮寨的文化特色。寨内石板路旁种植许多杉木，有的树龄已逾百年，被列为国家重点保护古树。

图8　建筑与道路的灵活处理

图9　寨门

图10 金竹壮寨（钢笔画）

廖氏古民居

图11　民居入口处

图12　古民居建筑

图13　不拘一格的立面

　　该建筑为寨中寨佬的祖宅，为传统的干栏式木楼建筑，全杉木榫卯衔接。第一层架空，放置农具，圈养牲畜；二层为正屋，堂屋与火膛设在中心，两侧为居室；二层上方与坡屋顶之间设阁楼，堆放谷物和杂物。

　　建筑为"四间四架"的矩形布局，底层依山势架空，用作牲畜圈养，二层用作居住，房间围绕明间堂屋与次间火塘分布，坡屋顶夹层则用作储藏。建筑以干栏穿斗式木构架为承重主结构，四周墙体为木隔板，外观灵活，不拘一格。

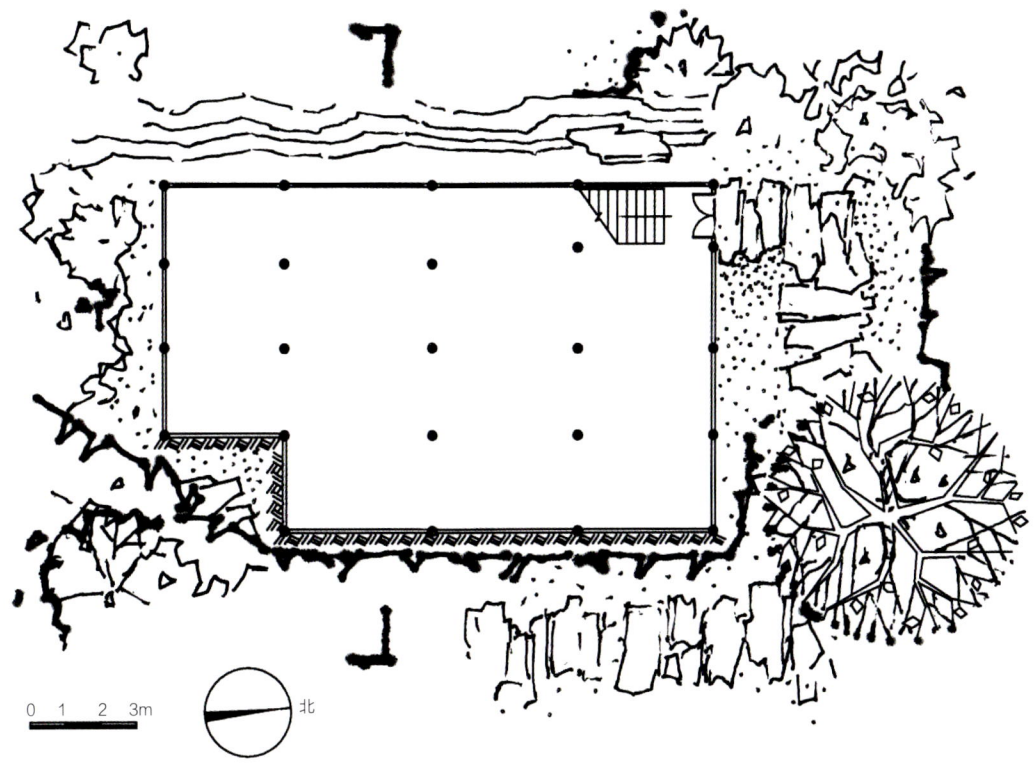

图14 廖氏古民居一层平面图

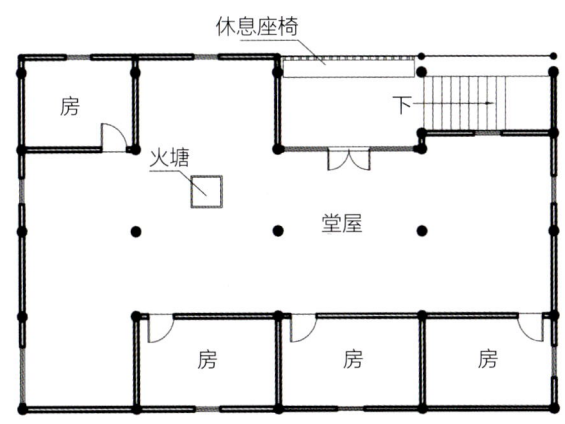

图15 廖氏古民居二层及屋顶平面图

图16　廖氏古民居立面图

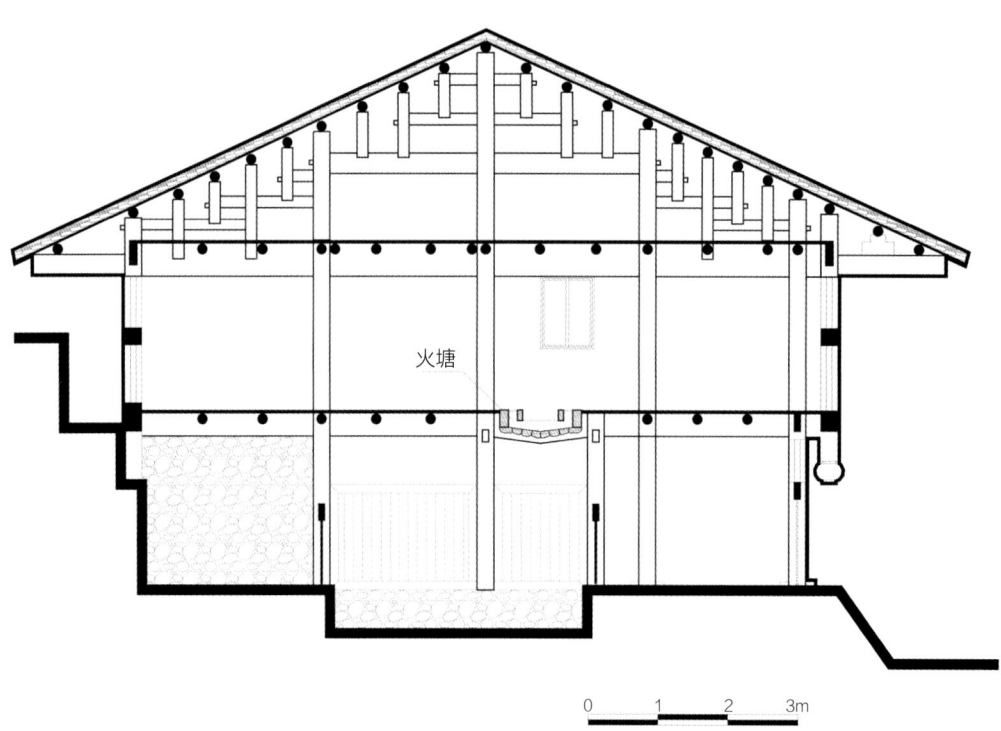

火塘

0　　1　　2　　3m

图17　廖氏古民居剖面图

建筑局部

图18　厚重的片石基础

图19　依山势架空

图20　典型穿斗式结构

灵川县

灵川县位于广西壮族自治区东北部的湘桂走廊南端，地处北纬25°04′~25°48′，东经110°17′~110°47′之间，为桂林市辖县，东北与兴安县，东南与灌阳县、恭城县交接，西北与龙胜县为邻，西与临桂区接壤，南与阳朔县相连。灵川县建置之前，古属百越之地，秦为桂林郡地，明属桂林承宣布政使司桂林府，清属广西行省桂林府。灵川县东南为海洋山脉，西北为越城岭支脉，中部为湘桂低谷走廊，地貌总体呈"V"形结构。

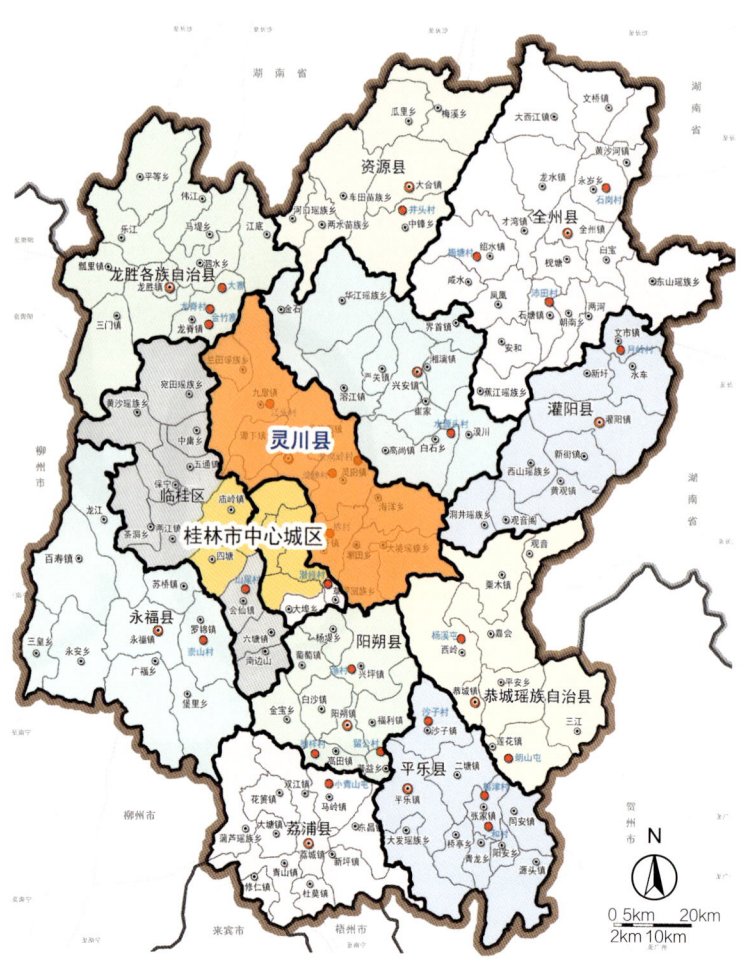

图1　灵川县县域区位示意图

大圩镇

熊村

村落概况

大圩古镇位于灵川县南部，漓江东岸，是广西古代四大圩镇之一，据史载古镇始建于北宋初年，鼎盛于明、清时期。熊村位于大圩古镇东北面约8公里，处于湘漓古商道与粤桂水运的交汇处，北连兴安、全州至两湘，水运经大圩码头南下可达梧州、广州，是沟通中原文化与岭南经济文化的重要通道，也是中原与港、粤物产的重要中转地。古时交通不便，经商货物往来只有依靠崎岖的山路和水路。由湖南方向的货物经灵渠走水路需时约1个月，而通过马帮走全州至兴安、高尚、三月岭、熊村至大圩的陆

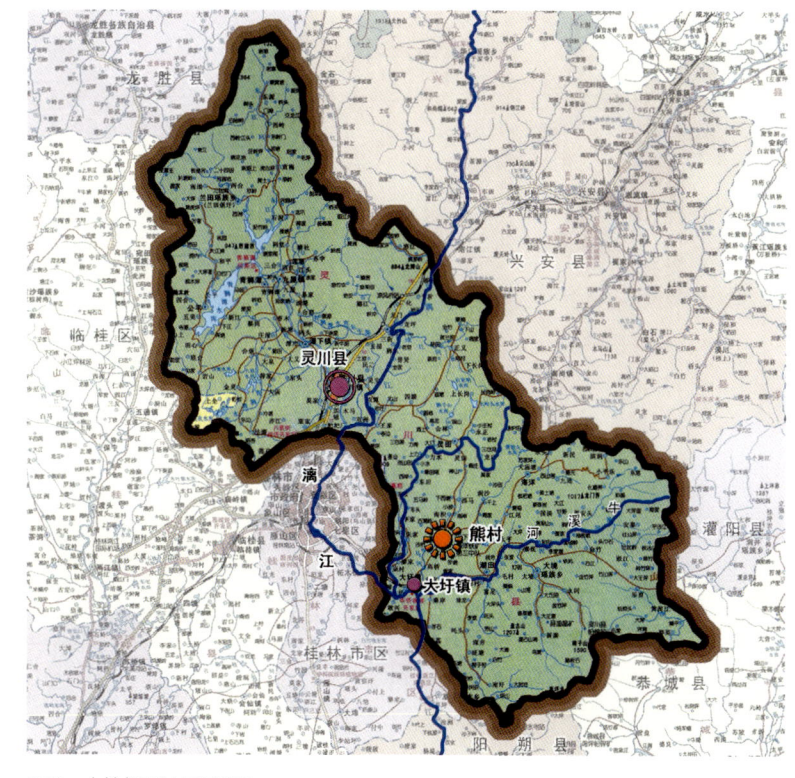

图2　村域区位示意图

路商道，则仅需4～6日，因此熊村作为货物至大圩水运码头的一个重要的中转站，明、清时期其繁华程度与大圩古镇不相上下。

熊村现有人口约2000人，是典型的因商而兴的汉族聚居村落，古圩、古民居、古商铺保存完好。据村内老人口述，熊村史称熊家村，始祖系由江西迁入，距今已有2000多年的历史。随湘桂古道兴起，逐步兴旺繁荣。人口剧增，杂姓融入，遂更名为熊村。

熊村2012年列入中国传统村落名录，2013年广西壮族自治区人民政府公布为"自治区历史文化名村"。

图3　熊村商业建筑

村域环境

明朝著名地理学家徐霞客于崇祯十年闰四月二十八日途经熊村，并在其游记中留下这段记述"聚落甚盛，不特山谷所无，乃南中少见"。熊村村内建筑布局由平地向山坡延伸，村南侧有一河流从山脚下流经古村，两条溪水穿村而过，村外四面皆为农田，有"半村水景半村山"之美誉。

现村中部有公路穿过，公路西面以新建筑为主，公路东面以传统民居为主，村民以李、熊姓为多。村庄功能齐全、布局合理、排水通畅，其水系建设尤为科学。充分利用东侧河流，建设壅水坝，并开辟渠道将水引入村落内部，两股溪流自东向西从村中流过，即可作村民日常生活用水，又可灌溉西北侧的农田，同时也使整个村落环境更具灵气。

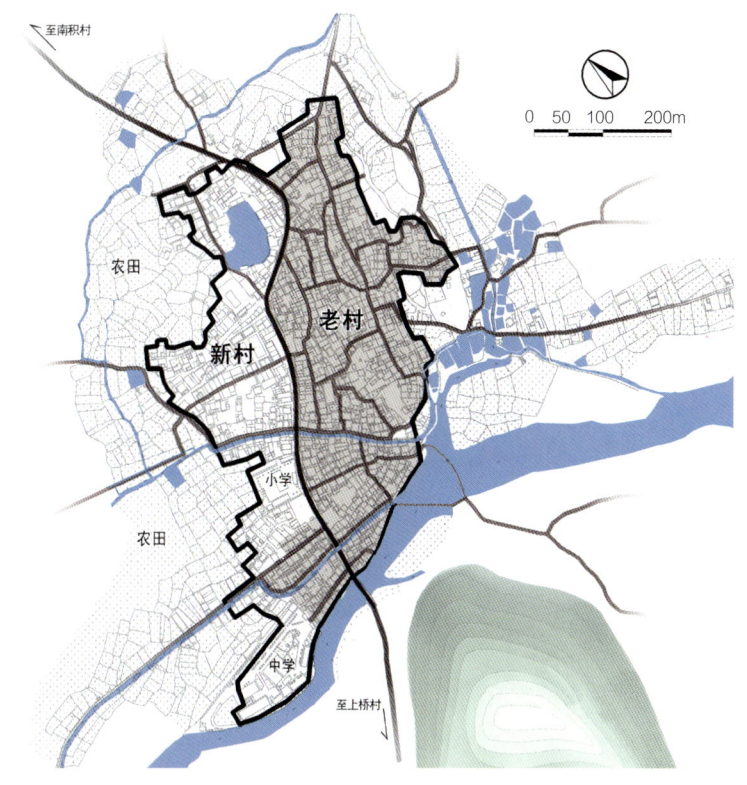

图4　熊村村落格局示意图

图5　南侧熊村河壅水坝

历史要素

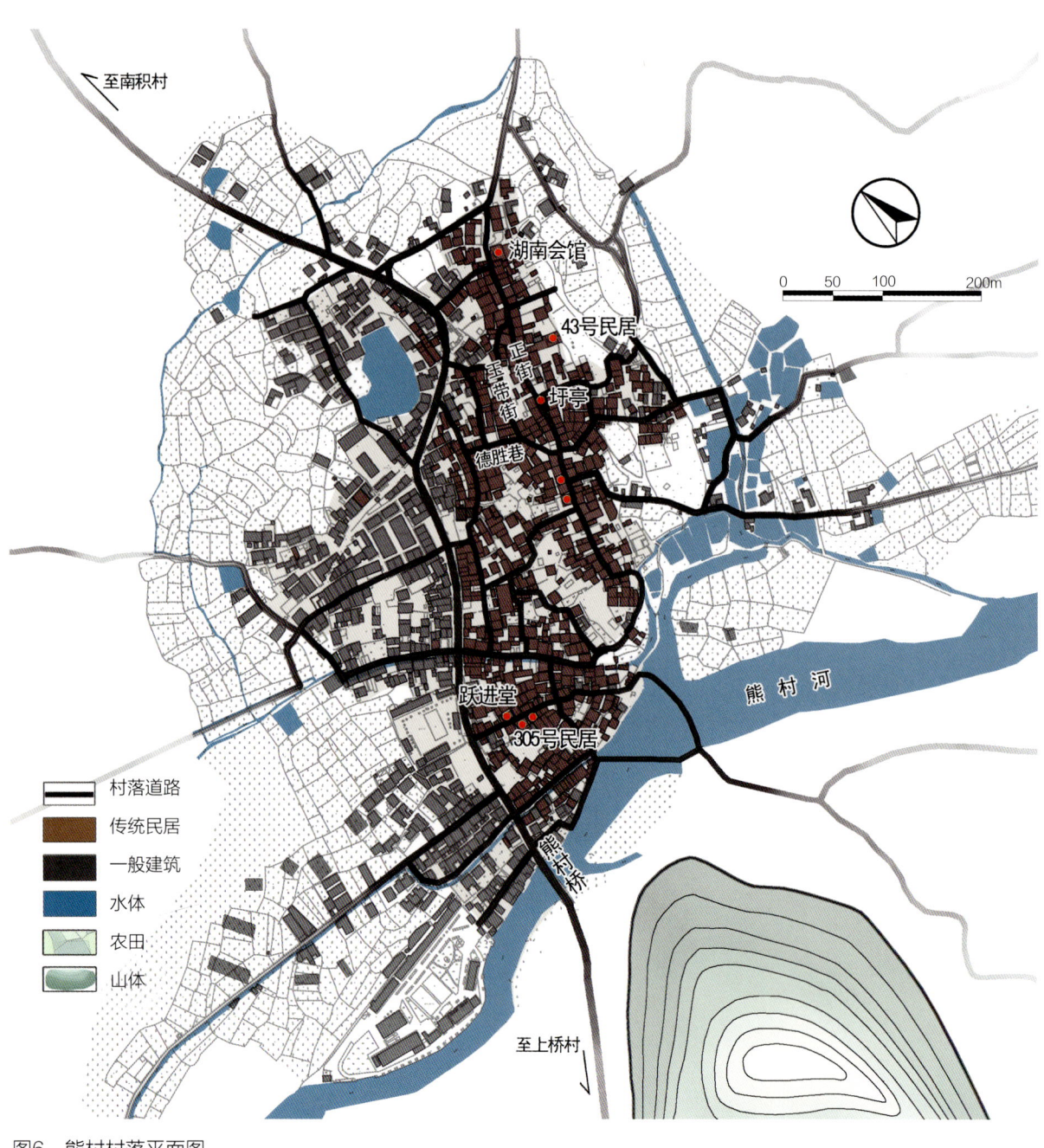

至南积村

湖南会馆

43号民居

正街
玉带街

坪亭

德胜巷

跃进堂

305号民居

熊村河

熊村桥

至上桥村

村落道路
传统民居
一般建筑
水体
农田
山体

0　50　100　　200m

图6　熊村村落平面图

传统建筑

熊村明、清时期的建筑保存完整，村子坐落在一小山丘上，建筑沿商业街道整齐布局，房屋鳞次栉比，错落有致。建筑类型有为居住商业混合的民居、会馆、祠堂、寺庙、圩亭等，具有浓厚的商业特征。

居住建筑多为前商后居功能，临街大门一侧均安有活动木排窗，卸下即可作为商店橱窗，商业功能十分突出，具有商用民居的典型特色。

村落中部商业主街中段建有一座长方形圩亭，为四角歇山式屋顶，三面敞开，通透凉爽，供圩集时摆货买卖之用，也可供往来的官差、行人纳凉避雨、休息之用。

位于村落北端的湖南会馆，为二层硬山式砖木结构建筑，据当地人说，当年路经湘桂古商道的湖南商贾众多，为便于联络商议事宜而建。

图8　43号民居

图7　古街两旁建筑

图9　305号民居院落

图10 圩亭

图11 跃进堂大门

图12 111号民居大门

街道与闸门

街巷布局具有明显的防御和商用功能，高大的垣墙将村落包围，四周均设有坚固的石砌门楼。村中由青石板或鹅卵石铺成的巷道纵横交错，街道大体可分为两类：一类为纯商业街道，两侧皆布局商业建筑，市场氛围浓郁。村中主要商业街道名为"正街"，由北至南贯穿村落，中间高，两边低，酷似船背，街宽约3米。一类为滨水街道，沿水渠而设，一侧为民居，一侧为小溪，生活气息浓厚。村中滨水街道主要有两条，均沿引水渠而设，东西走向，溪水清澈见底。村民在门口架设青石板跨溪而过，石板边放置方形青石做锤洗衣物之用。

村落尚有十余条街巷，街巷尽端及交汇处有石砌或砖砌的闸门用于防盗，其中较大的拱门有"正德门"（明正德年建，乾隆年重修）、"紫气门"、"德兴门"等。

图13　南北向正街

图14　东西向主引水渠巷道

图15　德圣巷

图16　紫气门正面

图17　紫气门背面

图18　玉带街与德圣巷双闸门

图19　引水渠向西方向闸门

图20　德星门

图21　革命门

建筑院落

305号民居院落

305号民居位于村落东南熊村商业主街的延伸部分，建筑前店后厂，为硬山式两层砖木结构，临街立面是典型的熊村商铺立面样式，中间为入口正门，左右砖砌矮台上安放可活动开启的木质橱窗。建筑平面为三开间两进院落，由于受到用地的影响，建筑的北面略宽，南面次入口及中央设有两个天井，厢房上部为利用坡屋顶隔出的夹层，用作储存空间。

民居为坡屋面硬山顶，山墙为青砖墙，沿街立面正中为木门及隔板，两侧为砖木混合柜台，拆卸方便，利于白天买卖和夜晚安全。建筑堂屋向内院立面设有雕刻精美的檐板和木门花窗，从室内往院子望去，花格在明暗对比之下美感更为突出。民居采用穿斗式梁柱结构，双坡屋面，屋面下设有夹层，夹层与堂屋天花板之间自然形成了摆放香火的高台。

图22　入口大门

图23　临街商铺入口

图24　内部梁架

图25　305号民居正立面图

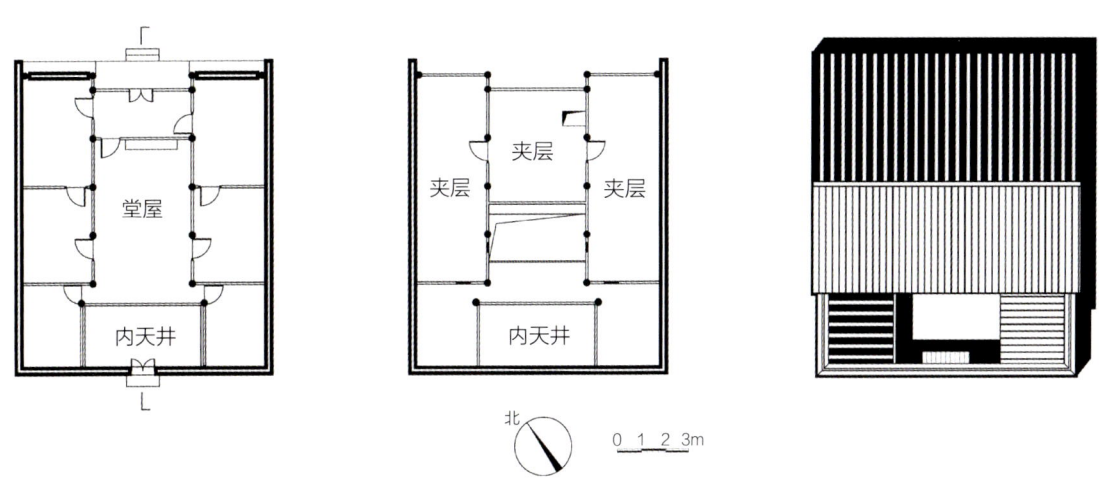

北

图26　305号民居平面图

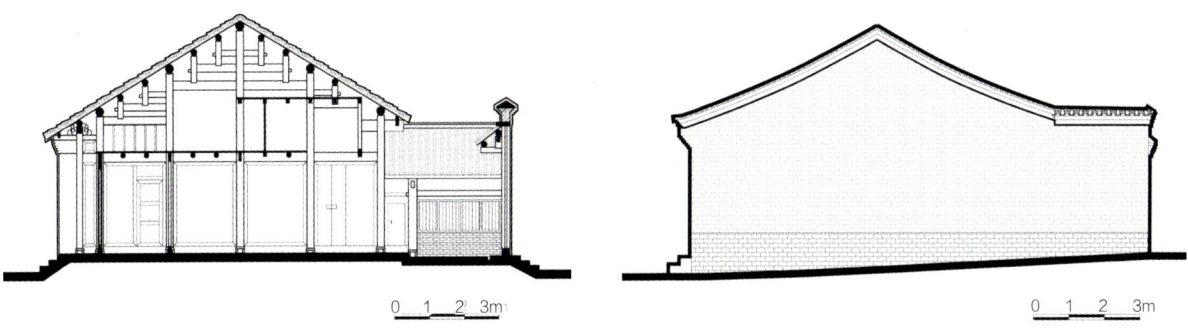

图27　305号民居剖面图　　　　　　　　图28　305号民居侧立面图

图29 民居内部精美雕花木门

307号民居院落

307号民居与305号民居毗邻，位于村庄东南，规模与305号民居相比较小，建筑为硬山式两层砖木结构的一进院落。一层临街用作铺面，门口设铺台，二层为坡屋顶隔出的夹层，用作储存空间。

307号民居的平面接近正方形，形状规整，为堂屋、厢房与天井围合而成的三合小院，厢房上设夹层用于存放物品，由上人孔连接。屋面为双坡硬山顶，山墙为青砖叠砌，沿街正立面中间为木门及隔板，两侧为砖木混合柜台，白天拆下即为开敞式货架，夜晚仅留小窗口，保证交易的安全。民居采用穿斗式梁柱结构，设有夹层，夹层与堂屋天花板之间自然形成了摆放香火的高台。

图30 窗棂花格

图31　307号民居剖面图

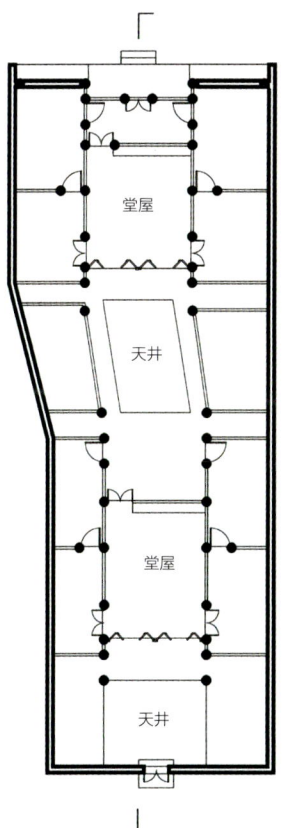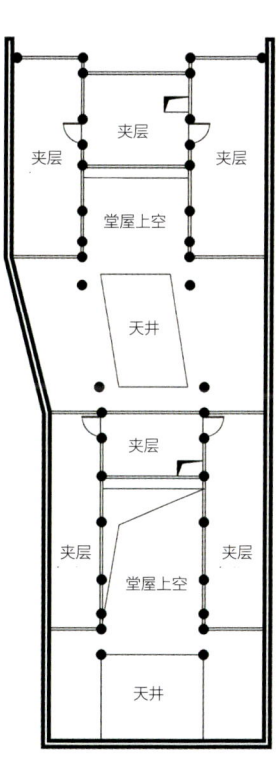

图32　307号民居平面图

0 1 2 3m

图33　307号民居正立面图

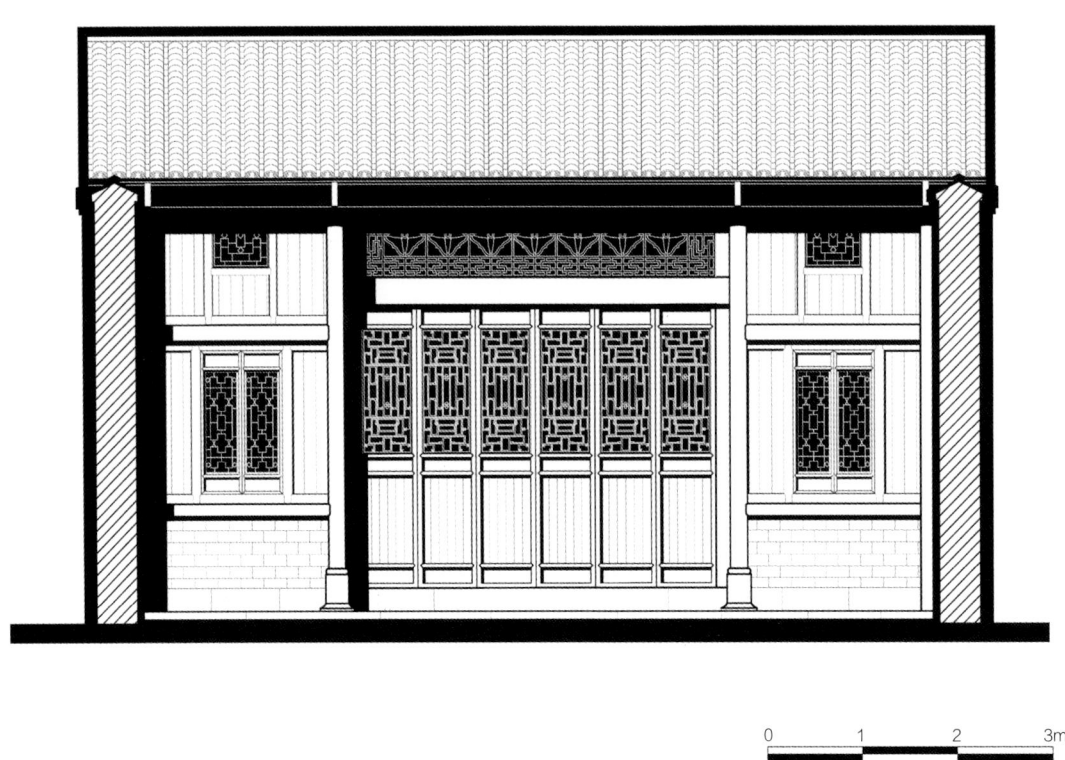

0 1 2 3m

图34　307号民居内院立面图

43号民居院落

43号民居位于熊村商业正街北面，是典型的前店后厂式建筑院落，建筑平面形状随不规则地形布置，非常随意，整个建筑的进深达到了40米左右，其规模在村中实属罕见。

平面为形式自由的双天井三进院落，面对正街的部分沿用熊村商铺做法，大门旁设砖木混合结构的铺台，建筑用地由北向南逐渐加宽，商铺与居室间以天井分隔。建筑临正街的部分沿用熊村商铺做法，大门旁设砖木混合结构的铺台，天井东面居住部分的立面，出现了特别的三角形装饰图案与串珠形栏杆。民居采用砖木混合结构外墙，穿斗式木构架，厢房与坡屋面之间设夹层，双坡屋面，地坪高度随地势高低起伏。

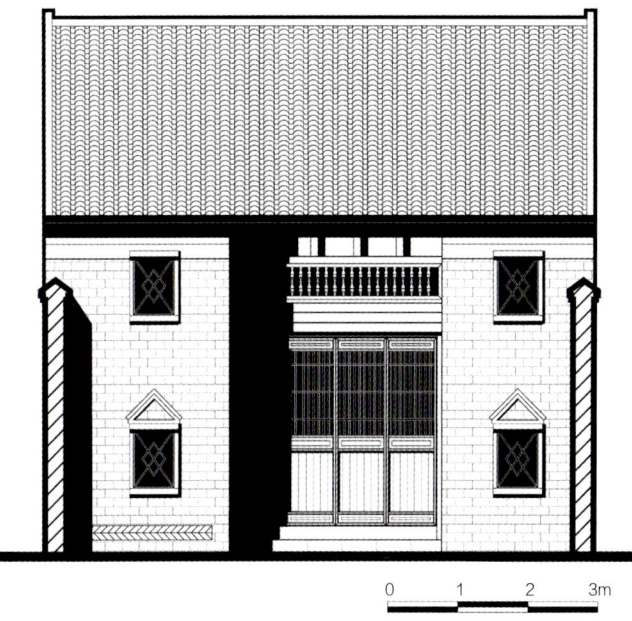

图35

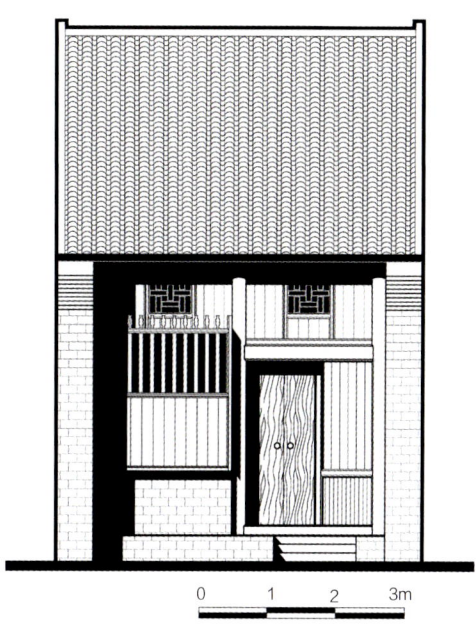

图36

图37

图35　43号民居内院立面图
图36　43号民居沿街立面图
图37　堂屋

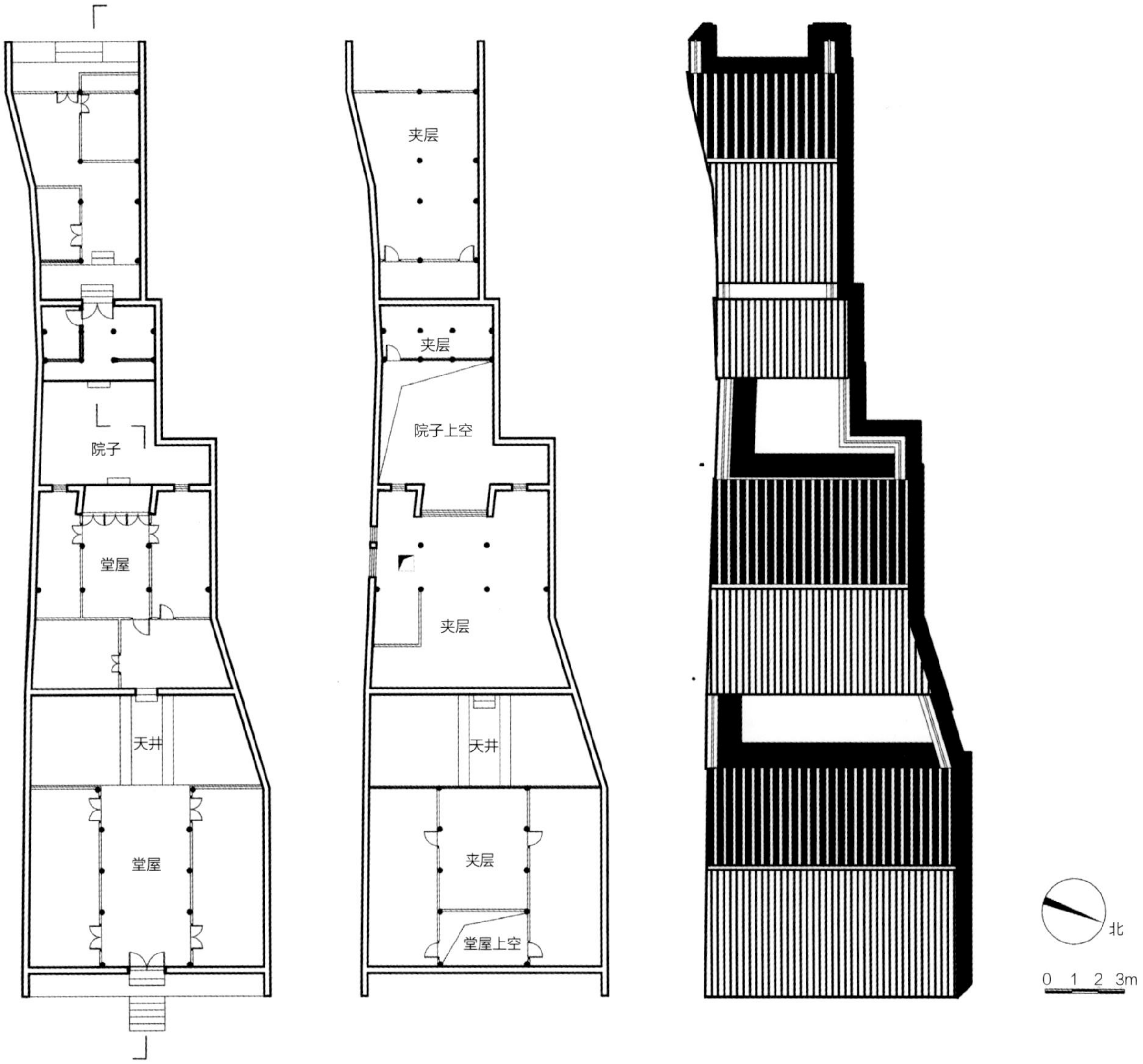

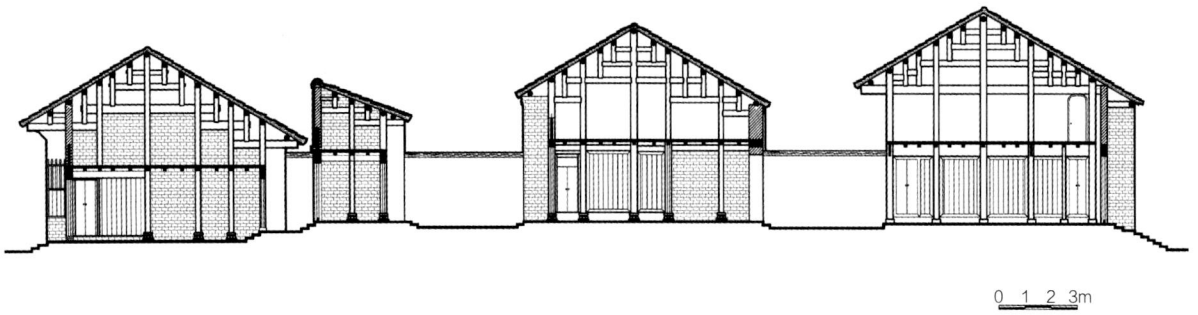

图38　43号民居平面图

北

0 1 2 3m

堂屋
天井
堂屋
院子

夹层
夹层
院子上空
夹层
天井
夹层
堂屋上空

图39　43号民居剖面图

0 1 2 3m

湖南会馆

湖南会馆位于熊村正街北端，为二层硬山式砖木结构建筑，是当年路经湘桂古道的湖南商贾所建。会馆北面紧邻村庄小路，路旁一枝繁叶茂的巨大古树，让刚刚走过拥挤商业街的人油然而生放松的感觉。

大门朝北面正街开启，中间天井隔开南北两进房屋。会馆利用场地高差于南面房间下设有局部负一层，并设独立出入口和采光井。与熊村大部分商业建筑沿街门面可以全部卸下开放不同，湖南会馆的外墙为厚重的青砖砌筑而成，门窗开口少且小。山墙、檐口及室内构件也没有过多的装饰，整个建筑立面气势雄浑，简洁大方。会馆采用砖木混合结构，双坡屋面，局部设负一层。为保证下沉空间的通风采光，在院中专门开辟了采光井。

图40 侧面山墙

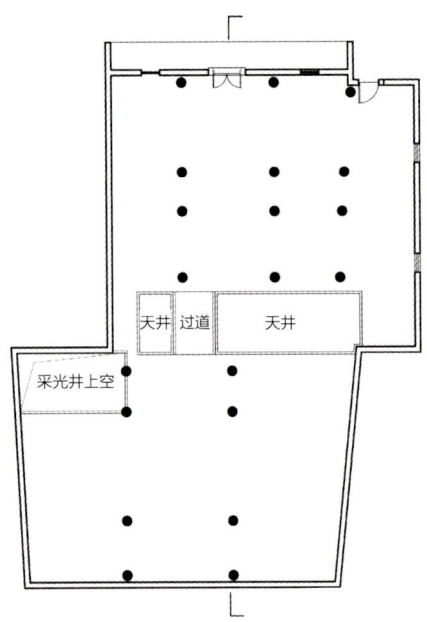

天井 过道 天井

采光井上空

图41

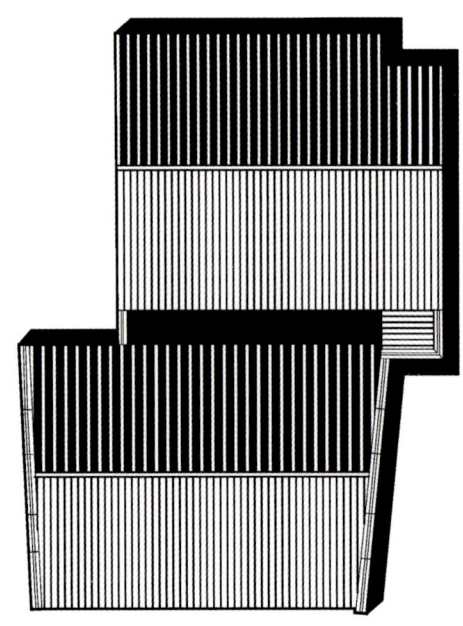

图42

北

0 1 2 3m

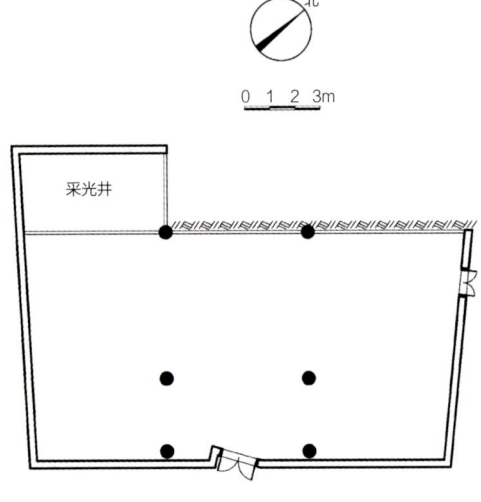

采光井

图43

图44

图41　湖南会馆一层平面图
图42　湖南会馆层顶平面图
图43　湖南会馆负一层平面
图44　会馆山墙

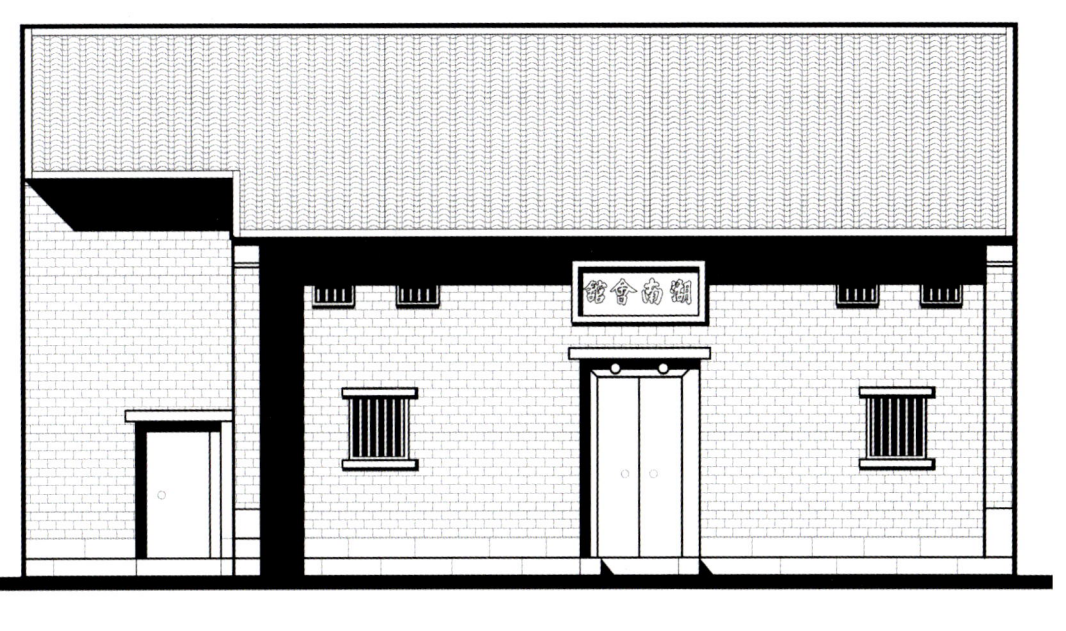

图45

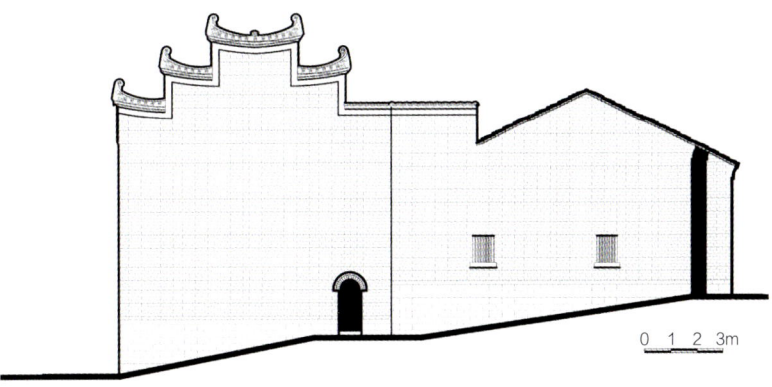

图46

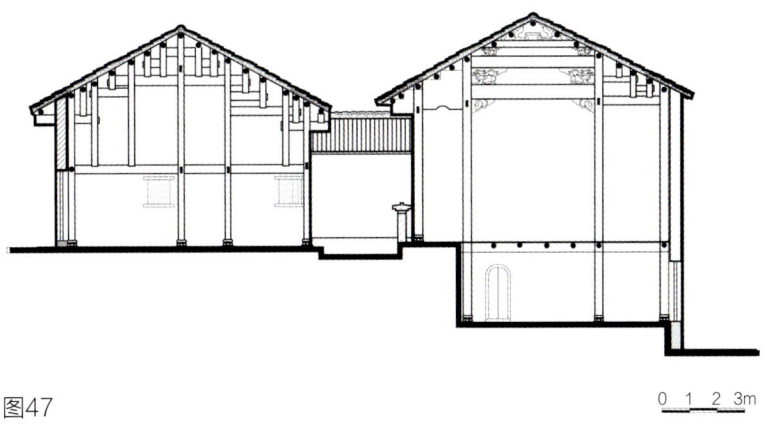

图47

图45　湖南会馆立面图

图46　湖南会馆侧立面图

图47　湖南会馆剖面图

圩亭

圩亭设在熊村正街的中间位置，依地形而建，层层高升。建筑为敞廊形式，三面透空，南侧设有一小戏台。圩亭可供圩市时货物买卖，也可供平时行人休息，纳凉避雨均非常实用。圩亭为砖木混合结构，歇山式屋顶，地面随地势升高，分为三级，第二与第三级地面间设有隔墙，为马头墙形状。小小圩亭，朴素而简洁。

图48　圩亭正对道路

图49　圩亭三面透空

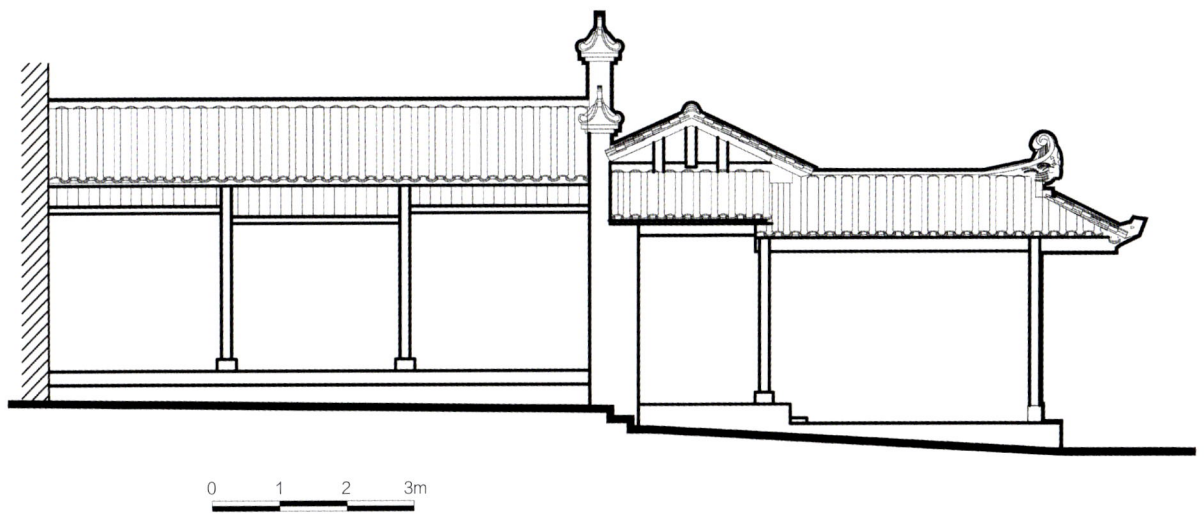

图50

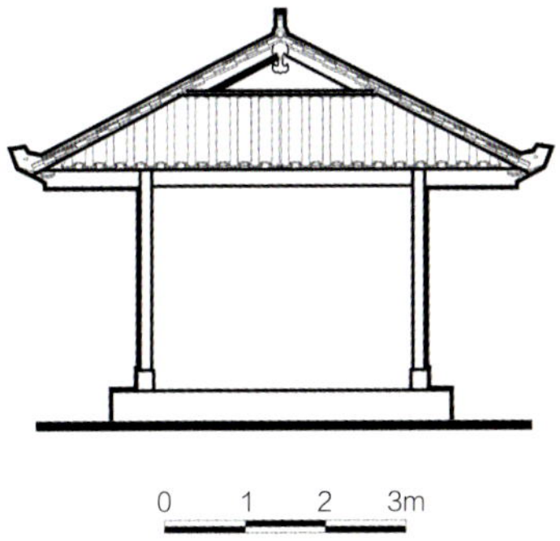

图51

图50　圩亭侧立面图
图51　圩亭立面图
图52　圩亭正平面图

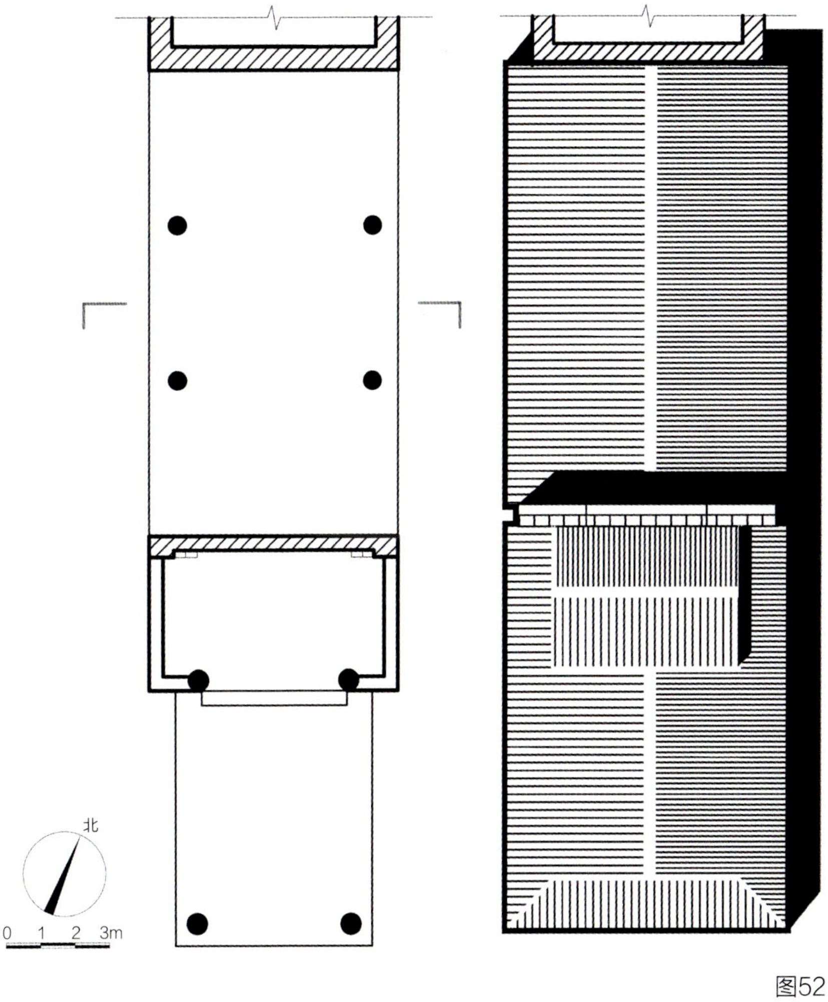

北

图52

05

商铺门脸

图53　商铺门脸

图54　后街商铺

为了最大程度的展示货物，吸引顾客，熊村的店面不但采用了方便敞开的活扇式门板，更在沿街设置凸出的砖砌柜台，白天敞开柜台展示货品，晚上封上木板以求安全。客人可以站在街上隔着柜台与店家交易，不一定进到店里，十分方便，店铺的这种门板开合模式也是近代商店橱窗的原型。

图55　正街商铺

图56　门窗雕花 1

图57　门窗雕花2

图58　门窗雕花 3

门窗雕花

　　熊村民居比其他村落更多地使用了木质门、窗花格，因此保留下来的雕花数量繁多、图案也更为精美。沿街商铺正门上方习惯留有方形或长方形的采光洞口，洞口通常装饰较为规则的连续图案，显得庄重大方；庭院中则常用满窗的雕花，图案也更加活泼，式样也更为丰富。

图59 门窗雕花 4

图60 门窗雕花 5

图61 门窗雕花 6

九屋镇

江头村

村落概况

江头村位于灵川县九屋镇东北面，距桂林市约32公里，距灵川县城约15.1公里，距九屋镇约2公里。江头村原名江头洲，始建于明代，兴于清代，至今已有600余年的历史。新中国成立后改称江头村。村中现有村民约176户，共计680余人，90%以上居民姓周。2006年江头村古建筑群公布为全国重点文物保护单位，2012年被列入中国传统村落，2014年列入中国历史文化名村。

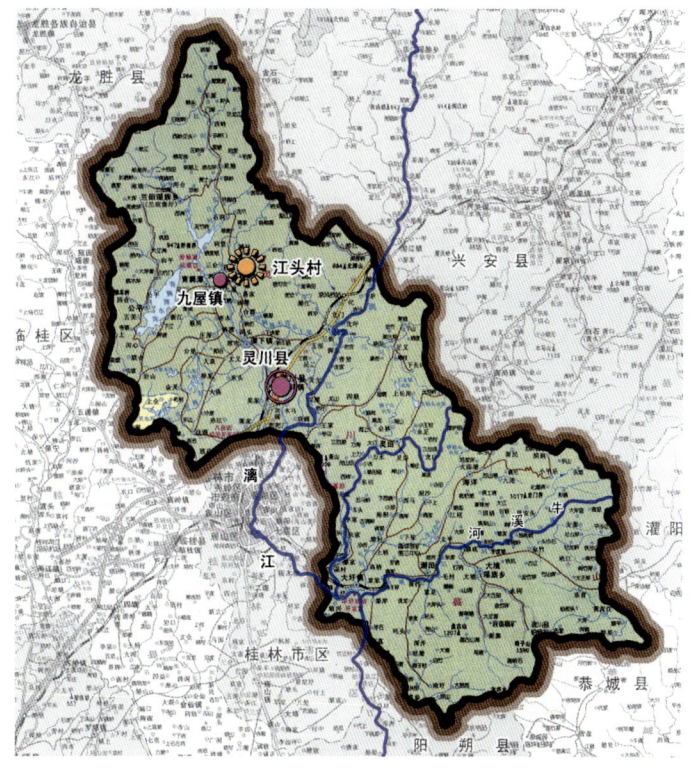

图1 村域区位图

村落历史

据江头村《周氏宗谱》记载，江头洲周姓为北宋著名文学家、哲学家、理学家周敦颐的后裔。周敦颐的第14代后人于明初洪武年间从湖南道州迁徙而来，后人环村种植莲花，并在村头兴建了周氏祠堂，称为爱莲家祠。周氏家族传承理学文化，崇尚耕读，从清乾隆四十四年至清代晚期，周氏一共出现了7名翰林、8名进士、25名举人、170名秀才的科举奇迹。

村落建设历史详：

——江头村古建筑群始建于明洪武年间（1368～1398年），周氏始祖从湖南道州迁涉到江头洲，创建江头洲村。明朝末年，建一房、二房、三房香火堂。

——清康熙三十六年（1697年）至康熙五十六年（1717年）间，灵川"廖三农民起义"。江头下村明代民居部分被焚毁。

——清乾隆年间（1736～1795年），重修二房香火堂、三房香火堂。

——清道光年间（1821～1851年）周启运建造"五代知县宅"，周启烈建造"解元第"。

——清咸丰年间（1850～1861年）周冠建"太史第"。

——清光绪八年（1882年）始建爱莲家祠，清光绪十四年（1888年）爱莲家祠落成。

——清光绪年间（1875～1908年），建"进士宅"。

图2　村内古民居

——1944年3月18日，日军烧毁江头上村祠堂及部分民居。

——民国年间，因失火烧毁同知府、解元府后两进,不久重建恢复,重修三房香火堂。

——"文革"期间爱莲家祠的憩亭、祭祀殿、风雨亭等部分建筑及字厨塔、石牌坊、古墓等部分文物被毁。

——2001年至2003年，江头村村民出工筹资修复了村中巷道，重建字厨塔，竖立倒塌的贞节牌坊一座和沿河的古拴马石桩。

图3　闺女楼

图4　江头村古建筑群

图5　进士街

村域环境

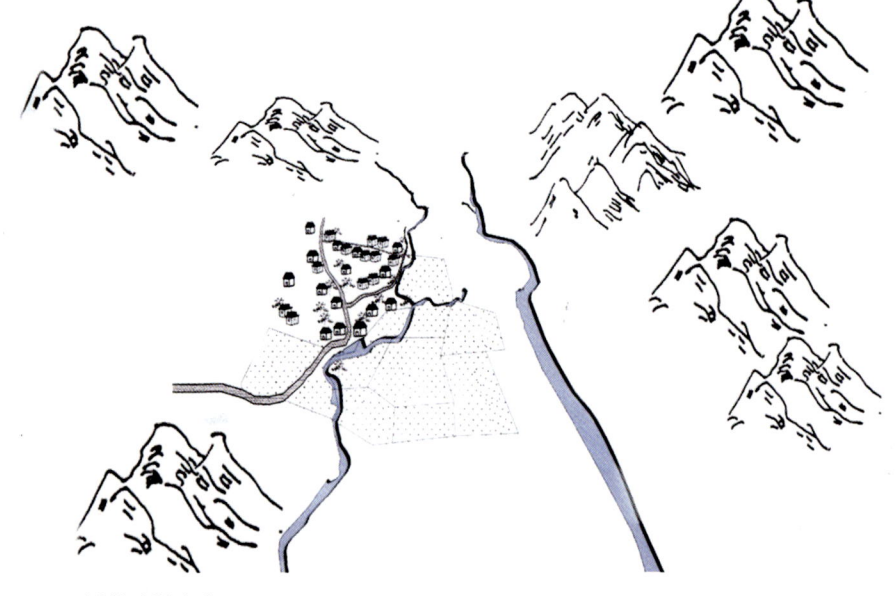

图6　村落选址意向

江头村以五指界为背后靠山，祖山、父母山高远延绵，左右是黄家坡、将军山、仙人山、九仙山，村前平坦开阔，明堂通畅，有护龙河、龙颈河、东江河于明堂中曲折流转，远处又有笔架山、笔筒山、印山整个村落山环水抱，环境极佳。

江头村周围群山环抱，村前良田千顷，三条清溪蜿蜒南流，所处自然环境优美。村落沿河流呈弯月展开，地势西高东低，建筑坐西朝东，依山附势，布局灵动，东部较紧凑，西部相对稀疏。街巷迂回曲折，无明显轴线。路面均为卵石铺设，局部夹杂青石，分别命名为秀才巷、举人路、秀才街等。

图7　村落东北向环境

图8　护龙河

历史要素

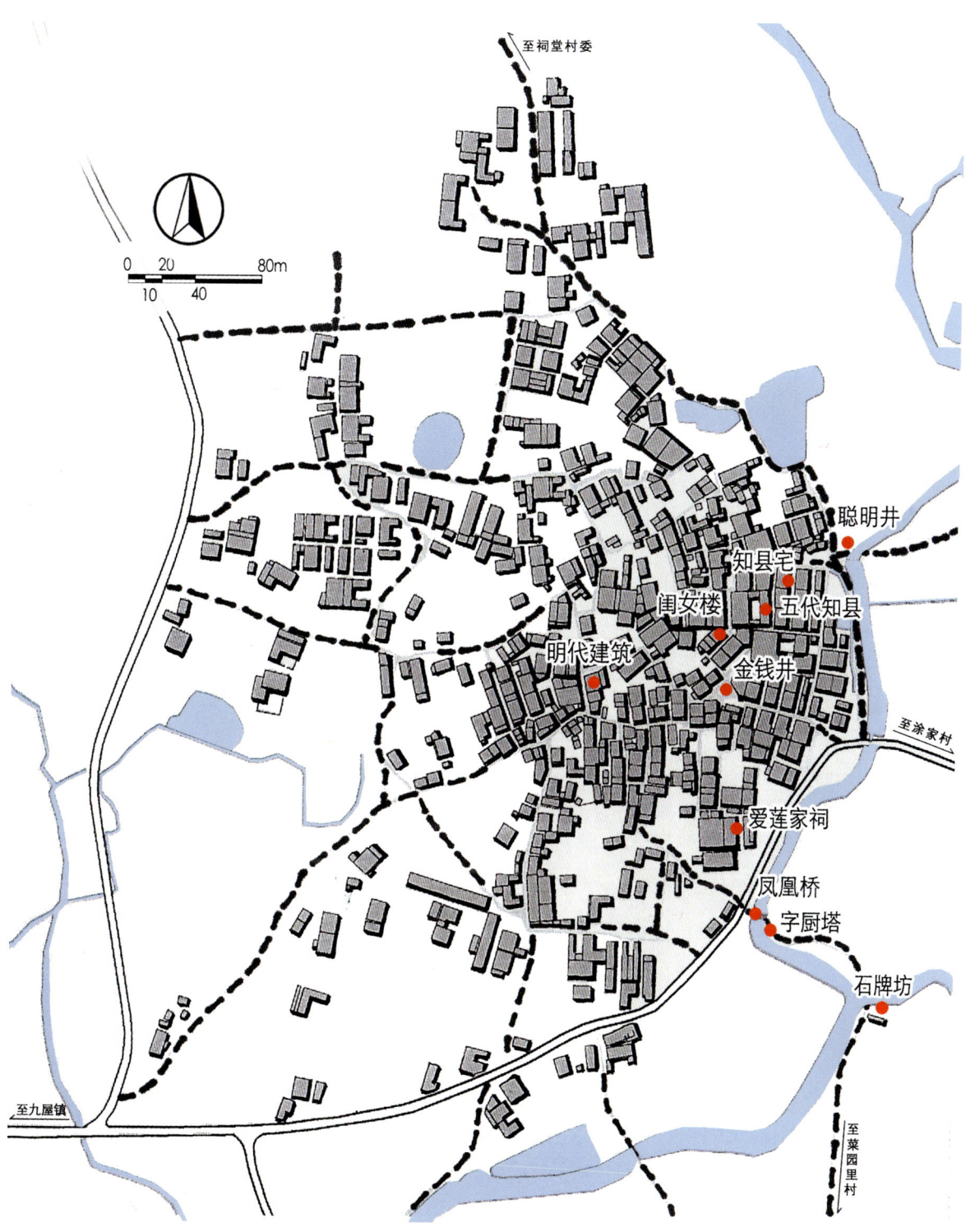

图9　江头村村落平面图

传统建筑

江头村以清代建筑为代表，保存较为完好者约有180座，院落格局依宗族辈分布置有序，形制规整统一，秩序井然，凸显出强烈的宗族性，建筑色调以青、白、灰为主，风格简约。传统建筑类型包含祠堂、民居等，尤其是民居，数量众多，大多保存完整，隔扇雕花玲珑，形式多样，最具特色的就是周姓家族弟子科举成名后兴建的民居，处处折射出周敦颐的理学文化印记。

其中文物建筑包含爱莲家祠、太史第、解元宅、同知府第、周润泽宅、进士宅、知县宅、奉政大夫宅、五代知县、闺女楼、明代建筑、修武校尉等共计71座。由于明代江头村尚无名门望族，所以明代建筑较为矮小，中部两间破屋是村内现存最古老的明代民居，损毁严重，目前正在落架大修。

图10　知县宅

图11　五代知县

图12　沿塘大门立面

图13　闺女楼旁民居　　　　　图14　爱莲家祠

历史文化遗存

古桥：凤凰桥又叫护龙桥，位于村落东南角，河水由北往南流出村落的位置，周奉公明朝万历辛巳年兴建。桥拱、桥墩、桥面全部由青条石相扣砌成，桥总长18.6米，桥面宽4.2米，现桥面栏板无存，原名凤凰桥，桥体上"护龙桥"三字为现代人所加。

塔：字厨塔位于村落东南角，小溪东侧，整个塔身为青砖砌筑，三层小青瓦屋檐，塔座正方形，每层有砖券拱窗，腰檐反翘，翼脚挺举。塔高6.8米，塔座边长2.4米。原为旧时村民焚烧用过的废弃纸稿的砖塔，现字厨塔为在原址上所复建。

碑刻：护龙河西岸进士功名碑（拴马石）8座，爱莲家祠中存放的碑刻19座，散落于村中的碑刻若干。

古井：现存古井2座，其中聪明井位于村落东北角河道西侧，井圈为青石砌筑，直径1.5米，高于地面0.6米，井深3.4米；金钱井位于村内闺女楼南侧，井圈为青石砌筑，直径1.5米，高于地面0.46米，井深4.1米。两口古井保存完好，仍在使用。

图15　明代石板桥

图17　聪明井

图16　字厨塔

街巷：主要有秀才巷、举人路、进士街等数条。秀才巷位于解元东侧至129号段，长约68米，宽1.2～2.4米；举人路位于太史第门楼至金钱井，长约54米，宽约2～3.8米；进士街由126号民居南侧至五代知县南侧，长约49米，宽约2～3.2米。街巷均为卵石铺设，局部夹杂青石。

牌坊：原有石牌坊2座，"文革"时期被毁。其中一处位于凤凰桥东南约300米田野中（原湘桂大道上），部分构件丧落，现已仿原样修复，该贞节牌坊原为光绪皇帝御赐兴建，四柱三间，上面镌刻着"皇恩旌表"四个大字，还有临桂状元龙启瑞的题刻。整座牌坊雕刻着雄狮、龙纹、仰莲以及各种纹饰，雕工精良，纹饰细腻。

古树：古树主要为樟树及榕树，大多位于护龙河沿岸，部分位于村中。

图18　金钱井

图19　石牌坊

图20　秀才巷

爱莲家祠

爱莲家祠为江头村周氏的宗祠，始建于清光绪八年（1882年），家祠以"爱莲"为名，意在以先辈周敦颐的《爱莲说》教育历代子孙。

爱莲家祠坐西朝东，是一座五间六进、青砖外墙硬山顶的木构建筑。家祠结构精巧，工艺精美，具有丰富的文化内涵和鲜明的特色。家祠六进分别为大门楼、兴宗阁、文渊楼、歇憩亭、祭祀殿、风雨亭。"文革"期间歇憩亭、祭祀殿、风雨亭被毁，但主体建筑大门楼、兴宗阁、文渊楼尚存，具有较高的历史和艺术价值。

图21　爱莲家祠正门

图22　二楼走廊

图23　梁底雕花

图24　室内梁架

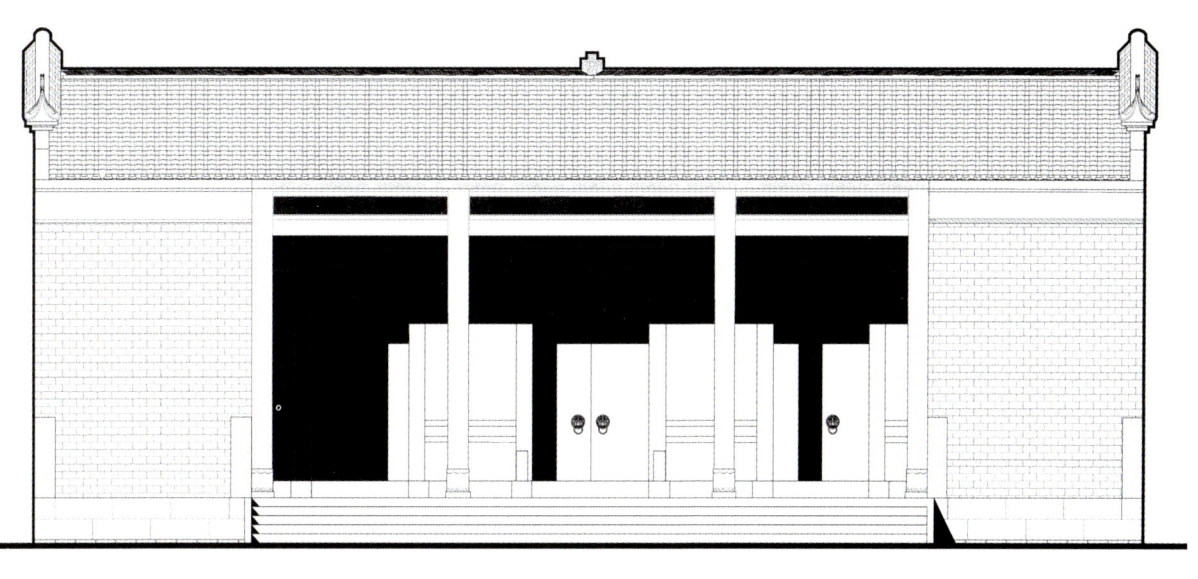

图25　爱莲家祠正立面图

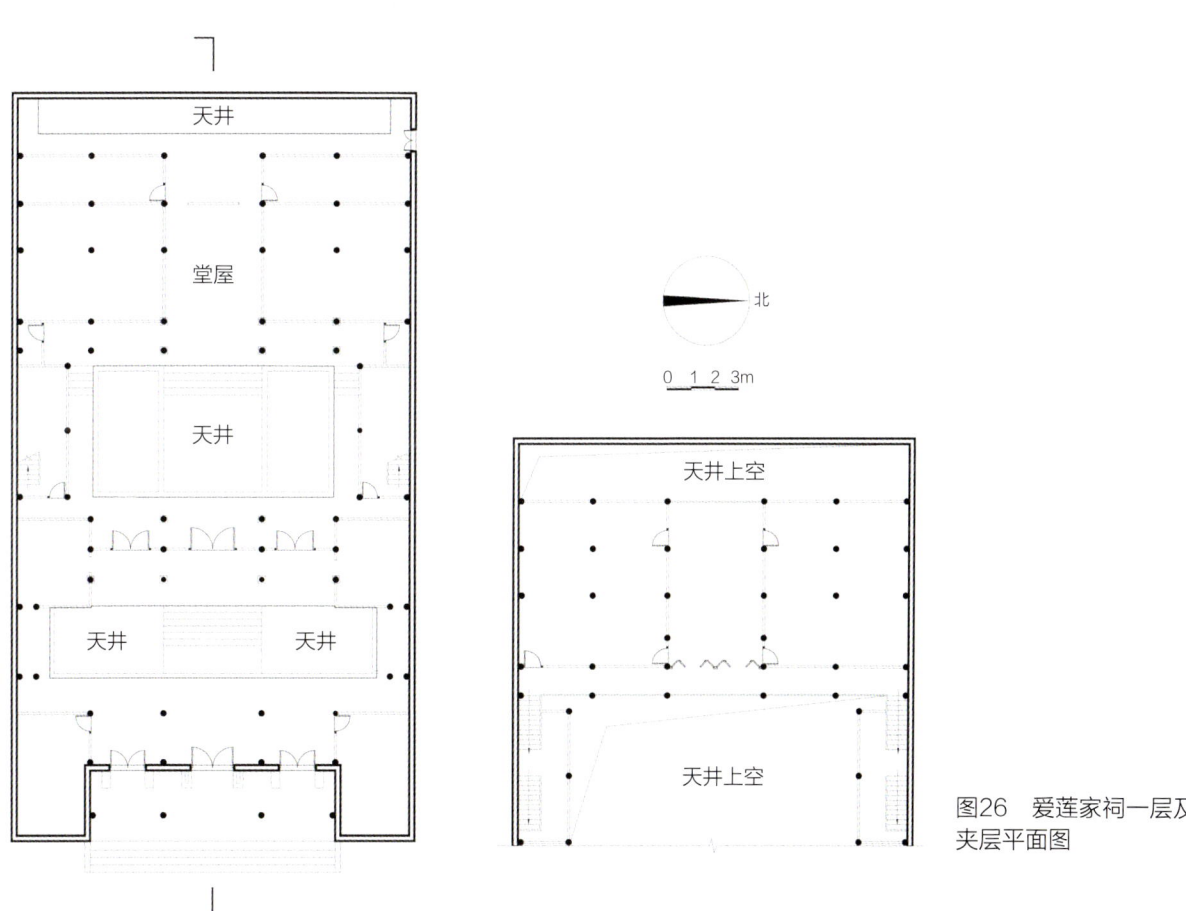

图26　爱莲家祠一层及
夹层平面图

_05_

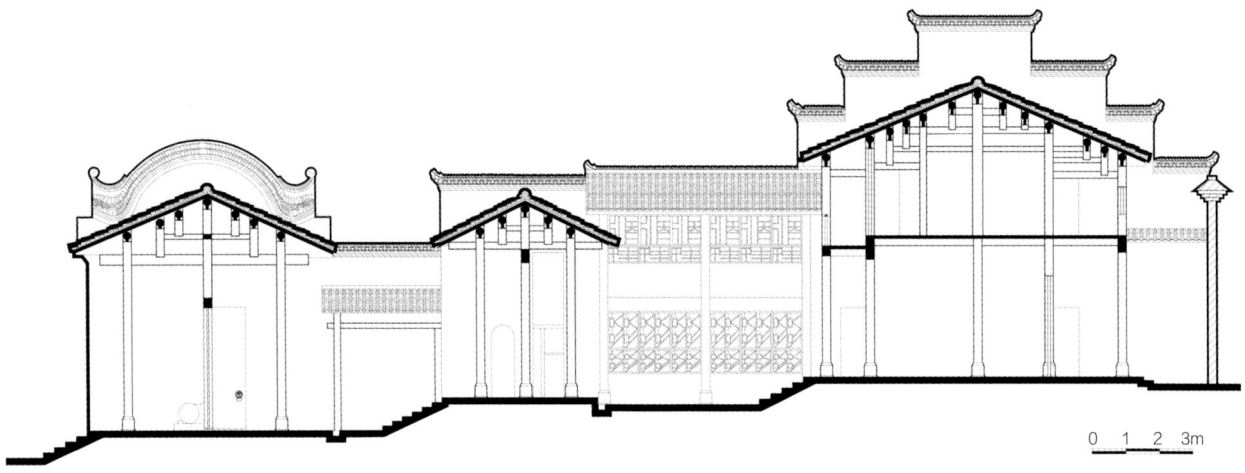

图27 爱莲家祠剖面图

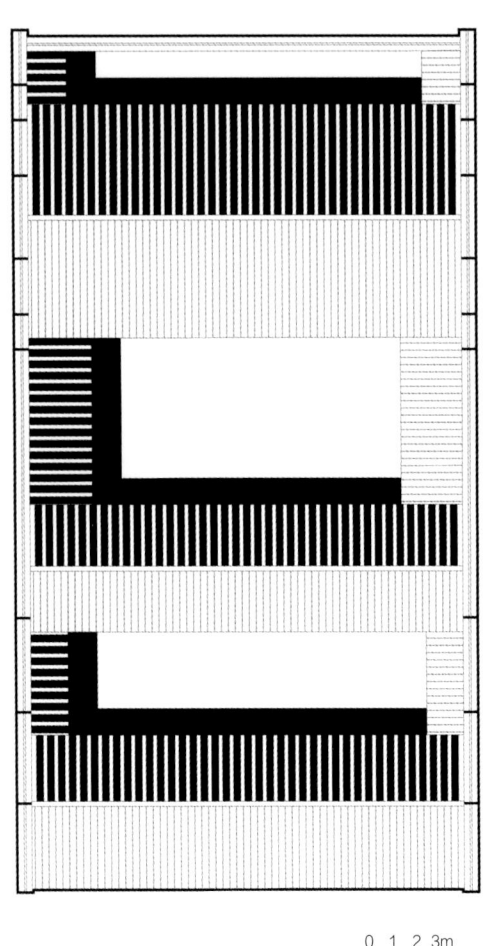

图28 爱莲家祠屋顶平面图

图29 爱莲家祠入口大样图

木雕、石雕

图30　雕花木梁

图31　雕花雀替

图32 窗花1

图34 石雕

图33 雕花石鼓

图35 窗花2

灵田镇

长岗岭村

村落概况

　　灵田镇位于灵川县东部，距离灵川县城约20公里，有着丰富的自然景观和人文景观。长岗岭村古建筑群位于灵田镇东北部，与兴安县高尚镇相邻。长岗岭村隶属上长岗村委，全村共有村民约120户，430余人。始建于宋代，原名瑶山岭，明代改称长岗岭，已列入中国传统村落名录，长岗岭古建筑群2006年被公布为全国重点文物保护单位。

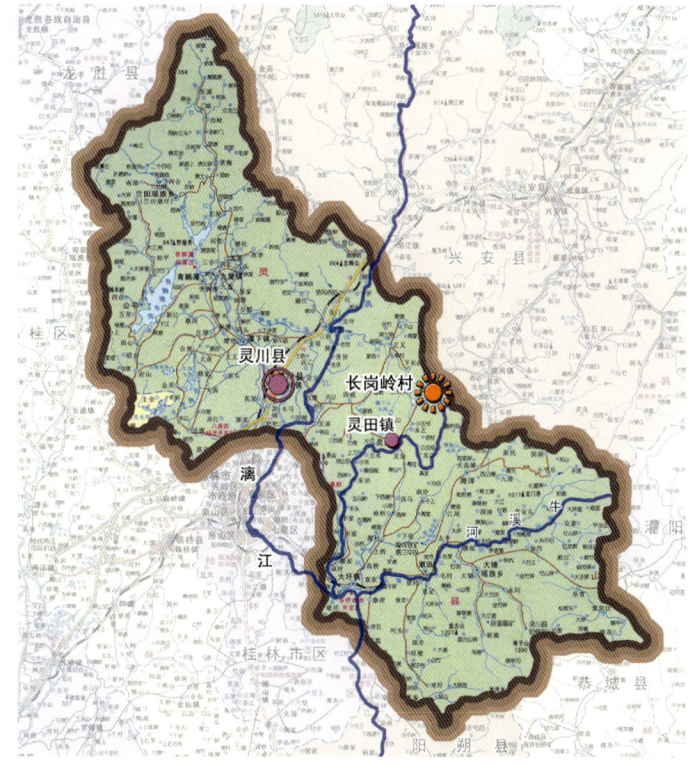

图1　村域区位示意图

村落历史

唐宋以来，中原移民陆续南迁，带来中原文化及农耕技术，岭南地区的经济得以飞速发展，沟通长江流域和珠江流域的运河灵渠在商业流通中更是发挥着重要作用。灵渠北面的界首古镇早在明代就成为"千家之市"，南面的大圩古镇也成为明代广西四大古代圩镇之一，而长岗岭村则在界首和大圩之间，是通往梧州、广东的最便捷的陆路要道。据了解，该村始建于宋代，原名瑶山岭，明代不少商人在该村经商开店，陈、莫两姓各盛极一时，遂更名为长岗岭村。

据《灵川县志》载，宋代共计有9名进士，灵田占有5名。明代共计有5名，灵田占有2名，其中明以前灵田陈姓有4名举人、1名副榜进士、5名七品以上官员；莫姓有10名举人、1名进士、23名七品以上官员。

图2　陈府旁巷道

图3　隔扇门

图4　古商道

清康熙年间（1661～1722年），陈焕猷继承父业经营食盐成为灵川巨富，其幼子陈大彪，为保护其盐业利益，由其母莫氏出巨资为其以武邑庠的资格捐得正六品卫千总，俗称卫守府。

1852年太平天国的军队攻桂林城不下，转到灵田经长岗岭北上，袭陷兴安。清政府立即启用长岗岭的富豪莫世亨、莫世则、莫光化兴办团练，阻击太平军。莫光瑞、莫光化兄弟各置田数百亩经商理财，财源大发，成为大富，其孙莫立卓、莫立建、莫立中善理财，各置田数百亩，加上各自的祖业，成为拥有良田上千亩的大地主。莫立建之子莫崇玖奉母命创修三月岭凉亭。在三月岭古道两侧种植松树，至今百年古树仍屹立两旁。

图5　长岗岭村宗祠（钢笔画）

村域环境

长岗岭村选址遵循古代选址的山水格局，长岗岭地处海洋山中段三月岭古道的咽喉之处，背靠雄山，左扶挂榜山，右扶天鹅山，前有毛界岭、大观音山，四周山脉如同屏障，形同五龙抢珠的宝地。

村落依山而建，一条绕村溪水缓缓流过村落南部，给村落倍添灵气。整个村落北有雄狮山，南有毛界岭，村落坐北朝南建于一缓坡之上，呈弧形布局，建筑呈东西组团分布，一条乡道将东西分隔开来，西部规模相对较大，建筑布局紧凑集中，东部沿古商道线性布局，南部溪流环绕，两部分古建筑紧密相连，犹雄踞在古商道必经的大山谷口。

长岗岭村街巷大体由北向南，呈放射状布局，无明显纵横轴线，以北侧山体为核心，呈扇形街巷格局。村内巷道以青石板或鹅卵石铺设，一侧的排水沟与各民居天井相通，颇具特色。整体来说，长岗岭村村落格局完整清晰，古民居建筑群保存较为完好，具有较高的历史研究价值。

图6　村落整体风貌

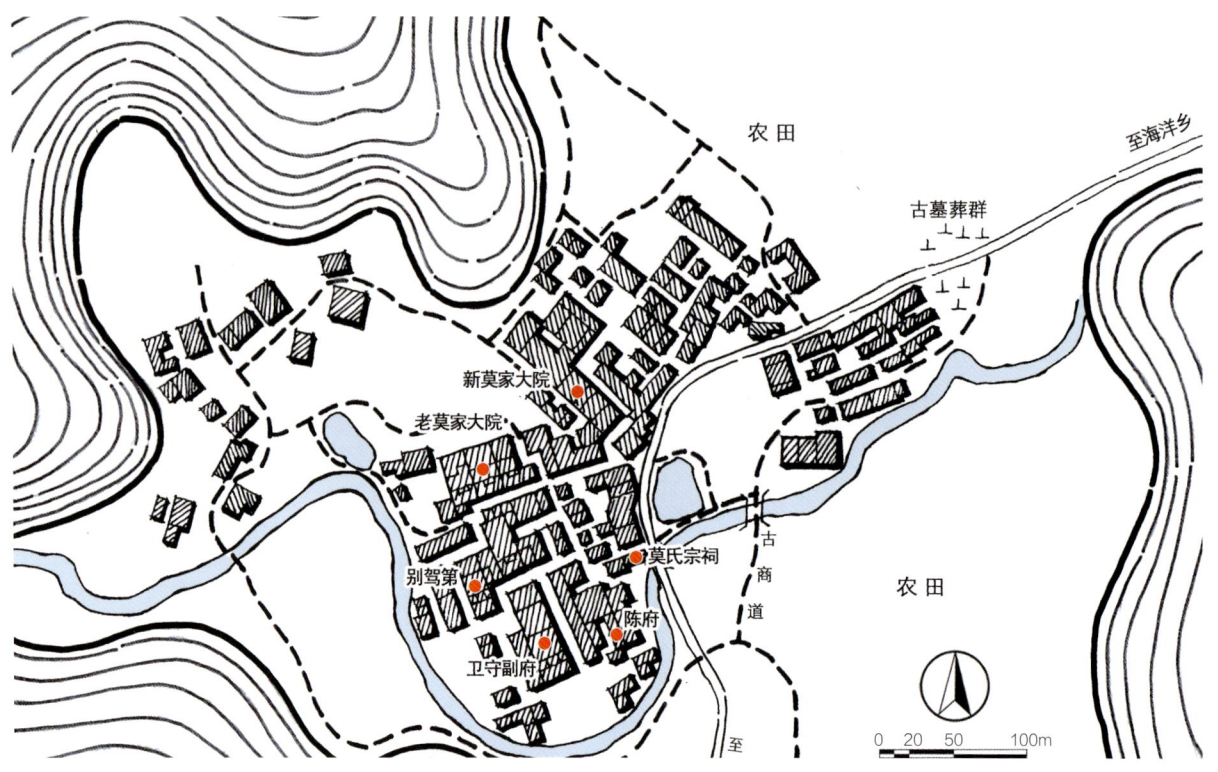

图7　长岗岭村落平面图

历史要素

传统建筑

长岗岭村古民居以马头墙、小青瓦式的桂北民居特色为主，建筑形制有门楼、过道楼以及三、四进天井院落等，保留较为完好的有乾隆至道光年间修建的莫家老大院、莫家新大院、陈家大院等古建筑。这些建筑建造于明晚期至清晚期，其建筑平面规整，造型高大宽敞，细部工艺精湛，其跨度、高度、体量堪称桂林古民居之首。典型公共建筑有建于清康熙年间的"卫守府"官厅、建于清道光年间的"莫氏宗祠"、"五福堂"公厅等。古民居内隔扇、供桌、匾、椅、床、衣柜、书桌、书柜、花轿、石磨、石缸、石花钵等，雕花玲珑剔透，式样丰富多彩。

图9 莫氏宗祠

图8 两户之间的雨廊

图10 别驾第

历史文化遗存

古桥：长岗岭村保留有3座古桥分别为枫林桥、大夫桥、通灵桥。

古墓葬：现在村内还保留有完整豪华的明、清时期石雕圈墓葬约30余座，全部用青石板造就，大部分墓葬前后两重碑雕石坊，左、右两侧低矮石雕石坊，墓葬的石雕人物、动物、吉祥物图案线条流畅，栩栩如生，雕刻的诗词、楹联、家族史记，具有较高的历史和艺术研究价值，人称"前有靖江王陵，后有长岗古墓"。

三月岭古商道：古商道的建成仅次于灵渠，也是灵渠物资运输的陆路重要补充，现仍保存完好。其路面用石板、石头镶成，宽一米有余，道路两旁古树林立，古松夹道长达5公里，溪水、瀑布、峡谷、古亭、古桥贯穿其间，景色秀丽。路上有长亭2座，古朴典雅。

同时，长岗岭村古建筑群内还保存有各类碑刻、匾额、楹联、宗谱、墓志铭、古书、古文具、古家具等。此外长岗岭村环境优美，古树名木种类繁多，其中以银杏为最，现村头、村中以及沿河岸仍保留有数十株之多，初估年轮在200~400年之间。

图11　青石巷道

图12　三月岭古商道

"别驾第"建筑院落

民居建于清嘉庆年间（1796～1820年），因屋主陈大彪官职号称"别驾"而名。该建筑平面设三进两堂两天井，即大门楼、过堂、中堂、过堂和中堂。建筑结构为五柱穿斗式木框架，北侧设有重檐花厅、书房和两个天井，南侧是宽大的横屋，中堂后也设有天井，天井外墙与南侧横屋外墙相连，墙外建有一排后横屋、横屋与中堂建筑，有通道门和过廊相连。

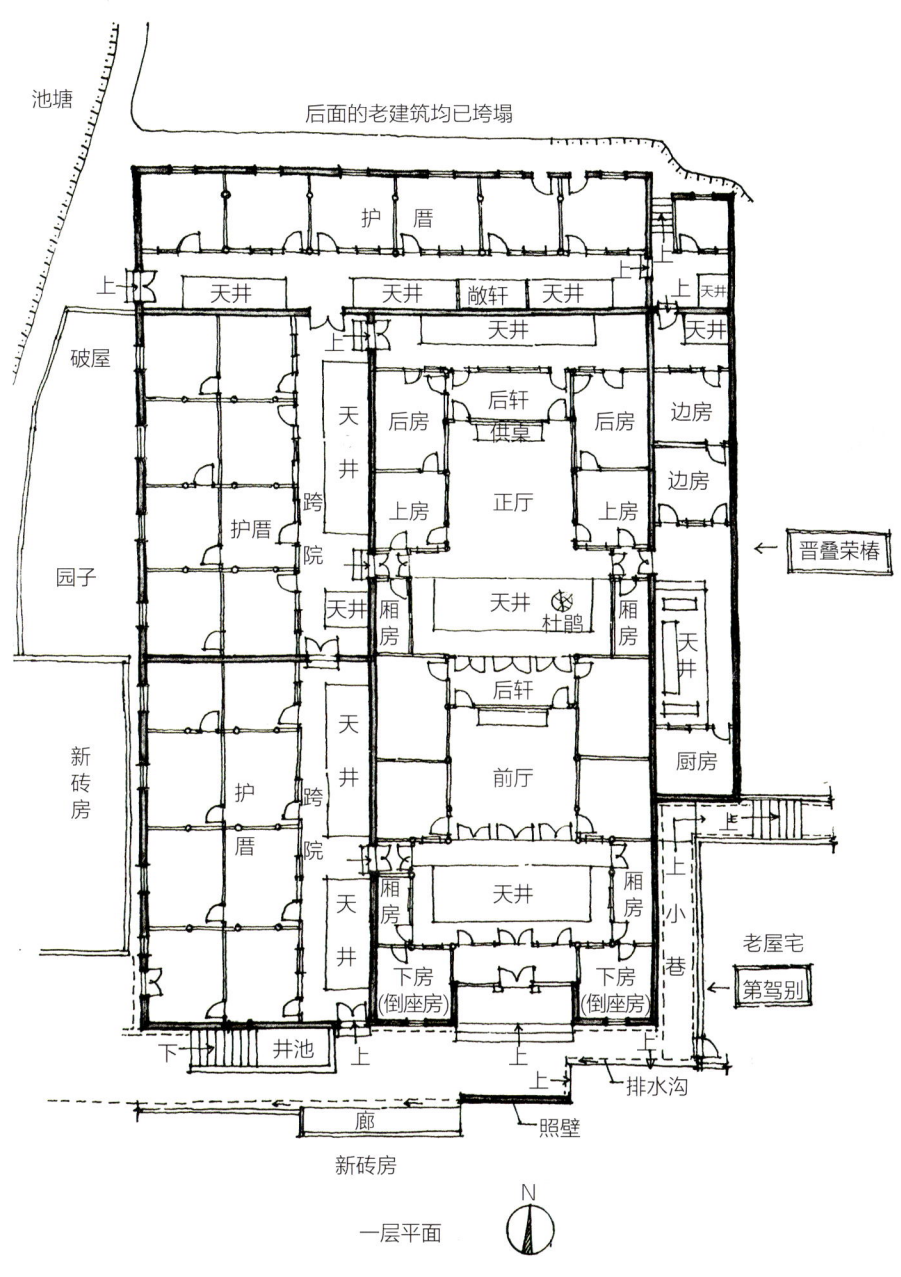

图13 别驾第一层平面图

图14 别驾第立面图

0 1 2 3m

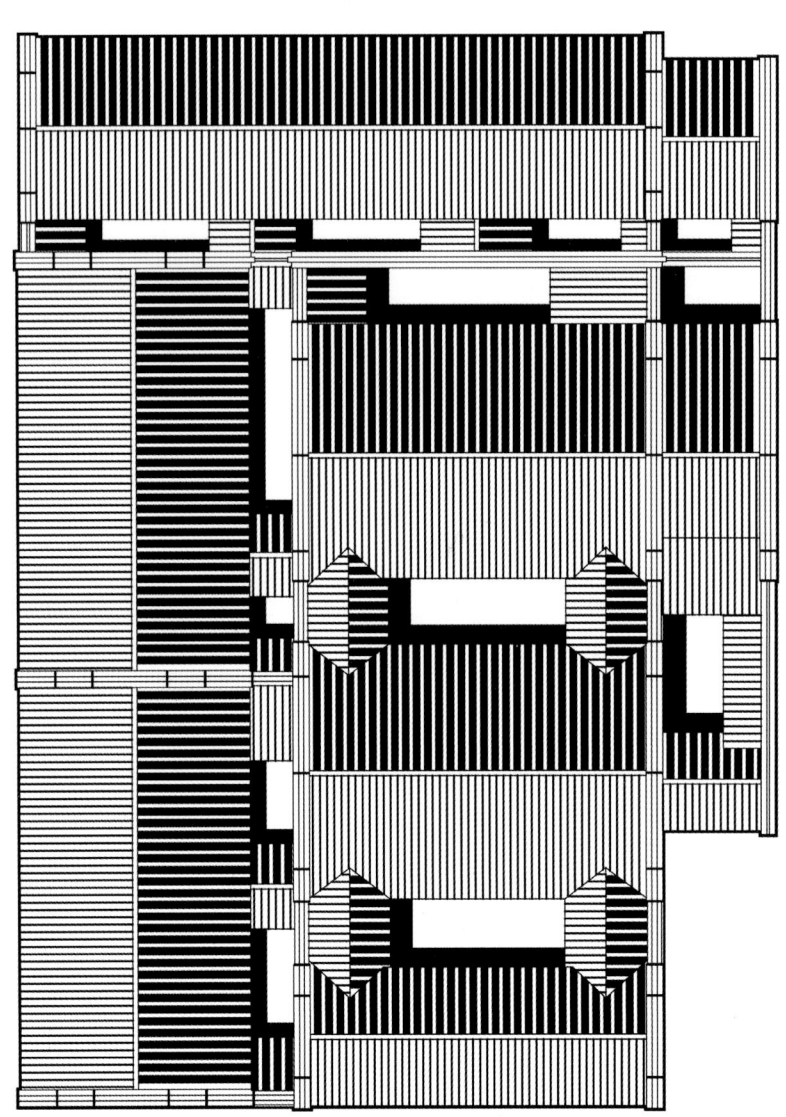

0 1 2 3m

图15 别驾第屋顶平面图

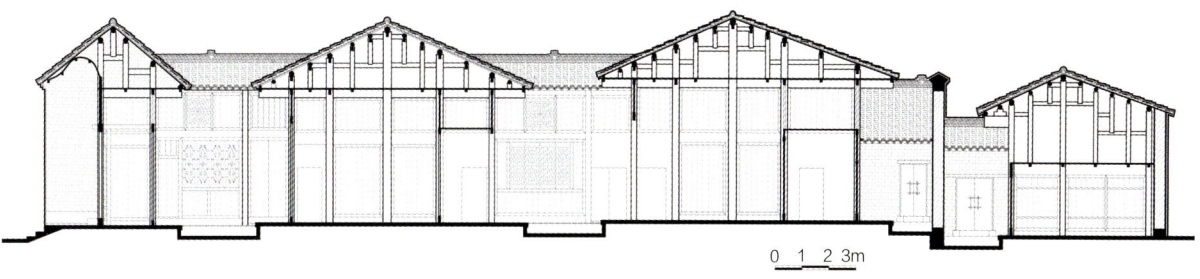

图16 别驾第剖面图

图17 匾额

图18 堂屋

图19 烧制花格

图20 夹层木窗花格

图21 梁架结构

灵田镇

迪塘村

村落概况

灵田镇位于桂林市灵川县城东面，东与灵川县海洋乡、潮田乡相邻。迪塘村位于灵田镇四联村东部，距灵田镇政府所在地约10余公里，距桂林市区约30公里。迪塘村最初形成于南宋末年，是明末抗清将领李膺品的故里，现村中共有村民约140多户，600多人，均为李姓。村落保存明清时期的古民居建筑100余座。2012年被列入中国传统村落名录，1995年迪塘古建筑群被划定为县级文物保护单位。

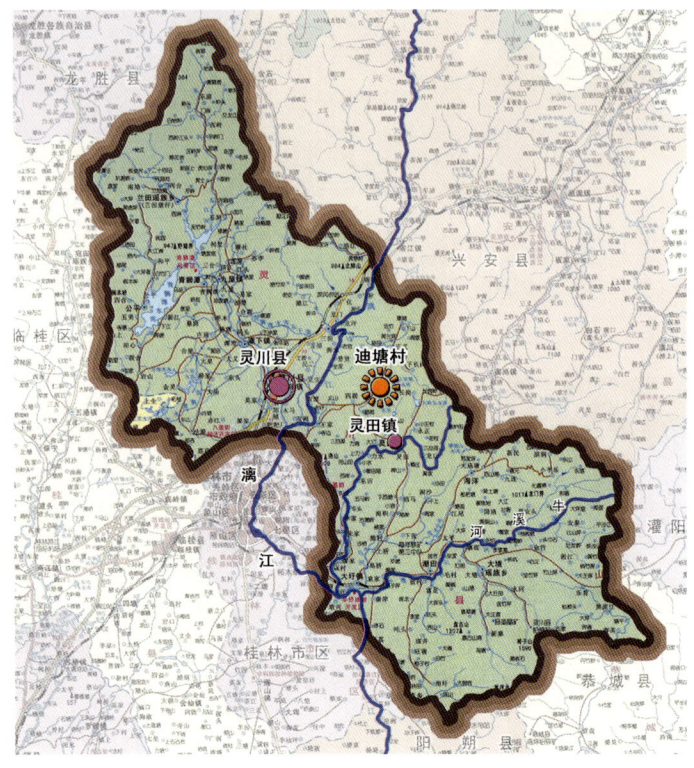

图1 村落区位示意图

村落历史

迪塘村皆为李姓居民，明洪武年间（1368～1398年），先祖从同邑西岸村迁居至此，现已繁衍至第三十代人，自古以农业为主，耕读好学，民风淳朴。

迪塘村虽地处偏僻，但文风鼎盛、人才辈出。明、清两朝，村中计有子弟仕宦4人，进士1人，举人5人，邑庠生、贡生39人，武庠生8人，吏员19人。其中最为乡民称道的是明代崇祯癸末年（1643年）进士、官至兵部左侍郎兼左都御史的李膺品，据说迪塘村的繁荣都是因为迪塘村出了一位明末清初时的抗清将领李膺品。据史料记载，明末清初，清兵攻入桂林。明末抗清将领李膺品带领灵川四都、五都义民与张同敞、瞿式耜一道奋起抵抗，最后自缢山中。清朝一统江山之后，有感于他对明王朝的效忠，皇上赐给他"皇恩旌表"金匾一方。其后人聚财"有方"，于是大肆新建房屋，才有了今天的迪塘村。

图3　临水古民居

图2　迪溪上的古桥

图4　毓水培风楼

村域环境

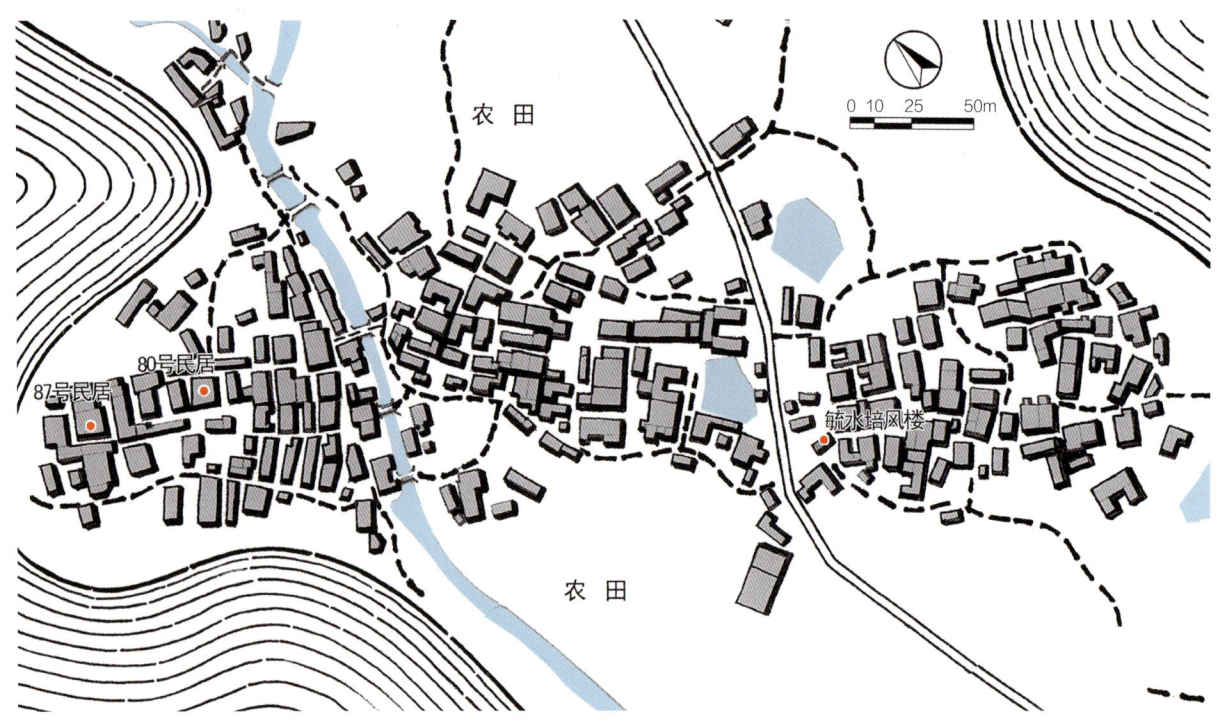

图5 迪塘村村落平面图

迪塘村地处海洋山西沿一小盆地，自然环境优美，整个村落背靠逶迤起伏的海洋群峰，一条叫做迪溪的小河从村中蜿蜒而过，村落东西两侧地势平缓，为稻田、果林和山林，其环境体现了中国传统村落选址的柴山、田峒、河流三大要素的有机融合。

迪塘民居在腰鼓山南麓，建筑依山势而建，呈东南一西北向带状分布。村落三面环山，村庄中部迪溪穿村而过，溪流东北部为缓坡，西南部地势平坦。一条古道从村中横贯而过，古道东侧的冈峦上是明代建的民宅，古道西侧百米外有条小河，小河西侧的土坡是清代时期的古民居，在小河与古道之间的田畴土埠上，则多为清代到民国年间的宅第。

图6 村内水塘一角

图7 毓水培风楼

图8 80号民居

图9 80号民居2

传统建筑

迪塘村目前仍保存有100余座明、清时期的古民居，为桂北古民居的代表之一。该村古建筑除遭到"文革"的破坏外，由于地处山区，交通不够便利，整个村落的明、清风格得以保留下来。其建筑内部结构主要由花雕门窗、神台、名人匾额、砖雕纹兽、彩漆檐画、陶料防潮地板砖等组成。典型建筑有"毓水培风"门楼、五叠堂等，保存较为完好。

"毓水培风"门楼为迪塘村的村门，始建于明代，已有三四百年的历史，门楼造型别致，做工精细，门窗雕饰精美。门楼上层可住人，想必为当年值守人的"值班室"，正面有4个并列的拱形

图10 87号民居

木窗。门楼上层还可用于观景，立于门楼窗前。据门前古石碑记载，原门楼于1994年失火，大半被烧毁，后由李氏子孙捐资献工，于2004年参照原样精心修复，基本保持了原有风貌。

古　桥

现村中保存有6座建于明、清时期的古石桥，分别是大姑桥、象鼻桥、连宅桥、塞源桥、司马桥、搭板桥。建造最早的古桥是象鼻桥，建于明代。此桥在迪塘村6座古桥中体积最小，宽不到2米，长不过3米，造型轻盈小巧。

较象鼻桥稍晚一些建造的是大姑桥。大姑桥建造在远离迪塘村以东1公里左右的鹰鸡山内峡谷中，是由兴安方向进入迪塘的第一座桥。此桥使用大块石料筑就，用料讲究，光洁平整，石块衔接处缝隙较小。该桥高、宽约4米，长约5米，大气工整。由于年代久远，桥边枯藤芒草丛生，更具古桥韵味。

连宅桥位于迪塘村中央，建于清代，为迪塘村先民为方便村里人畜过溪往来而建造，此桥还是村民们夏天避暑纳凉的绝好去处。小溪两旁屹立的民居、供村民洗涤时从桥头下到溪底的石阶，还有郁郁葱葱四季常绿的老桂花树，构成了这里小桥流水人家的乡村景色。

图11　搭板桥

图12　连宅桥

图13　桥旁石刻

图14　象鼻桥

建筑院落

图15　民居西侧

图16　二层走廊

图17　西侧入口

80号民居院落

　　80号民居的基本布局为三边房屋围合中心院落而成，堂屋坐北朝南，正对院落，入户大门及入口空间形式与北京四合院入口的照壁相类似，同时精美的门窗隔扇木雕也颇具特色。

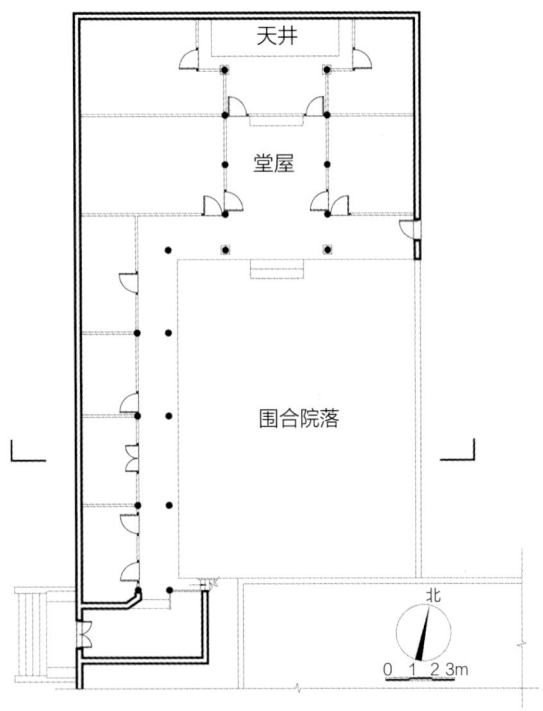

图18

天井

堂屋

围合院落

北

0 1 2 3m

图18　80号民居一层平面图
图19　80号民居二层平面图
图20　80号民居西门立面图

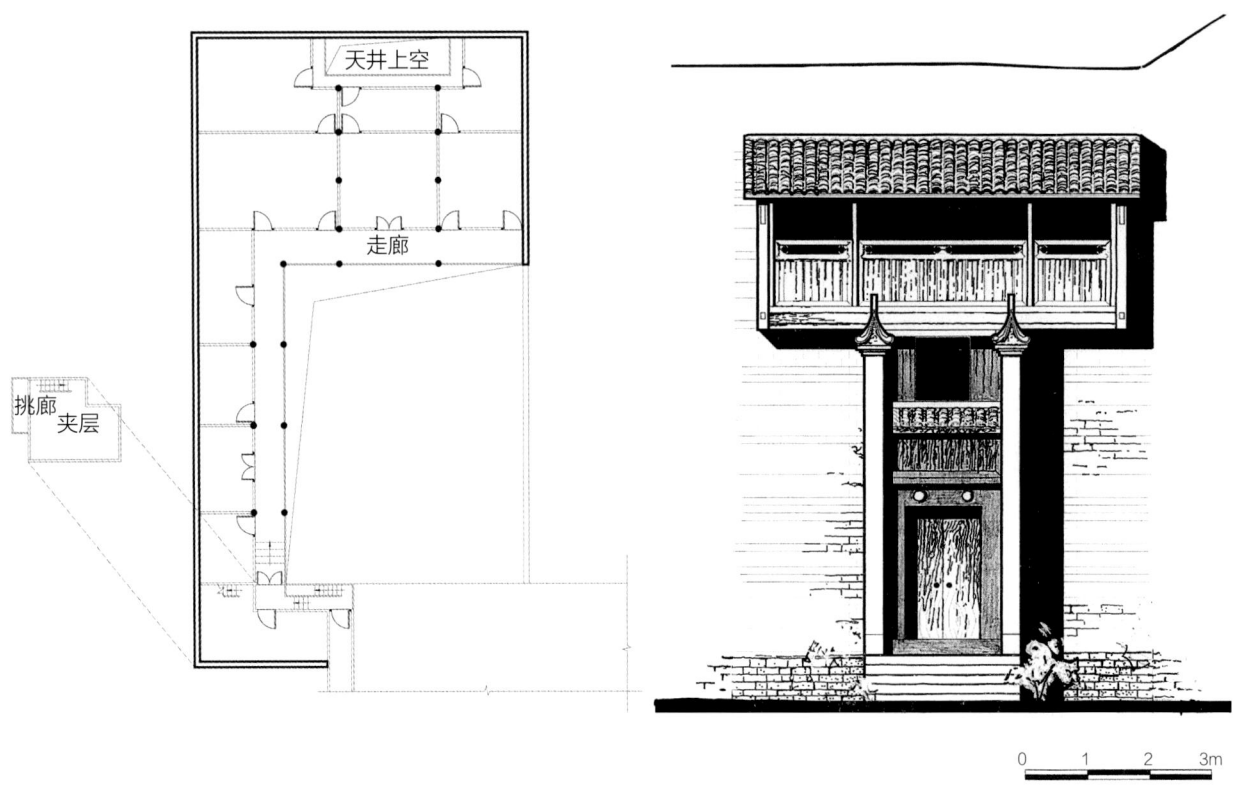

天井上空

走廊

挑廊

夹层

图19

图20

0 1 2 3m

图21 80号民居门窗立面图

0 1 2 3m

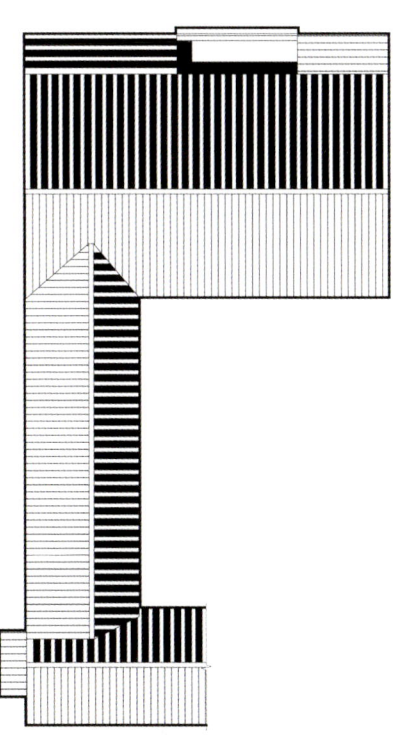

图22 80号民居屋顶平面图

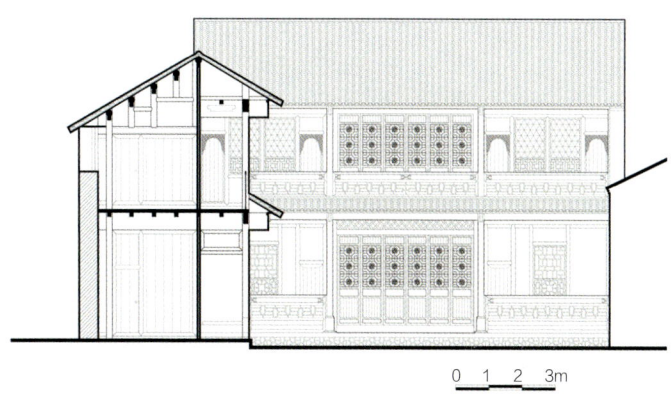

0 1 2 3m

图23 80号民居剖面图

图24　87号民居立面图

图25　木构件与
砖墙的组合

图26　民居侧面

87号民居立面

　　87号民居立面令人注意的地方在于砖砌山墙出挑木质小阁楼，这在汉族民居中极为少见。

细部及构件

图27 马头墙1

图28 马头墙2

图29 窗棂花格1

图30 窗棂花格2

灌阳县	168
文市镇　月岭村	169

灌阳县

灌阳县位于广西壮族自治区桂林市东北部，地处北纬25°10′~25°45′，东经110°43′~111°20′之间，北连全州，南接恭城，西靠兴安、灵川，东与湖南道县、江永接壤。灌阳县位于都庞岭和海洋山之间，地势南高北低，土地肥沃，物产丰富，人杰地灵，相传县内千家洞是瑶族的发祥地。

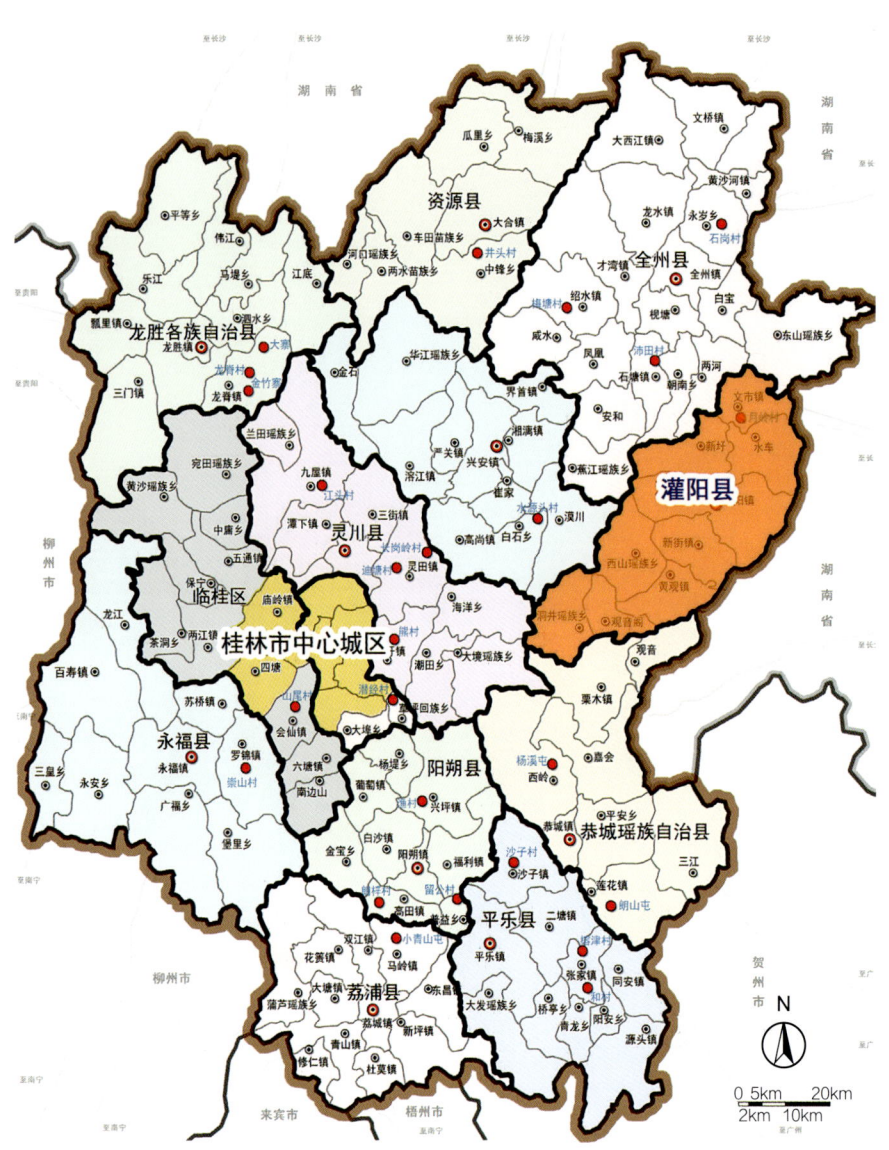

图1　灌阳县县域区位示意图

文市镇

月岭村

村落概况

月岭村位于灌阳县城北面的文市镇，地处两省（湖南、广西）、三县（灌阳、道县、全州）交界处，距离文市镇约3公里，距离灌阳县城约30公里，距离桂林市约143公里。

月岭村皆系唐姓，一脉相传至今已28代，居住着约470户，共计约1540人。据该村《唐氏族谱》记载，唐氏属东鲁郡，宋末理宗淳祐四年（1244年）从湖南永州府湾复村迁于月岭，迄今已有700余年历史。月岭村2013年被列入中国传统村落名录，2013年被公布为第二批自治区历史文化名村，2014年被公布为第六批中国历史文化名村，1980年月岭村古民居被公布为县级文物保护单位，1981年村中牌坊被列为区文物保护单位。

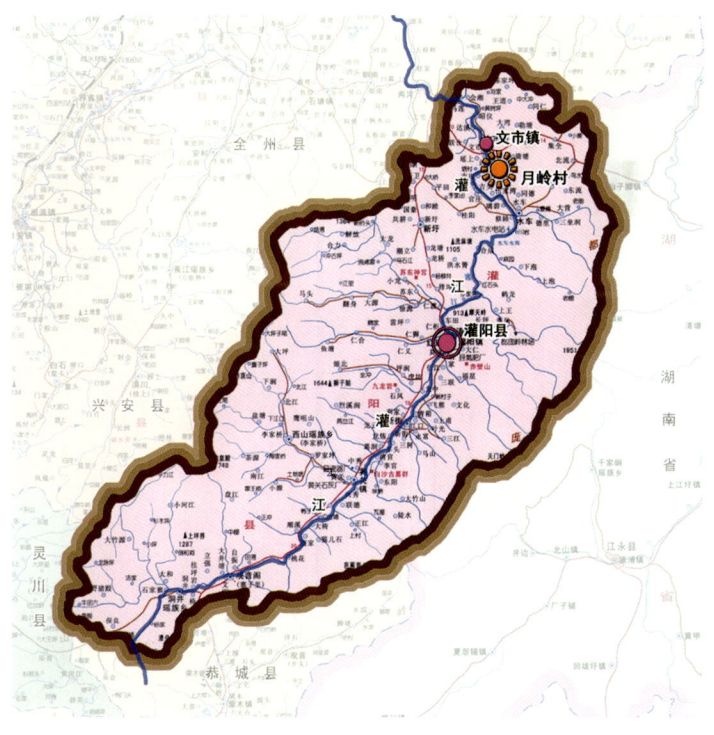

图2　村域区位示意图

村域环境

月岭村三面环山，植被茂密。村后高山形如犀牛横卧抬头望月，故名望月岭（现称月岭）。南面以佛盖山，北面以磨头山为屏障，似双狮戏球，东面田野开阔。

村落依山傍田，民居院落布局规整有序，建筑朝向多背靠山体面朝村前开阔田峒。通向各院落间的巷道多为青石板路面，巷道一侧设有排水沟。院落与院落之间既可以相互贯通，封闭大门时又成为相对独立的空间。

图3 村落局部

图4 村落三面环山

图5　多福堂民居大门

图6　翠德堂门楼

传统建筑

月岭村内古民居始建于明末清初，现存明、清建筑院落约6座，房300余间。民居中保存最完整的建筑，是唐氏祖上为六房儿子修建的六大院落。每个院落各立门楼，依次名为文明堂、锡嘏堂、宏远堂、多福堂、翠德堂、继美堂。每个院落前设中门、天井和大堂，后有小堂和天井，配有住房、厨房、客房、仓库和专供唱戏用的戏楼，为官府庭院式，宽敞明亮、整齐划一。六大院落均用一色砖瓦建成，硬山式，脊饰鳌鱼，顶立葫芦，木楹石础，格扇门窗，方石地砖，多呈四合院布局。古民居门头的彩绘壁画图案生动，蓝、红、绿、黑，色彩鲜明，历经近200年时间而不褪色，堪称一绝。

图7　民居屋面

图8　天井

图9　巷道

图10　石础

文明堂：又名田垌院子，院内的双花井设计奇巧，上井是源头，用于饮用，水流至下井，用于洗涤。

锡嘏堂：仅一门进，一门出，院内曲折神秘，有环形石级上下的太极螺旋井。

多福堂：地势居高，建筑宏伟，其堂下五子，有11间大堂屋、1间书房及5间小祠堂，前有青砖到顶、线条纹饰的大照墙，墙面堆塑着"鸿禧"二字。

翠德堂：为上下两排大房，墙裙均用大块石料筑成。据说此宅院特别干燥，不湿土、不湿鞋。

继美堂：有堂有井及一座古戏台。

图11　蜿蜒的巷道

历史文化遗存

图12　孝义可风牌坊

　　村落保存有古牌坊、古井、文昌阁、步月亭、百岁亭、凌云塔、催官塔、古炮楼等文物古迹。其中：

　　古牌坊：村内古牌坊为位于村口的孝义可风坊，又称文市牌坊，建于清道光十九年（1839年），通高10.5米，面阔13.6米，中门跨径6.05米。整体造型庄重，雕刻精湛，是桂林市民间古石雕中体量最大、工艺最精湛的一处石碑楼。

图13　文昌阁

图14　步月亭

图15　百岁亭

据记载，村中史氏丈夫早逝，笃守贞洁，苦育养子，直至双目失明。养子唐景涛自幼孝事寡母，勤奋读书，获功名，中进士，官至知县，地方长老绅士感其节教孝懿，奏报朝廷，旨准建此牌坊。牌坊以石灰石构筑，四柱三间。牌坊中心两柱鼎立双重檐，顶冠宝塔，两檐两端脊翘挺立鳌头。双檐之下均有斗拱构架，浮雕横梁枋筑。牌坊北面、南面明间横额题刻有如斗大的楷书"直贞足式"、"孝义可风"，额间铭刻唐门史氏节孝懿事，笔法娴熟老到，凝重端庄。牌坊上的浮雕有二龙戏珠、麒麟献瑞、八仙过海、喜禄封侯（喜鹊、马鹿、蜜蜂、猴子）、喜报三元（喜鹊、豹、山羊、猿）连升三级（莲花、升内插三戟），以画表意，各得其妙。该牌坊1981年被公布为广西壮族自治区文物保护单位。

古井：月岭村内古井分为院内水井和公用水井，一般每个大院中都设有1口水井，较为特殊的为位于村头的公用水井，其与下方露天的澡池相通，是目前我国不多见的水井与澡堂连通合一的建筑，是桂林唯一保存完好并继续使用的天然澡堂，夏日劳作而归，赤条条地往里泡一泡，惬意、快乐，体现了地方民俗文化。

文昌阁：为自治区级重点文物保护单位。始建于康熙六十一年（1722年），为3层，是唐氏家族为防匪盗、瞭望警戒而建。嘉庆七年重建，为4层。下三层砖砌四壁，顶部四面出檐，最上一层为木结构，上盖小青瓦，4层通高约11米。

步月亭：为自治区级重点文物保护单位。重建于清乾隆四十六年（1781年）。亭坐北朝南，为石木结构，盖小青瓦，歇山顶。四边檐口长约5.25米，通高约5.5米，4根石柱挑起整个屋架，一根石柱上刻有重建凉亭记事，其余三根石柱刻列捐资人名，亭北竖有碑刻。

百岁亭：为县级文物保护单位。建于清宣统二年（1910年），砖木结构沿山式亭，檐下端以青石供人小憩，地面和前面路均为青石板铺就，亭长约4.15米，宽约4.2米，高约5米，亭内两侧有碑记，东门刻有两幅对联，亭北竖有碑刻六通。

图16　水井

灌阳·月岭民居
2003.12

图17　月岭民居（钢笔画）

多福堂

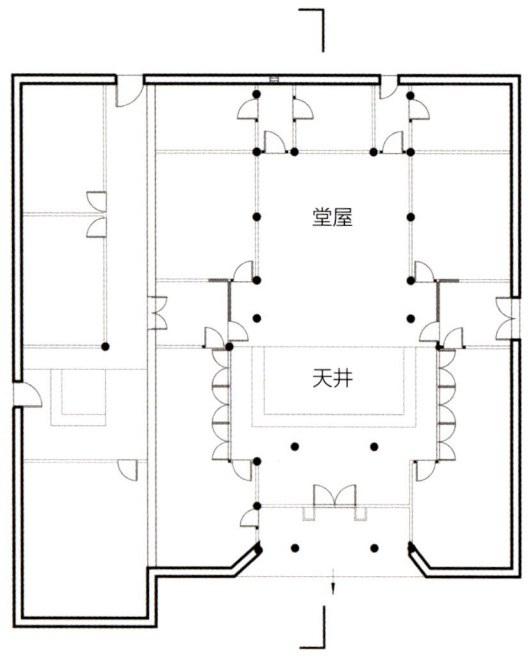

图18　多福堂平面图

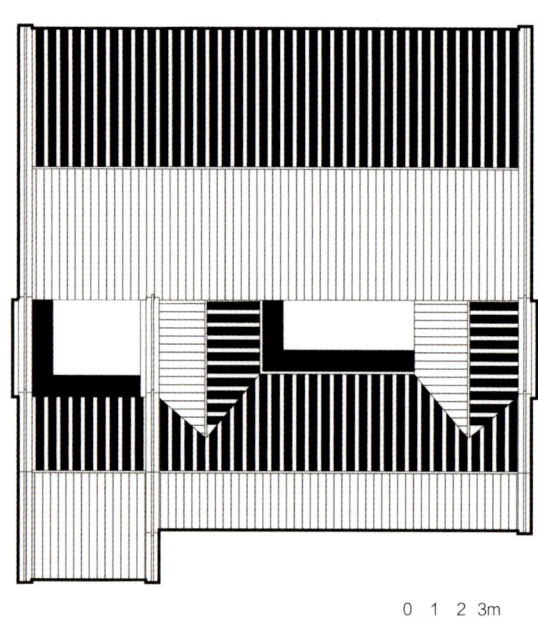

多福堂为一进院落民居，大门两侧砖墙非传统
直角，而是做了45度斜面设计，呈八字形，凸显
入口空间的开敞及集聚吸收的寓意。

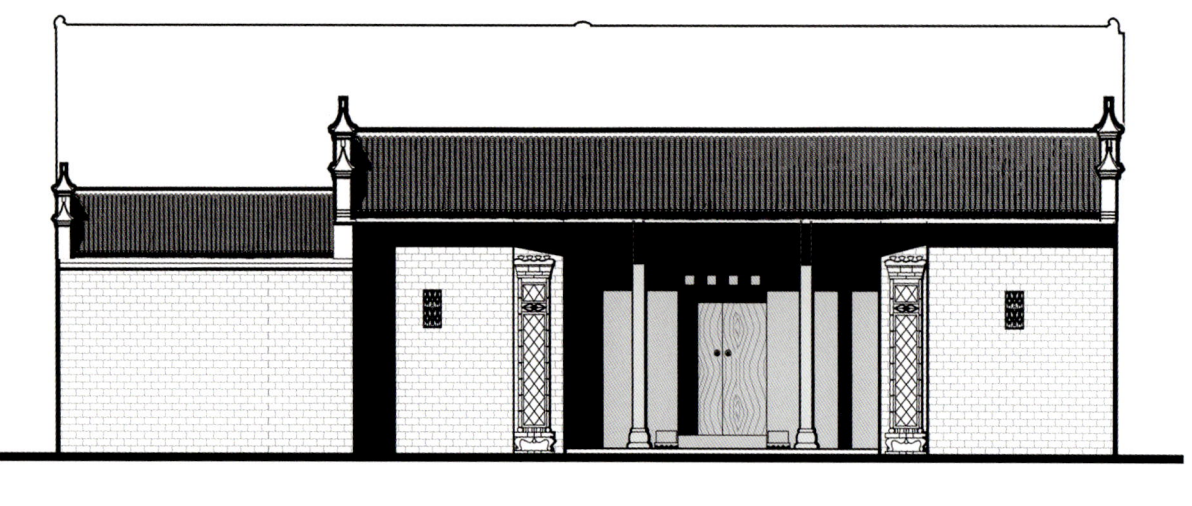

图19　多福堂立面图

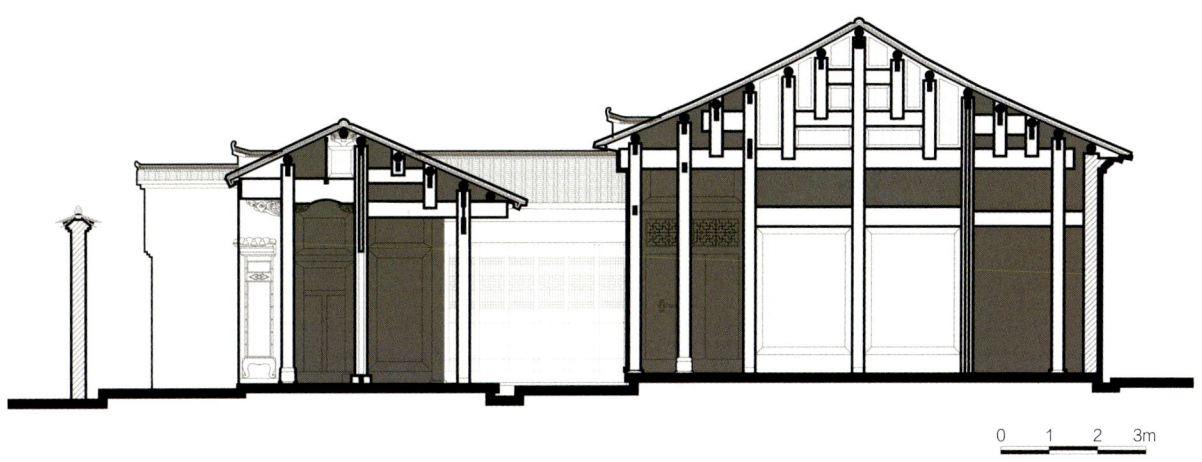

图20 多福堂剖面图

图21 厢房花格门

图22 院门内景

图23 入口八字形照壁

图24　院门内景

图25　梁架

图26　木梁及雕花

窗花柱础

图27　砖砌花饰

图28　窗棂花格

图29　柱础1

图30　柱础2

图31　柱础3

装饰雕花

图32　门头彩绘

图33　牌坊石雕

图34　梁柱木雕

07

永福县　　　　　　　　　　　　　　　　　　182

罗锦镇　崇山村　　　　　　　　　　　　　　183

永福县

永福县位于广西壮族自治区桂林市西南部，是一个汉、壮、瑶、回等民族散居的半山区县。永福县始建于唐武德四年，即621年，于1952年与原百寿县合并为现在的永福县。永福县素有"福寿之乡"之美称，全县百岁老人约36位，超过世界公认的每10万人口有7位百岁老人的世界长寿之乡评定标准。

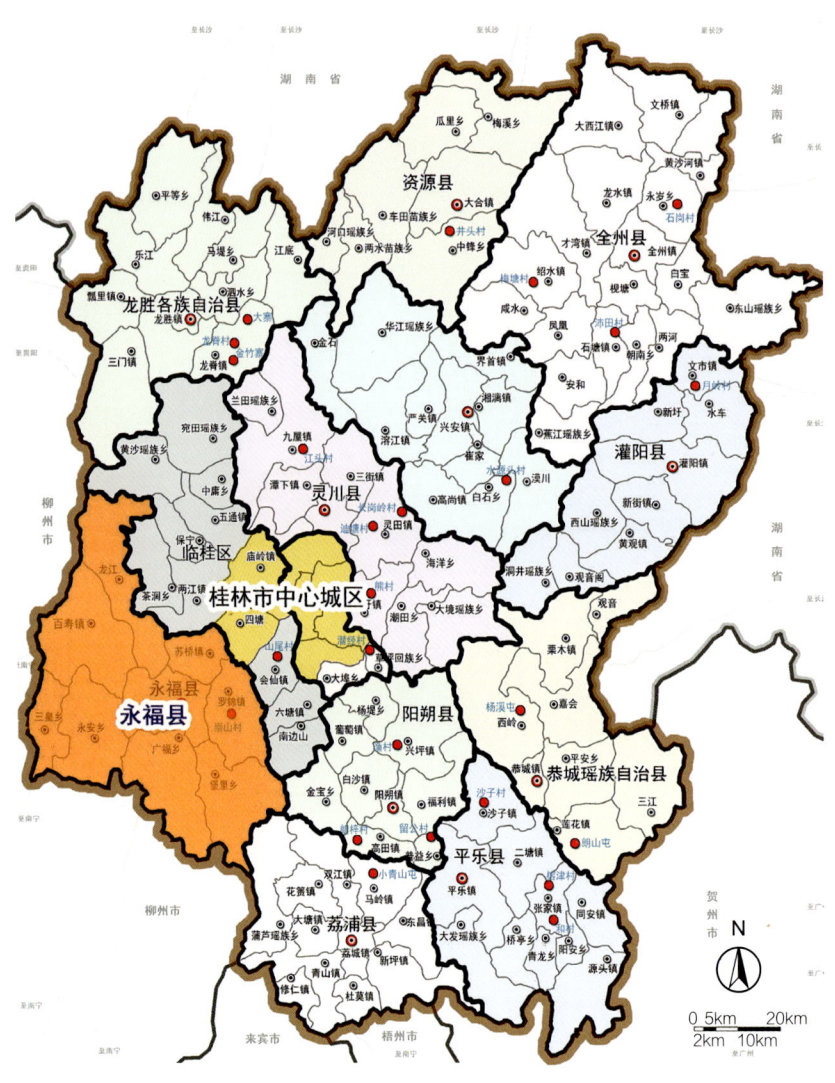

图1　永福县县域区位示意图

罗锦镇

崇山村

村落简介

崇山村位于桂林市永福县东北部，罗锦镇北部，距桂林市区约34公里，距永福县城约21公里，距罗锦镇政府所在地约6公里。崇山村文化底蕴深厚，数百年来人才辈出，有"一门三进士，父子五登科"之说。村内李氏一门，为国内知名的画家群体，人称"笔画如林"，清代著名画家李吉寿墨梅独树一帜，被称为"梅花圣手"。崇山村2013年被列入中国传统村落名录，2010年被公布为自治区广西历史文化名村。

崇山村建于明万历年间（1573~1620年），因周边山岭形似龙，原名龙山，后更名为崇山头。据考证，全村村民为莫、李二姓，其中莫氏始祖于明万历年间（1573~1620年）从河池南丹县迁来建村，占现村民数量的三分之一；李氏始祖于明天启年间（1621~1627年）分别从湖北、湖南迁来居住，占现村民数量的三分之二。

在农耕社会，自然条件的优劣对村落的生存和发展起着决定性作用。崇山村西依高山（崇山头）、东面有一相思江支流，名曰神湾河。四周土地开阔平坦，农田环绕，村落生存发展环境优越。

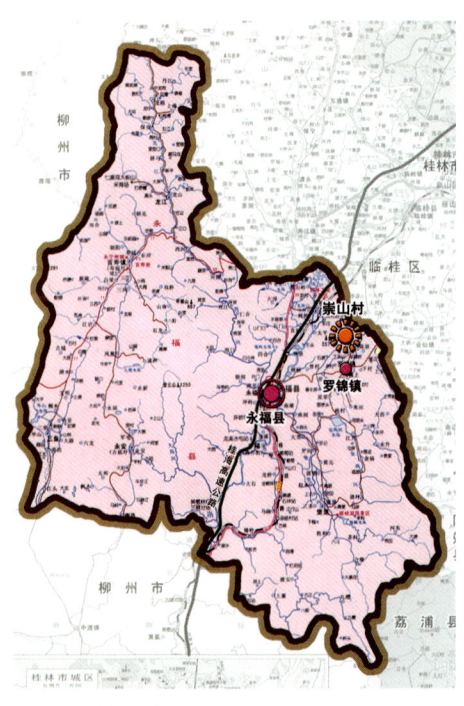

图2　村域区位示意图

村落特色

传统建筑

崇山村地处丘陵，地势南高北低，整个村落大体布局为坐南朝北，139县道从村落西面经过。村内宅院并排布局，建筑规模相当，甚为规整，登高望去，屋面高度基本一致。宅院之间通过月门和巷道相连，地面用青石板铺设，往来极为方便。

崇山古民居占地约165亩，由李氏家族旧居、李氏宗族祠堂及其他古民居20余座组成。李氏家族旧居由6个院落并排组成，位于村落东面，规模相当，高度一致，甚为整齐。建筑为硬山式，砖木结构，外墙为青砖砌筑，墙基部分用料石，门窗格扇刻如意、梅花等。6个院落分列巷道两侧，建有侧门和巷道相通，前后设闸门，每栋独门高院，长约32米，宽约16米，面积约为500平方米，即联系紧密，又自成一体。

位于村头的李氏祠堂，相传建于清朝乾隆年间（1711~1799年）。祠堂为小青瓦、硬山顶、青砖墙，墙基用料石砌筑，三进三开间砖木结构建筑。大门为拱形，高约6米，内有天井，四周围墙，两边为厢房，前后厅及厢房的檐廊均用条石铺设。

杰出人物

李熙垣为山水画家，李氏绘画祖师，其画雄奇浑厚，别具风格，《江行图》为其传世珍品。1837年，他由桂林溯漓江过湘江至长沙，后又经岳阳、赤壁顺长江到武昌，创作了35幅画，每画题有一首诗，成《江行图》山水画一册。李家世代书画，在清代广西画坛占有重要的地位。李家后人均擅长画山水花卉，人才辈出，世称"画笔如林"。受祖辈影响，至今村中书画之风仍然盛行。

图3　古民居

图4 民居侧立面

图5 巷道

图6 有趣的入口空间

95号民居院落

95号民居为三开间一进天井民居，入口大门处砖墙内凹，进入有门厅，内部窗格样式较为简约粗犷。

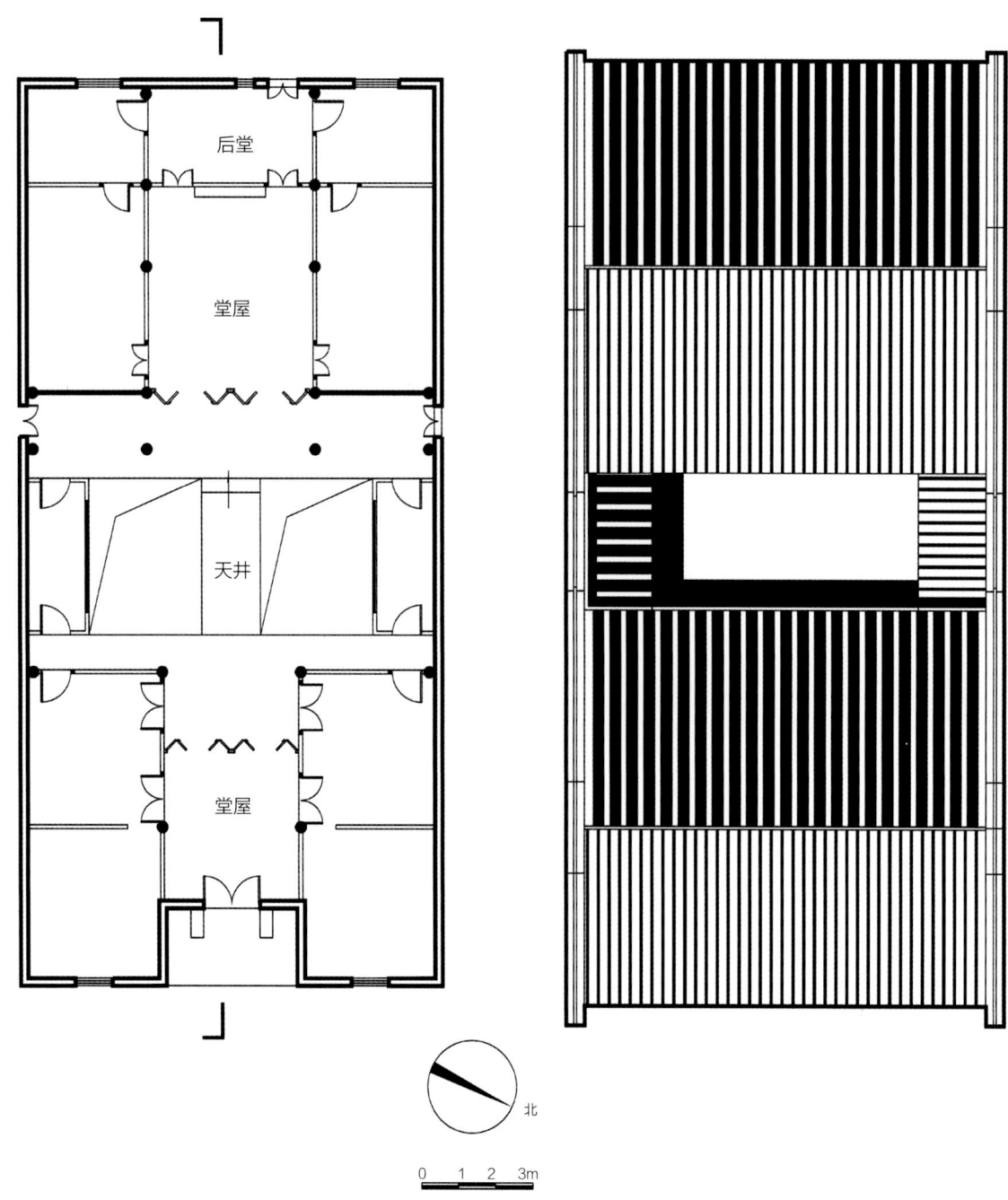

图7　95号民居平面图

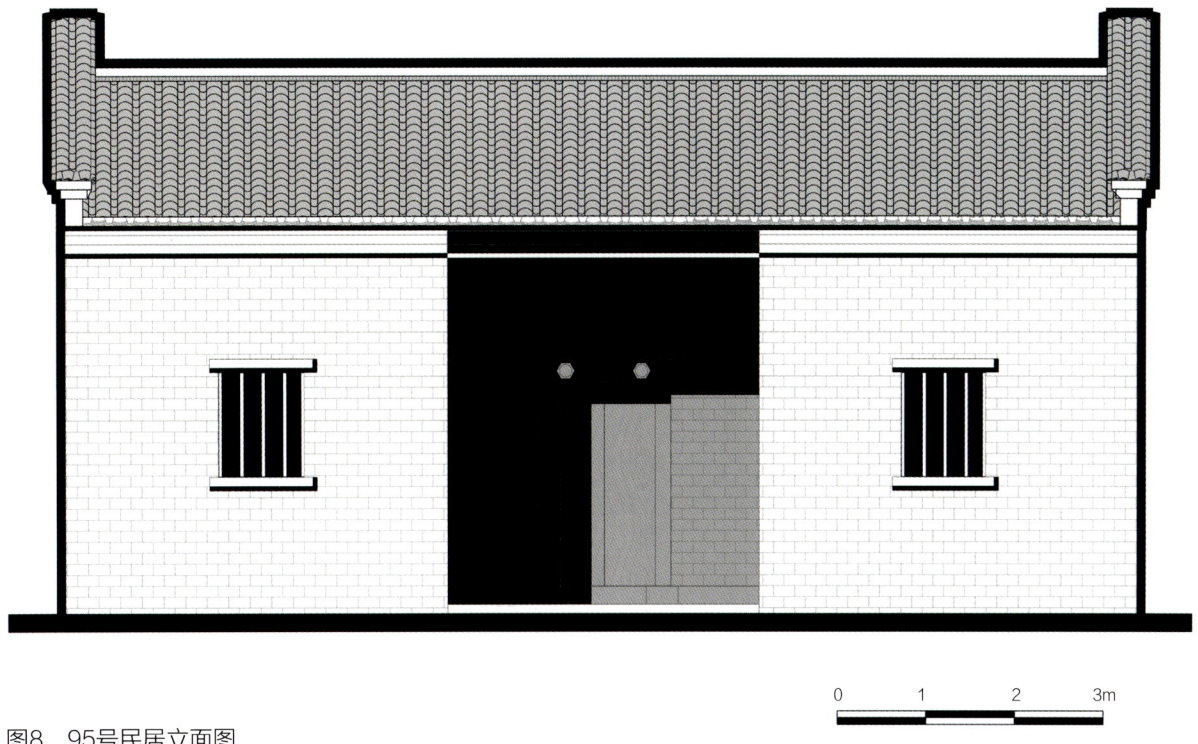

图8　95号民居立面图

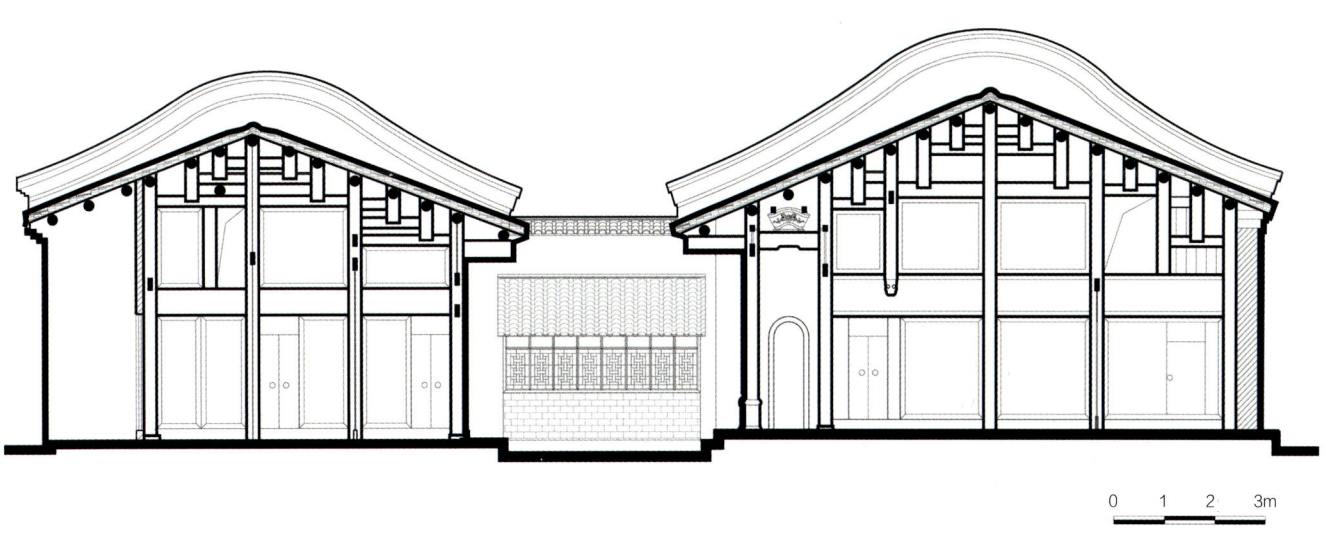

图9　95号民居剖面图

图10 天井

图12 入口处墙面

图13 梁架

图11 弧形顶棚

图14 堂屋

08

阳朔县   **190**

普益乡　留公村　　　　　191
兴坪镇　渔村　　　　　　202
高田镇　朗梓村　　　　　211

阳朔县

阳朔县位于广西壮族自治区桂林市区东南部，位于桂林市区南面，地处东经110°13′~110°40′，北纬24°28′~25°4′，为桂林市辖县。东邻恭城县、平乐县，南邻荔浦县，西界永福县、临桂区，北与灵川县、雁山区接壤，县域面积约1428.38平方公里。全县主要河流17条，漓江是其中最大的河流。全县拥有丰富的自然景观，主要包括山、水、岩洞石刻等。

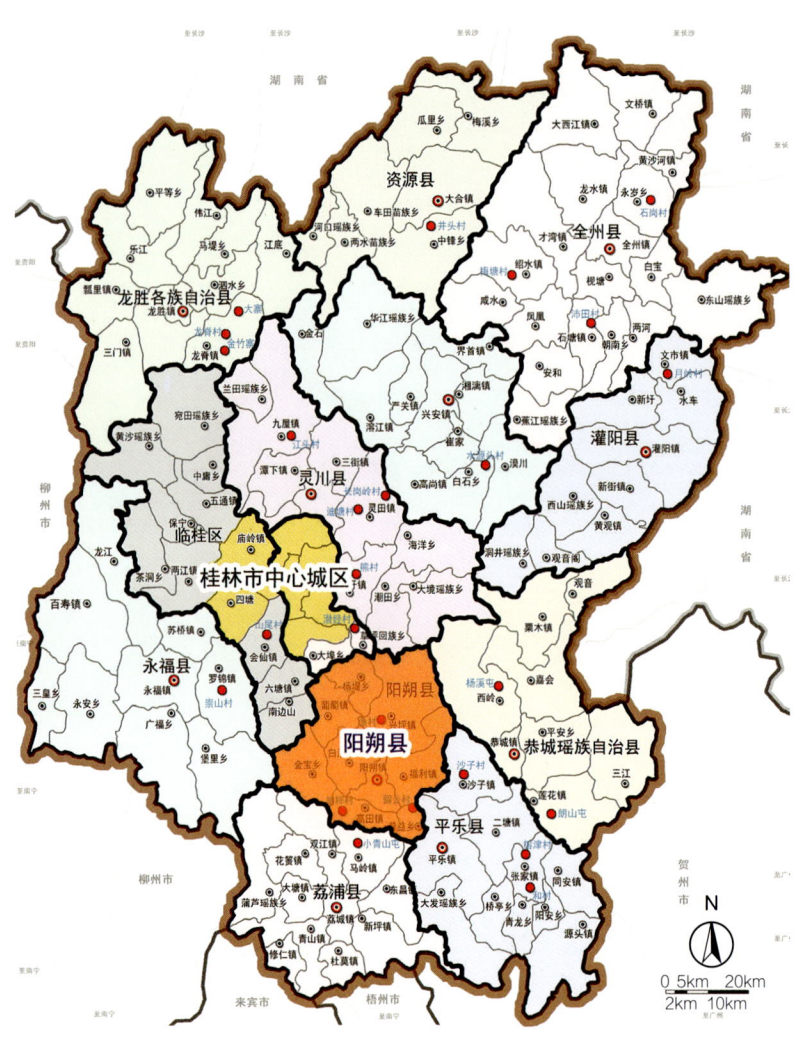

图1 阳朔县县域区位示意图

普益乡

留公村

村落简介

留公村位于阳朔县普益乡西北部，漓江下游西岸，距普益乡乡政府约8公里，距阳朔县城约12公里，距桂林市区约76公里。留公村约建于1644年，村民多为黎姓，居住着汉、壮、瑶等民族，共约200户，700余人。

相传古时村庄住有一户地主，家财万贯，奴仆成群，歌谣唱道："好马跑不尽田，好鸟飞不过檐。"足见地主家的奢侈。然而他却欺乡霸邻，奴役下人，弄得人神共愤。终有一日仙人下凡，将地主一家人打入了十八层地狱。恰在此时，在一方做官的地主女婿回来看望妻子和岳父，因为其品行端正，仙人化做小鸟拦住女婿鸣道："留公不留婆，拉马转回头。"方留下女婿一命……自此，这个山村就叫"留公"村。

在陆路交通不发达的过去，各类货物流通只能依靠漓江水路实现，因此留公村旧时曾是商贾云集，商品交流的集散地。2013年留公村被列入中国传统村落名录。

图2 村域区位示意图

村落环境

留公村背山面水，山环水绕，生存条件极佳。村后西北侧群山，形如一道天然的保护屏障，阻挡来自西北面而来的寒风。村落南面是一片广袤的农田，村前漓江流过。整个村落依山傍水，又有充沛的耕地，符合传统村落选址择地的重要条件。

留公村内有三个直径各约十来米的深潭，聚集成品字形，这就是著名的留公三潭。这三个潭相距很近，但水色却截然不同，四季不变，一潭混浊，一潭碧绿，还有一潭青中带黄。村落西、北面环山，东临漓江，南面农田开阔，064乡道穿村而过，对外交通便利。民居院落多坐北朝南，以三个潭为中心呈组群布局。村内主要街巷走向与漓江大致平行，其余巷道则根据房屋、地形自由布局。

图3　村落外环境

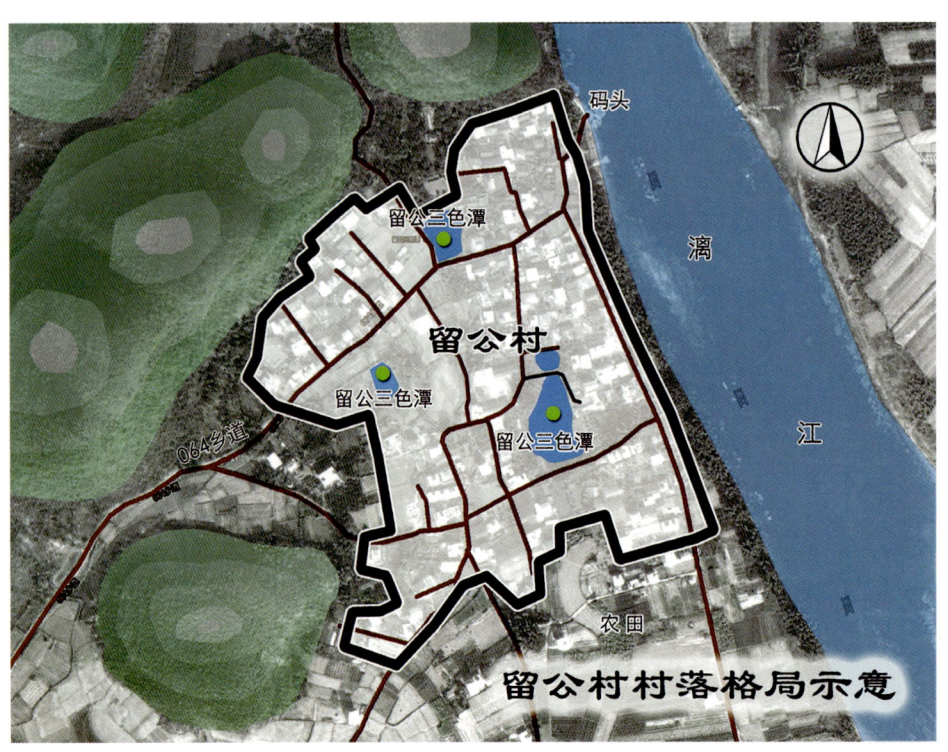

图4　留公村村落格局示意

村落特色

传统建筑

留公村内保存有近百幢古建筑，均为明清时代建筑风格。古建筑为砖墙青瓦，青石门槛，门窗精雕细刻，封火山墙多为三叠式，也有的成弧形，远看如古代官帽。主要公共建筑有得月楼、文昌阁、乐善亭。其中文昌阁、乐善亭现已不复存在，唯"得月楼"尚保存较为完好。

得月楼建于清同治年间（1862~1875年），位于村落临江入口处，是一座古色古香的方形小楼，据当地居民说，这里旧时是戏台，逢年过节对岸的居民都会坐渡船过来这边看桂剧，留公村过去的繁华可见一斑。

图5 黎姓祠堂

图6 得月楼

其他历史要素

留公村除保留完好的古建筑外，还有三样历史文物，即祠堂匾额、夹石、义渡碑。

祠堂匾：村子中间有一黎姓祠堂，祠堂是宗族议事，祭祀祖宗的地方。祠堂大门两侧墙上各有两个枪眼。据说是为防匪患专门建设的。祠堂大门上仍可看到"永享祠"这块匾额，此匾为石制，光绪年间所立，乃留公第一宝。

夹石：又叫旗杆石，旗杆是旧时用来标榜身份、光宗耀祖的"名片"。老人协会后面的巷子里现仍完整无损地竖立着两组夹石，每组相距约五米，约一人高，上刻有"同治壬申年"和"禀贡生黎振俊"等字样，村民称之为"夹石"。夹石顶端有三个半圆，一大二小，中间有方，圆洞各一，洞口饰有花纹。

义渡碑：离"夹石"不远的河边台阶旁，看到"义渡"两个遒劲的大字。据《新建留公义渡碑记》生动地记录了建渡原因和乐捐建渡人的名字，此碑竖于民国八年。

留公村的古巷道也别具特色，青石或卵石铺装。此外留公村还保存100年以上树龄的古樟树数棵。

图7　石板巷道

图8　永享祠

得月楼

得月楼建于清同治年间（1862~1875年），位于留公村漓江码头进村的入口处。建筑主体为局部三层砖木结构。建筑造型优美，砖雕、木雕装饰均十分丰富，门洞窗洞形式随意，应是受到不同时期建筑风格的影响所致。

图9　得月楼正对码头

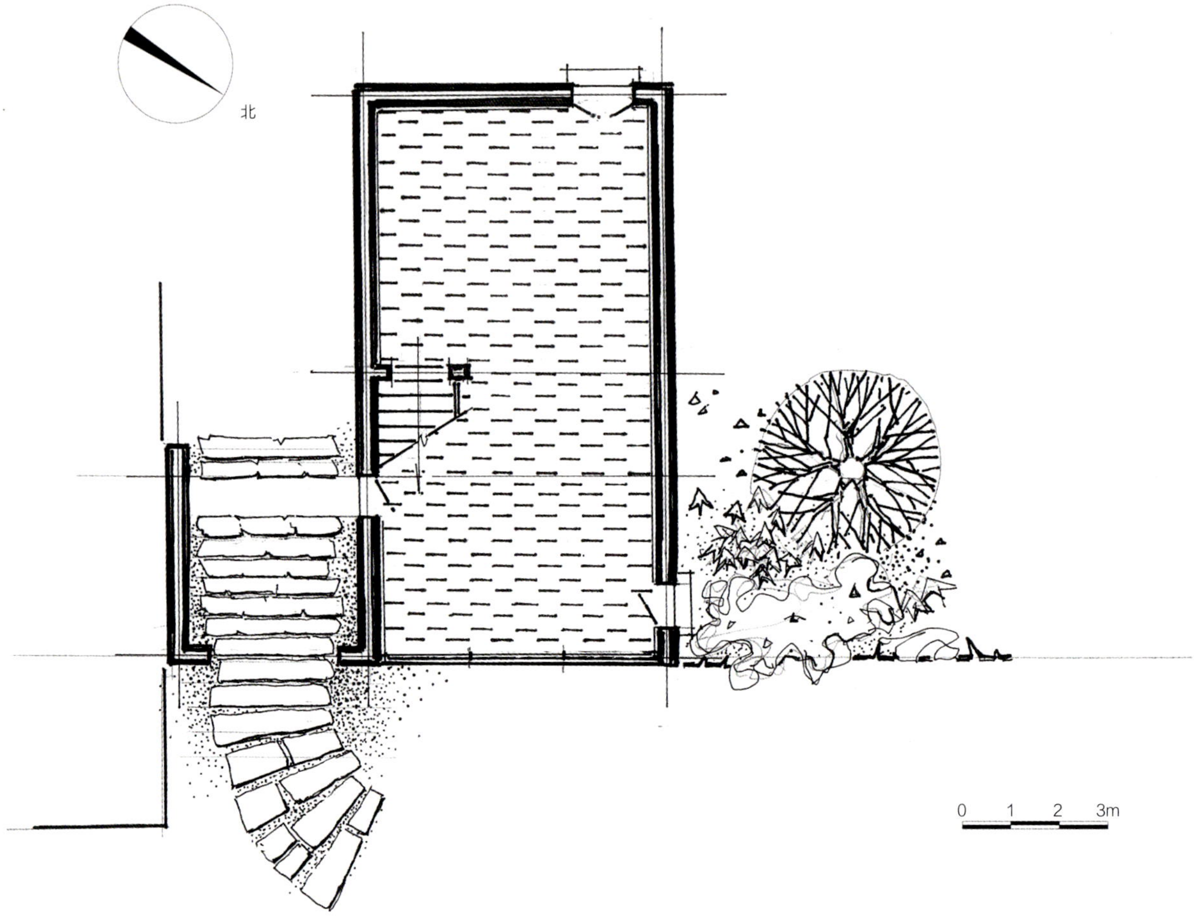

0　1　2　3m

图10　得月楼一层平面图

北

图11 楼上江景

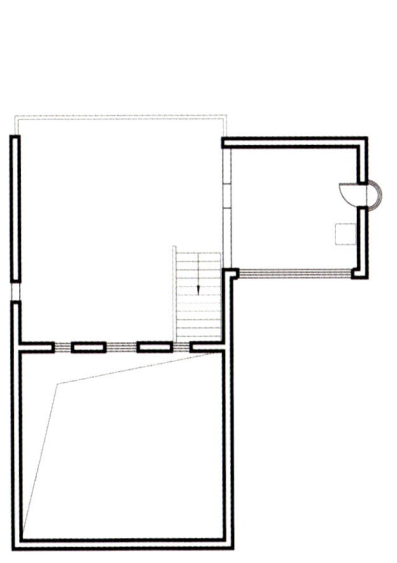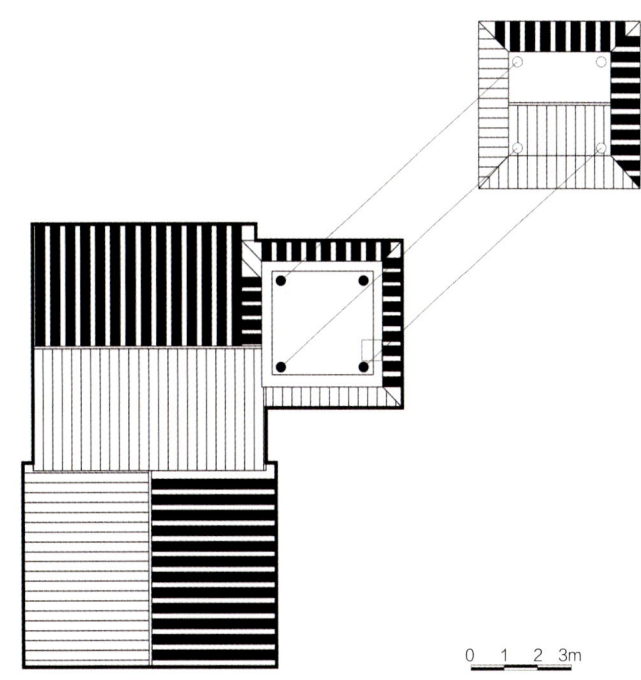

图12 得月楼二层、屋顶平面图

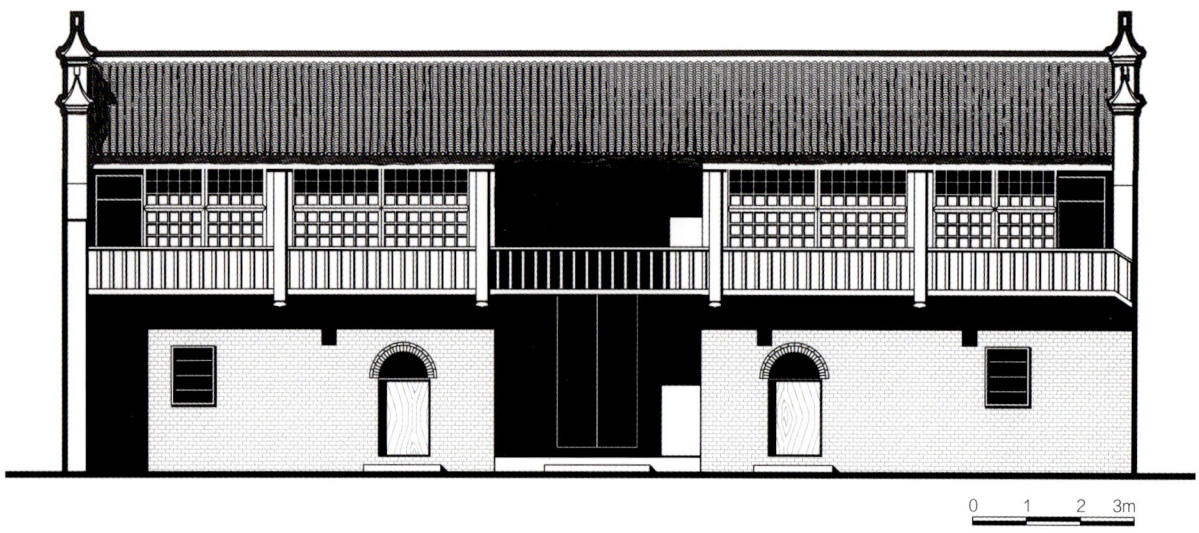

图13 21号民居内院立面图（一）

21号民居

留公村21号民居原为两兄弟共有宅院，建筑虽然损毁严重，但形制十分特殊，具有民俗研究的价值。建筑主入口是由底层门厅和二层回廊组成，穿过入口大厅进入长方形院落，院落之后是在同一栋建筑分开设置的两处入口，为兄弟二人分别居住，意味分居不分家之意。

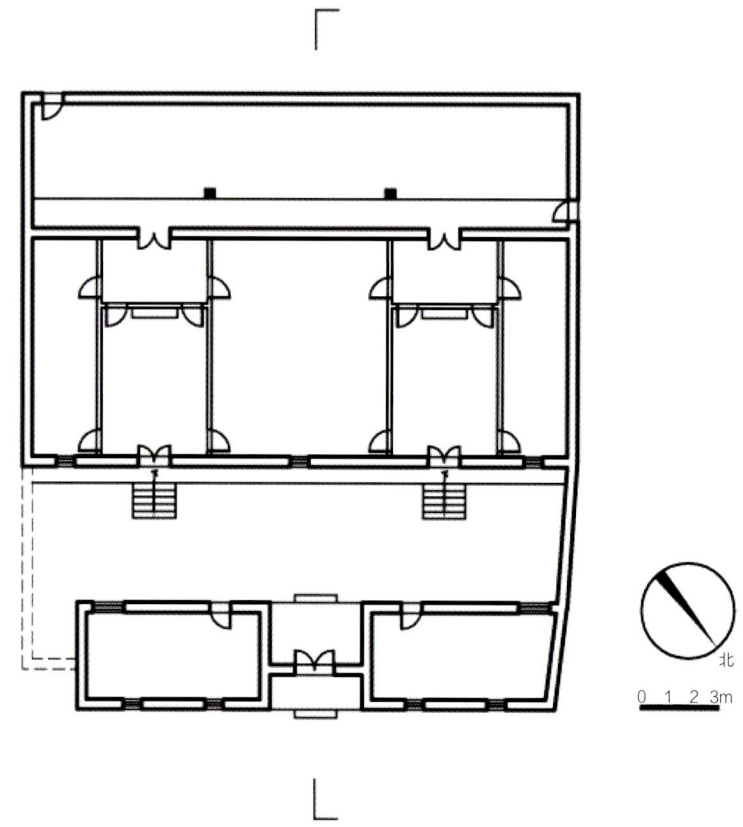

图14 21号民居一层平面图

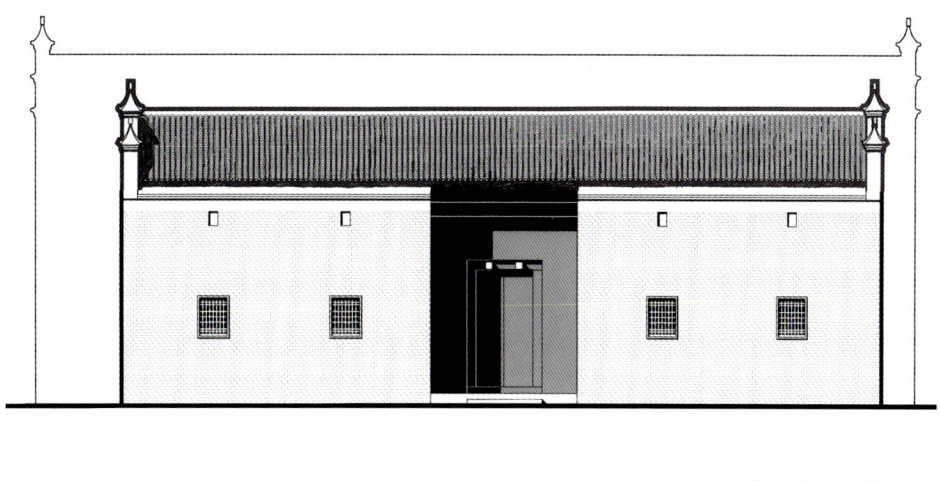

图15 21号民居内院立面图（二）

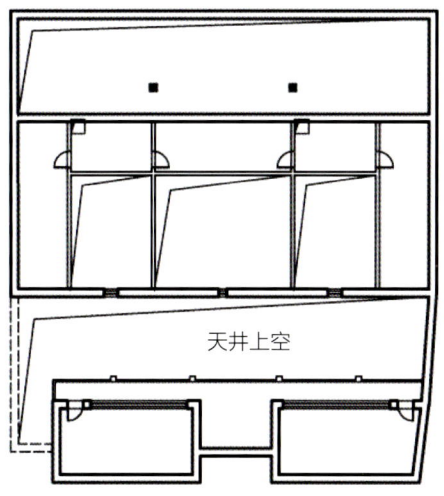

图16 21号民居二层平面图

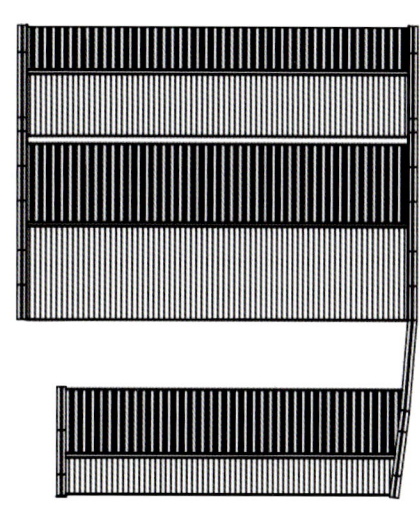

图17 21号民居屋顶平面图

图18 21号民居侧立面图

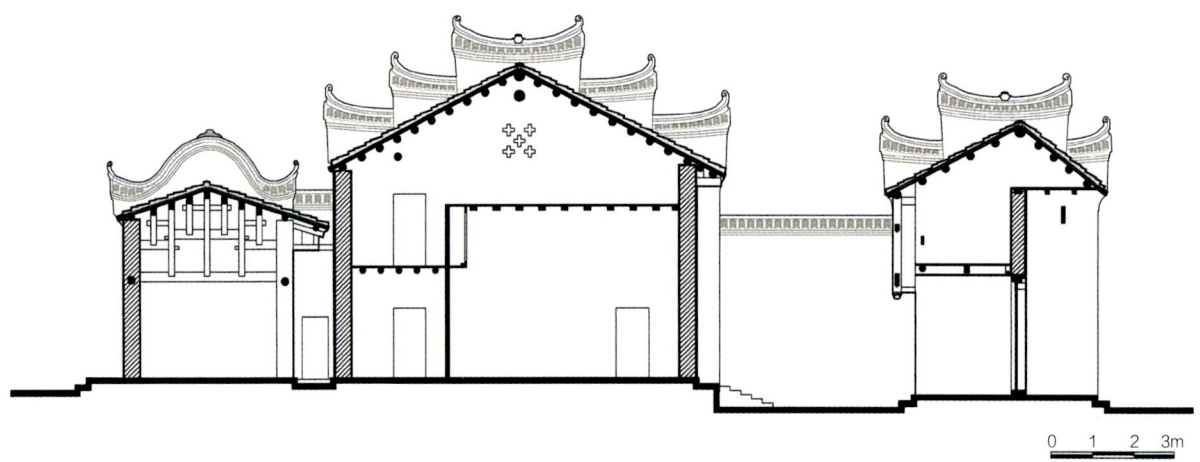

图19　21号民居剖面图

图20　山墙

图21　入口街巷

图22　马头墙

桂林传统村落勘录

民居细部

图23　马头墙花纹

图24　雕花雀替

图25　花格木雕

图6　古渡口

历史要素

渔村古民居建筑群占地约1.5公顷，有传统民居约48座。村中房屋与圩上古建筑风格相近，大多为歇山式屋顶，青砖黑瓦，马头墙、条石垫基，实砌水磨清水砖墙到顶，坚固而防火。每栋宅院呈上、下屋结构，上屋稍高，下屋偏低，等级分明。宅院内布置门庭、厢房、堂屋、正室，中间天井，另建有仓廪作坊、杂用居室、炊厨膳屋、牛马栏厩，以及能蓄水数担的太平缸。内部装饰以屏风式木门、隔扇窗最具特色，一线六开、八开的门扇，刻图撰字，镂花雕兽，手工精巧，形态各异，是明、清时期桂北民居艺术的典型代表。

登上村中央赵姓三层楼的楼顶，环顾四周，只见古民居的坡屋顶层层叠叠，鳞次栉比，错落有

致。呈弧线起翘的马头墙上雕刻着花草瓜果，旧时的鲜艳色彩依稀可见；砖砌檐口底部的排水洞排列井然有序，设计巧妙，使得外墙不受坡地限制而高耸挺拔，独具一格。

渔村包含丰富的历史文化遗产，除上述保存完好的48座古民居外，还包含有古桥、古渡、古亭、古戏台、古庙、古巷、古树、木雕、石雕等。村落较为完好地保存原有的历史风貌，巷道多为青石板、卵石铺地，两侧砖墙耸立，身处村落中，仍可领略"老街长长，古巷深深"的意蕴。民居院落门扇雕刻精致，采用透雕、深雕、浅雕、圆雕等多种工艺，图案精美，寓意深刻。马头墙翘角纹饰精美，虽历经500余年风吹日晒，色彩仍依稀可辨。

建筑院落

75~77号民居

75~77号民居位于渔村中部，建筑坐南朝北，为规则的长方形二进院落，院中天井上方设三面回廊。建筑外立面浑厚庄重，墙高窗小，防卫性极强。建筑内部木门、窗隔扇大量使用精美雕花装饰，堂屋靠近天井一侧的木门在雕花内层另设置可上下推拉的活动木板，通风、遮阳可随意变换。

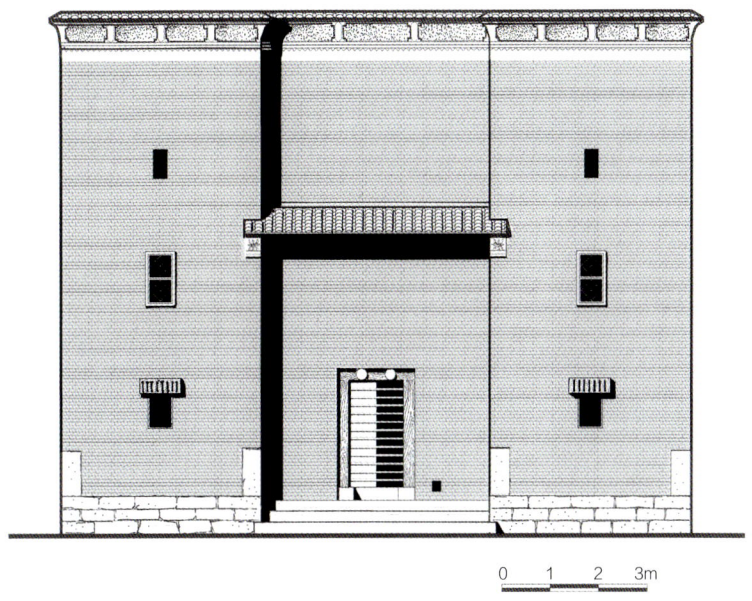

图7 75~77号民居立面图

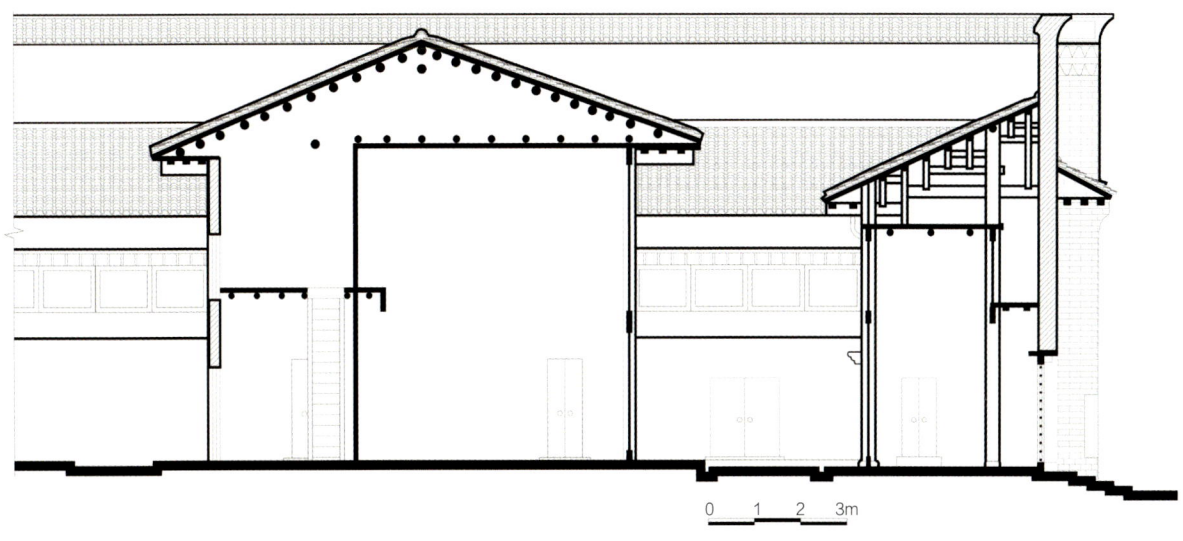

图8 75~77号民居剖面图

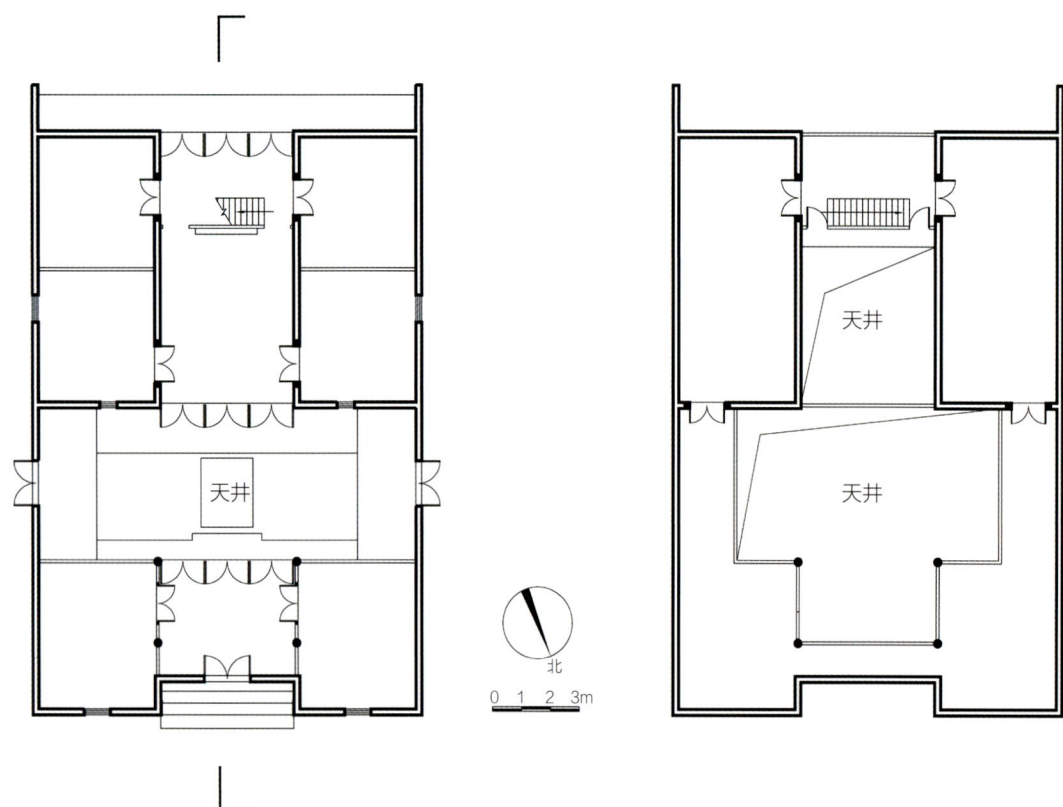

图9　75～77号民居一层平面图

图10　75～77号民居二层平面图

图11　75～77号民居屋顶平面图

图12　花格窗

99~104号民居

99~104号民居位于村落东面，是村中规模较大，保存较完好的典型民居。1998年时任美国总统的克林顿一家曾到此参观。

整栋建筑呈东西向布局，入口开在天井侧面。民居为渔村典型的"上下屋"，上屋稍高，进深长；下屋偏低，进深窄。

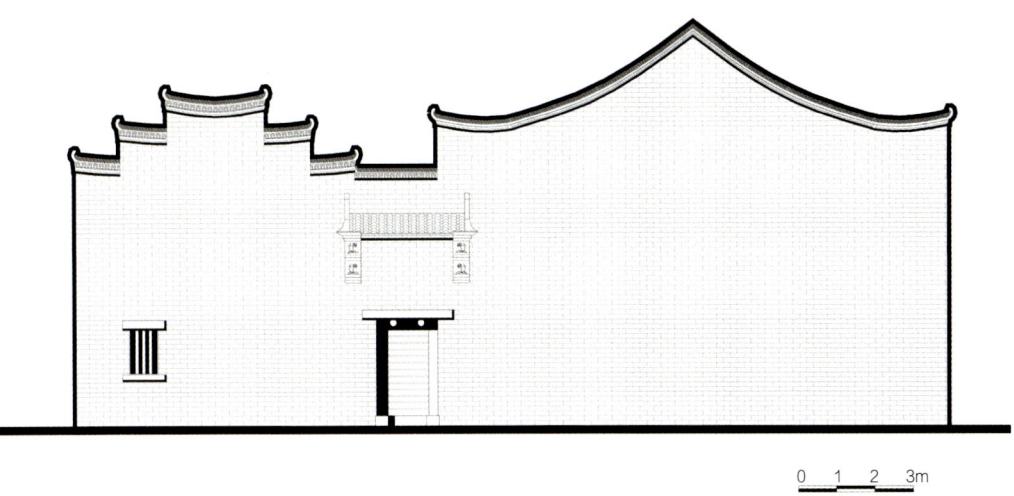

0 1 2 3m

图13 99~104号民居立面图

图14 民居巷道

图15 院落大门

_08_

建筑构件

图16

图17

图18

图16　门簪1
图17　门簪2
图18　砖雕1
图19　砖雕2

图19

高田镇

朗梓村

村落概况

朗梓村地处阳朔县高田镇西南部，为高田镇所辖的一个自然村落，位于金宝河支流旁，由一条平坦的环山四级公路对外连通。村落距高田镇镇区约8公里，距阳朔县城约22公里，距离桂林市区约82公里。

村庄占地约1000亩，现有人口约511人，村内有保存完好的大片古民居建筑群，村民虽以壮族居多，但其建筑形式并非传统的壮族风格，这对民族融合研究极有价值。2013年朗梓村被列入中国传统村落名录。

据《覃氏族谱》记载，朗梓村始建于清顺治时期（1655年），至今已有350多年历史。传说因村前有三株一丈多围的橄榄树且连年结子甚丰而得其名—朗梓（谐音"榄子"）。其始祖覃正尧，系广西宜山庆远人，原为明末农民起义军领袖李自成部下一名战将，驻守北京。在清兵入关北京大战中溃逃，路经朗梓，见土地肥沃，水秀山清，于是便择地久

居下来，育有一子两孙。而后其兄侄相继迁来，由于居家俭朴，勤奋劳作，至咸丰年间，已人丁兴旺，家财富有。于是请匠购料，扩建居所，成如今规模。

图1 村域区位示意图

图2 村落一角

据村中老人覃宗武介绍，朗梓的覃姓壮家是明末年间从宜州迁徙到此。覃家人耐得苦，勤劳作，很快在这山区富裕起来。后覃兆勋为首的几家以其祖父之号——"瑞枝"为名建祠，就是至今保存的瑞枝公祠。覃氏族人虽贫穷却读书上进，同治年间覃兆日在同治十二年中进士，继而覃兆昌、覃兆熊胞兄弟中进士，之后覃兆昌的儿子亦中进士，可谓一门四进士。这在桂林乃至整个广西都是少有的。

图3 瑞枝公祠内院

图4　村落局部鸟瞰

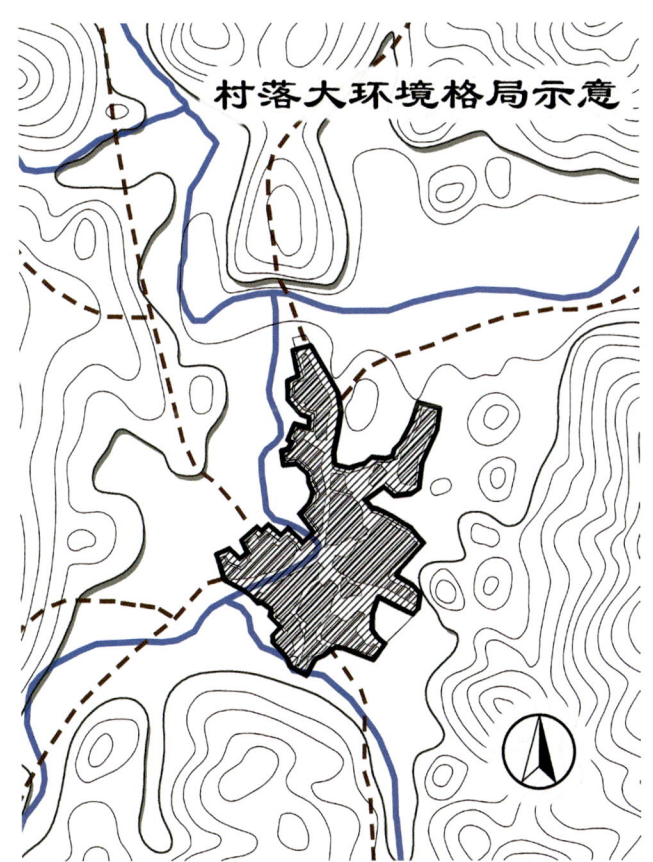

图5　朗梓村大环境格局示意图

村落格局

　　朗梓村选址与村落始祖躲避战乱有关，村落所在之地为群山环抱，地处偏隅，当时荒无人迹。且用地依山傍水，土肥水丰，可辟良田，易于耕作。村有一溪流从中部缓缓流过，建筑群以水划分为若干组团，布局相对集中，各组团内部以青石板、卵石巷道连通，有些巷道通过拱门、门廊等与周边组团联系。巷道一侧或两侧布设排水沟，村内排水系统较为完善。

历史要素

朗梓村里保存完好的古建筑约60余座，其中碉楼1座、祠堂2座。整个建筑群结构严密、布局精巧。建筑多为青砖灰瓦，封火墙高大，每户墙体相连，高低错落。村内有一占地面积约3000平方米，称之为"状元宝"的古宅，古宅的大门正方挂着一块长2米，宽0.5米的"进士"牌匾，牌匾为木制，桐油漆刷，为光绪初年举人覃孟昌的故居。

清朝时期，该宅登科及第共6人，五品骑尉及六品奉迁大户20多人，其中覃兆昉曾于同治十二年拜翰林院大学士。

据《覃氏族谱》记载，村落内共有2座祠堂：一为覃氏家祠，建于清道光年间（1821~1851年）；一为瑞枝公祠，建于同治年间（1862~1875年），其占地约2000平方米，由天池、厢房、正堂

图6　朗梓村村落平面图

图7　古巷道

图8　古炮楼

图9　瑞枝宗祠

组成。"瑞枝公祠"四字用花岗石凿成并镶嵌于大门正方，大门屋檐下整齐排列着7幅长度不等的壁画，画有乌鸦戏水、春燕衔泥、渔翁钓鲤等。

瑞枝公祠右侧保留有1座7层碉楼，碉楼高约30米，共7层，每层约30平方米，用条石青砖砌成，每层四面都有数个瞭望口和射击口，为县里仅存的旧时防匪防盗建筑。

朗梓的古建筑除上述保存完好的古碉楼、瑞枝公祠、古民居等传统建筑外，还有护村石墙、牌匾、木雕、骨雕等历史文化遗存。其中：长150米，高7米的护村石墙，墙上古藤攀缘，人们喻之为"藤墙"。每到春暖花开，繁花似锦，人们又喻之为"花墙"。

76~78号民居院落

76~78号民居位于朗梓村建筑群中部，为两
进天井院落。入户天井一侧墙体原与道路呈斜交，
主人于临路一侧平行加建墙体与原墙体形成一处
三角形杂物间，其处理颇为巧妙。

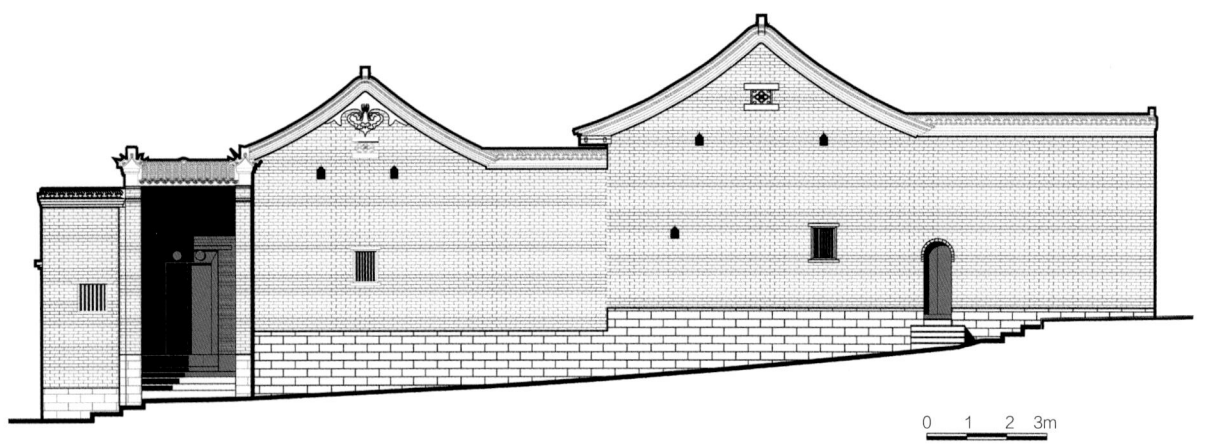

图10 76~78号民居立面图

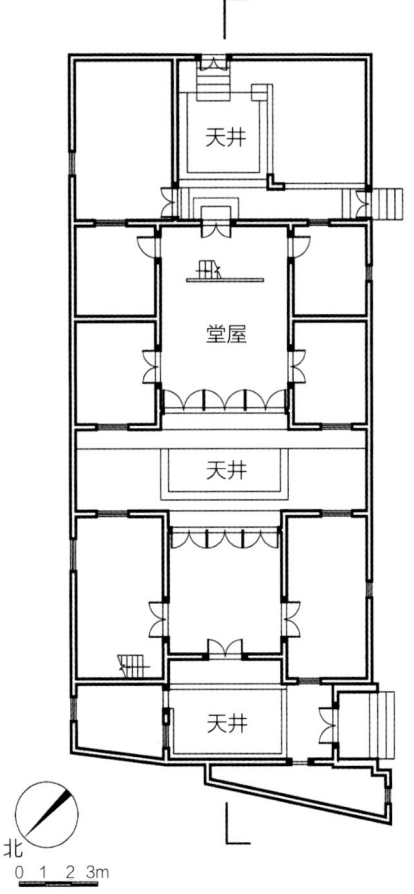

图11 76~78号民居一层平面图

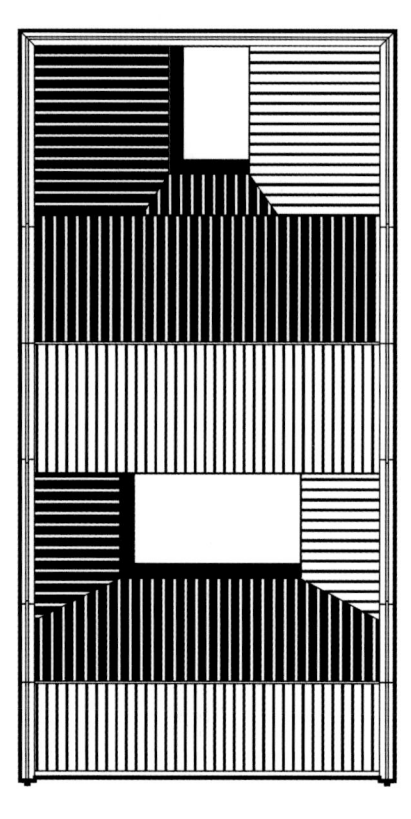

图12 76~78号民居屋顶平面图

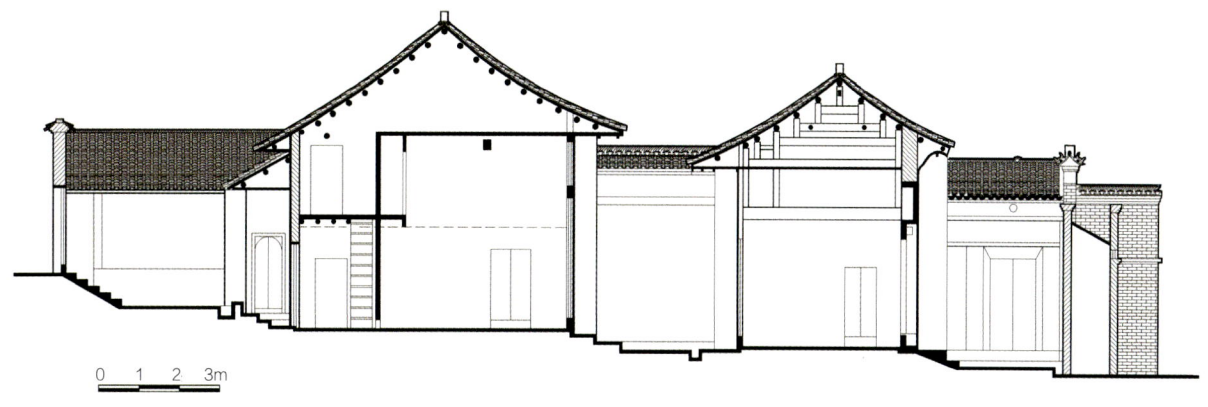

图13　76～78号民居剖面图

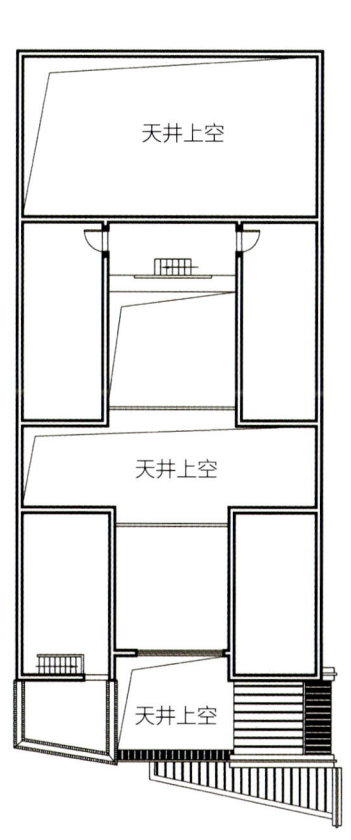

图14　76～78号民居二层平面图

图15　院落大门

09

恭城瑶族自治县	**220**
莲花镇　朗山村朗山屯	221
西岭乡　杨溪村杨溪屯	230

恭城瑶族自治县

恭城瑶族自治县（下简称恭城县）位于广西
壮族自治区桂林市东南部，为桂林市辖县。
东与富川瑶族自治县及湖南江永县交界，南
与钟山、平乐县毗邻，西接阳朔、灵川县，
北临灌阳县。全县总面积2149平方公里，
东、西、北三面为低山环抱，中间为一条南
北走向的河谷走廊，地形以山地和丘陵为主。

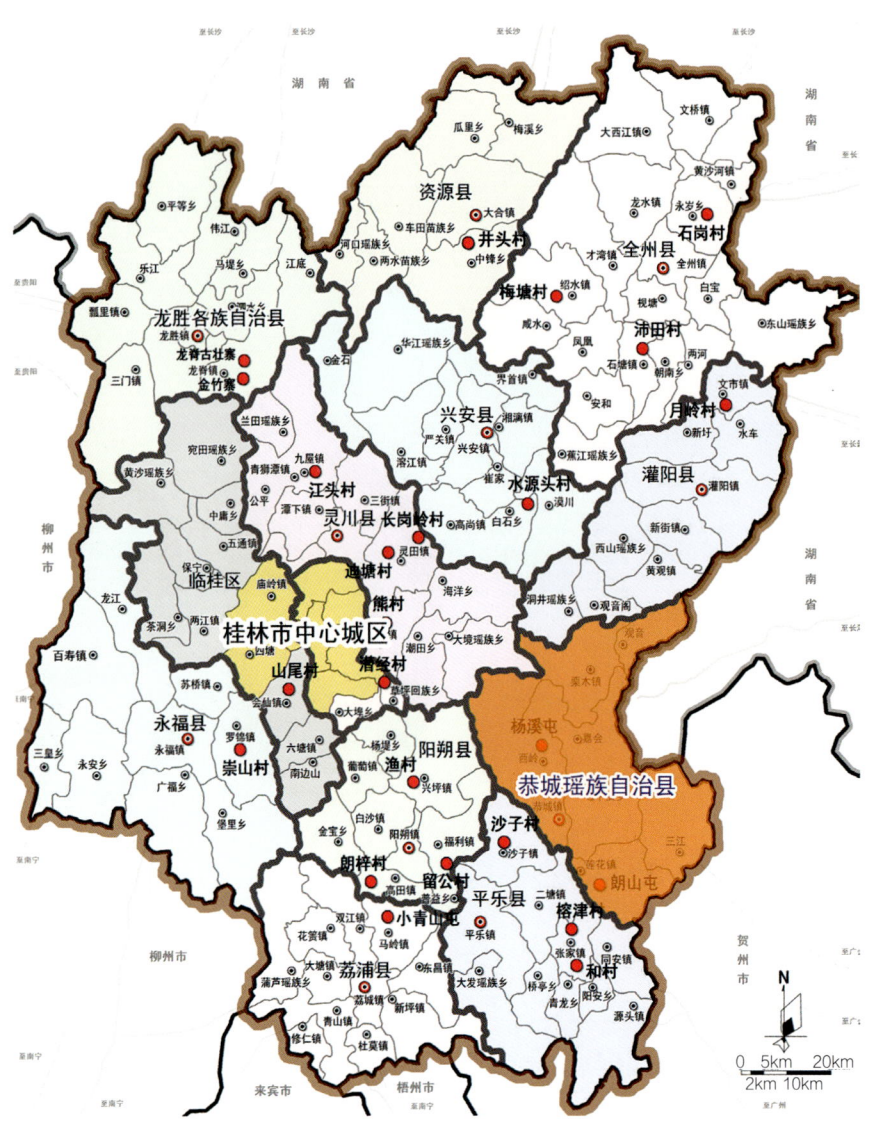

图1　恭城县县域区位示意图

莲花镇

朗山村朗山屯

村落概况

朗山村朗山屯位于恭城县南部莲花镇区东南方，距县城约18公里，距莲花镇约3.5公里，782乡道从村内穿过，交通便利。朗山村朗山屯为瑶族村落，除瑶族外还居住着壮族、汉族等民族，现有村民约720人，180余户，其中具有初中文化以上的村民占全村人口总数35％。村内有周、陈、石、覃、黄、赵、唐诸多姓氏，其中周姓人口最多，约有200人。2014年列入中国传统村落名录，1994年被公布为自治区文物保护单位。

朗山村朗山屯始建于清光绪八年至九年（1882~1883年），历史文化悠久。周姓祖籍河南上蔡，唐代时为避战乱从湖南道县迁至此定居，繁衍生息，称南坪源瑶，村中至今保持瑶话、瑶俗。周氏宗祠留有"光要体金滕意，耀祖惟参太极图"的文字，相传其先祖为《爱莲说》作者、创造了太极图的周敦颐。

图2　村域区位示意图

村域环境

朗山村朗山屯因背依朗山而得名，村落择朗山东麓而建，依山势自东向西排列，坐西朝东逐级上升。村前视野开阔，东侧有一溪流流过，是传统择地理念中的宜居场所。

朗山古民居择朗山东麓而建，依山势自东向西排列，坐北朝南，逐级上升，原有8座大院，现存6座，由此形成了一个南北长约250米，东西进深100米，占地面积约2.5万平方米的扇形建筑群。建筑的排列布局有其独特的功能性，居民房舍有院墙相隔，但又有侧门和巷道相通。如此建造，据说是发生火灾时邻里不会受到殃及，遇盗匪行窃抢劫时各房又可相互联防共同御敌。

图3 朗山屯村落格局示意

图4 村落局部鸟瞰

图5　民居内院

村落特色

传统建筑

朗山村朗山屯虽处瑶族地区，但其建筑风格兼融合了汉族文化特征，为广西区内现存的一处规模较大、建筑精美、平面布局规划科学的古建筑群，具有极高的艺术价值和研究价值。村内古民居建筑群建于清光绪八年至九年（1882～1883年），已有130多年的历史，共6座，每座古民居占地约300平方米，为汉瑶特色古建筑群。

古民居为清一色的清水砖墙，砌筑工整细致，封火山墙高低错落，构件花饰繁多，显示了往昔主人家的富足。在这6座古民居中，其中4座保存完好，为两进三开间带厢房院落。古民居的另一特点是马头墙构建花饰繁多，檐下有弧形翻卷的灰塑线脚，墙基转角处砌有整块石料，上面雕刻着牡丹、

菊花、蝙蝠等精美图饰。窗棂格扇多有雕花，内院墙面多开琉璃镂花窗。挑檐梁上的托峰刻麒麟瑞兽、花鸟虫鱼，出檐下有弧形木吊顶，多数堂屋置有做工精细的神龛。院落内也有丰富的彩绘壁画，除福、禄、寿、喜诸多的吉祥图案外，还有很多题词题诗。书法则有正楷、行书、篆体、隶书、魏碑等，更有意趣的还有反书，壁式壁画多达100余幅。

此外朗山古民居的木雕也十分精美。外檐的挑梁又称"挑手"，多用浮雕灵兽挑手，雕刻着花鸟虫鱼的挑梁与屋檩之间的连接构件多做成麒麟瑞兽形式。门簪、封檐板和雀替上有镂空的花饰图案，并绘有彩漆，精巧玲珑。

图6 朗山小巷（钢笔画）

图7　山墙翘角

图9　精美的壁画

图8　巷门

图10　窗花

特色水系统

朗山民居的水循环系统也颇为精妙，一条自东向西流淌的溪流在建造宅第时被充分利用，小溪源自朗山半山腰的龙眼泉，溪水沿各户山墙外流。每户山墙墙根下开有洞口，在厨房后引入户内，从厨房与正堂的侧门出来的水用来洗菜、淘米，从正堂与门楼之间侧门出来的水用于洗衣。饮水在溪流中提取，其他用水则在分出的小支流进行，方便而卫生。

图11　天井排水

其他历史遗存

朗山村朗山屯除上述保存完好的古民居建筑外，还有碉楼、寨门、青石方料的寨墙等。村头完整地保存着一座建于光绪十二年（1886年）的"惜字炉"，炉为六角形三层塔式建筑，据当地老人介绍，朗山村历代都出文人士子，常将不满意的手稿焚于塔内，从不乱扔乱丢，有良好的惜字风俗。

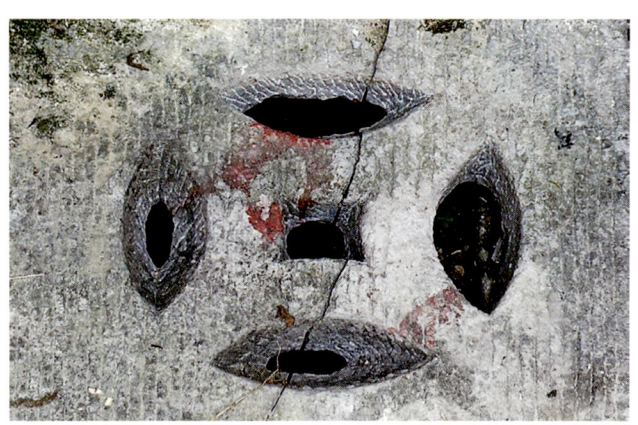

图12　雨水收集口

图13　碉楼

图14　惜字炉

建筑组群

建筑组群择朗山东麓而建，依山势自东向西排列，坐北朝南，逐级上升。宅院各户独门独院，相对独立，通过侧门及巷道相连，巷道口设防盗门，门侧砖墙留有射击口，门上下还遗留有插木栅的石孔。

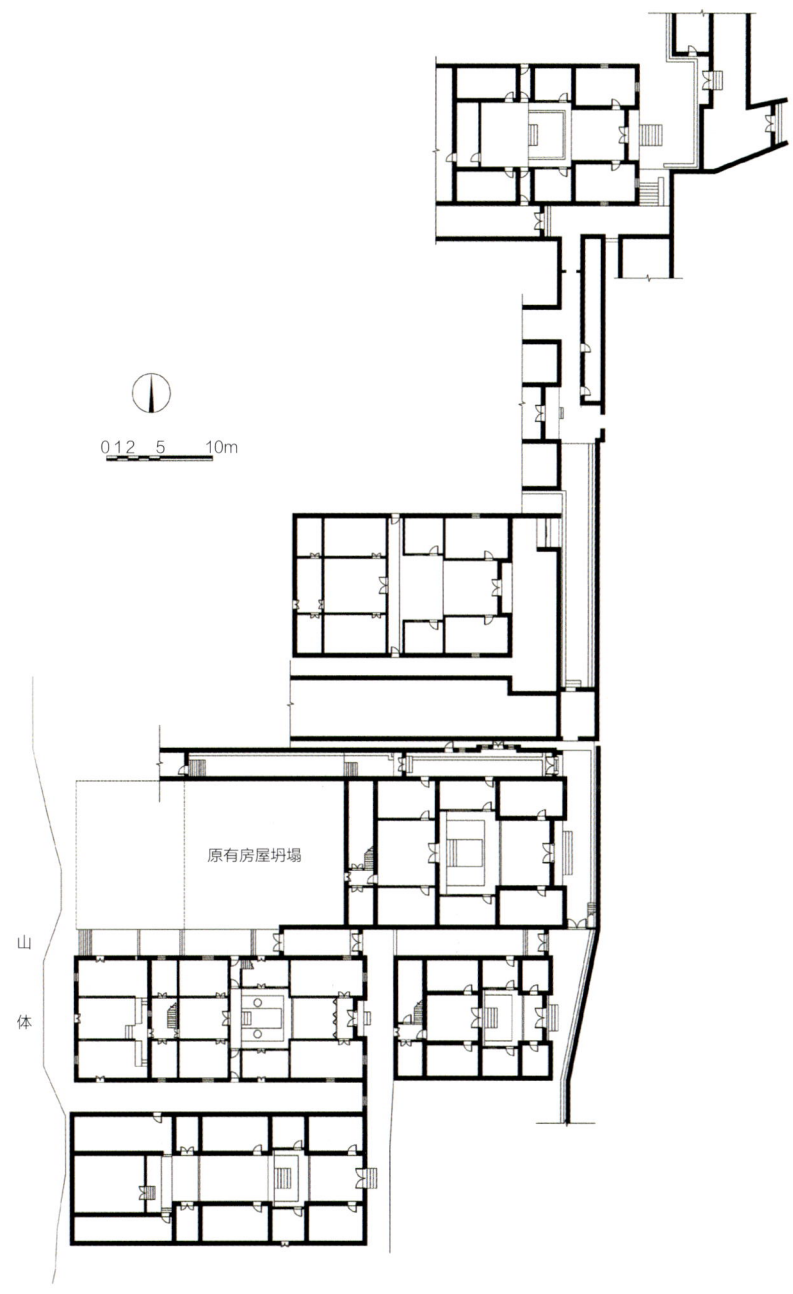

图15 朗山屯建筑组群平面图

185号周氏古民居

周氏古民居建于清末民初，已有100多年历史。三进院落结合地形逐渐增高递进，整栋建筑造型精致，细部丰富，雕梁画栋，美不胜收。堂屋正中神龛富丽堂皇，保存完好。

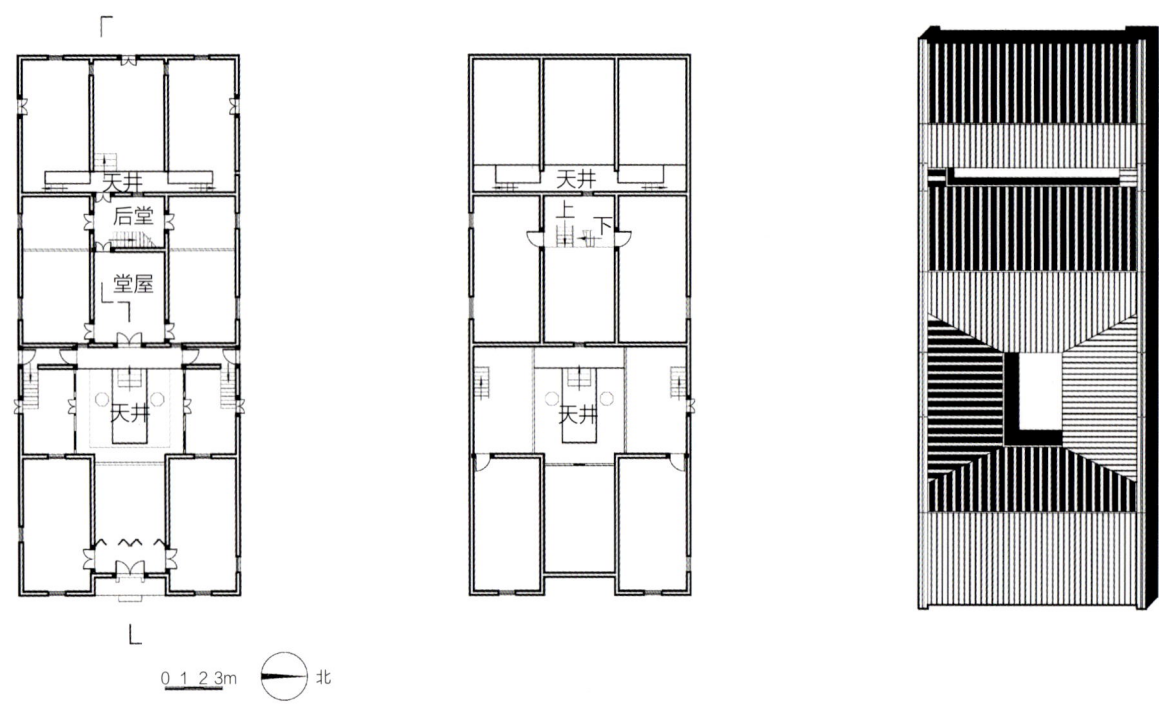

图16　185号民居平面图

图17　185号民居剖面图

图18 堂屋神龛（钢笔画）

西岭乡

杨溪村杨溪屯

村落简介

杨溪村位于恭城县西岭乡东北部，距离桂林市区约108公里，距离县约20公里，距离乡政府所在地约2.5公里，村落西南面有164乡道经过，交通便利。全村人口2800余人，下辖杨溪、朝川、凤凰、殷家洞、双溪五个自然屯，其中杨溪屯保存的明、清时期古民居最为集中完整。

杨溪屯现有村民200余户，1000余人，居住着瑶族、壮族、汉族等民族，其中以瑶族为主，姓氏主要为王姓。2014年杨溪村杨溪屯被列入中国传统村落。村落西面临峻山水库，北面有万亩月柿林，在农业生态发展上有显著效绩。村落现有基本农田约500亩，主要以种植果蔬及其他农副产品为主要产业，有柿子、桃子、水稻、有机蔬菜等，产品种类丰富。

杨溪王氏家族，其始迁祖王唐君于元末明初（1368年前后）自雷州府海康县（今广东省县级市雷州市）迁来，至今已传至第27代。村落最初定居在距现地约1公里的毛陂车田村，相传明朝初年，一官员巡视考察，因其村名拗口，便将村名改为双溪村。在双溪村，王氏家族5户人家总共居住了270多年，直到清朝顺治年间，族人从费村买了23亩地建起新村，新中国成立后新村改名为杨溪村。

图1 村域区位示意图

村落环境

村落以北面峻山为屏障，峻山形成环抱之势，阻挡着自北面而来的凛凛寒风，南面澄江水系呈环带状流经杨溪屯，因而这里气候适宜、水资源丰富，是传统择地理念中的宜居场所。村落的选址也与农耕文化有着密切的关系，村落四周地势平缓，土地肥沃，适宜就近耕作。同时村落北侧山脉阻挡了冬季冷风，南面开敞保证了充足的日照，体现了传统劳动人民适应自然的生存智慧。

杨溪屯从地貌特征上属盆地型，传统建筑多正面向水而建，整体呈坐北朝南态势，背有群山，前有澄江、古河道及渡船塘，四周良田万亩，果树成林。青山、绿水、古民居、生态田园交相辉映。

村落布局充分尊重地形地貌、河流水系等环境要素，与自然有机融合，在村落空间形态、建筑群体组合方式、街巷格局等各方面与自然环境形成有机的整体。村前古河道自古有之，属澄江水系，20世纪30年代，村民为防治洪水，对河道进行了重新整治，形成了现在村前河道。村落街巷由一条东西横向主巷道和多条南北纵向巷道构成，横向主巷道沿河流走向，在与纵向巷道交汇处，设有门楼依次排列，纵向巷道相对较为狭窄，联系各民居建筑，形成"一横六纵"的街巷格局。

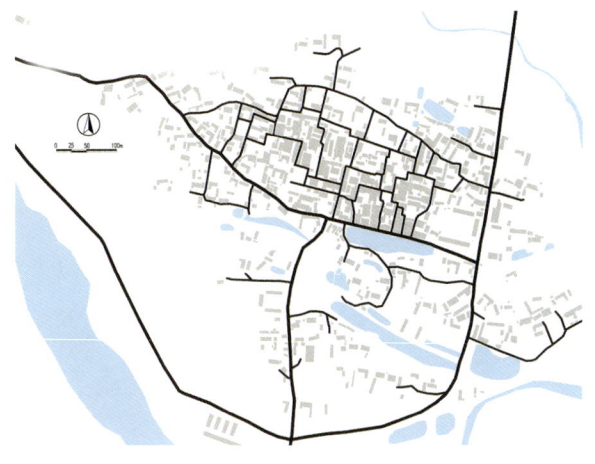

图2　杨溪村街巷格局示意

图3　村落一角俯瞰

历史要素

杨溪屯建筑多为清代时期始建，包括王氏宗祠、贻谷堂、兴隆庵及其他古民居建筑群。这些建筑多为传统院落式，鳞次栉比、屋宇高大。宅院用条石垒基，青砖墙到顶，灰瓦，内部为三开间木结构，窗棂雕花，天井为青石板铺地，光滑整洁，古朴典雅。

王氏祠堂：祠堂建于清朝康熙二十年，距今已有300余年，有前殿、正殿、东西厢房、厨间、横屋，占地面积约600平方米。入口走廊两侧立有清咸丰五年当时任四川彰明县知县王锡之祖父母的诰封碑，走廊外立有木栅，墙壁绘有古画16幅。

贻谷堂：建于清同治七年，属王赐祥家祖屋。其平面形式为"三厅二井"，从大门进去为前厅、天井，两边有厢房，往里是中厅，再进去是"倒天背"的天井和后厅。

兴隆庵：约建于在400多年前，1971年因修建杨溪小学，拆掉正殿部分，现仅保存前殿。

杨溪屯除上述保存完好的古民居建筑外，还包含有古门楼、古牌坊、拴马石、古井、照壁、古巷道、古河道、渡船塘等文化遗存。其中包括古门楼

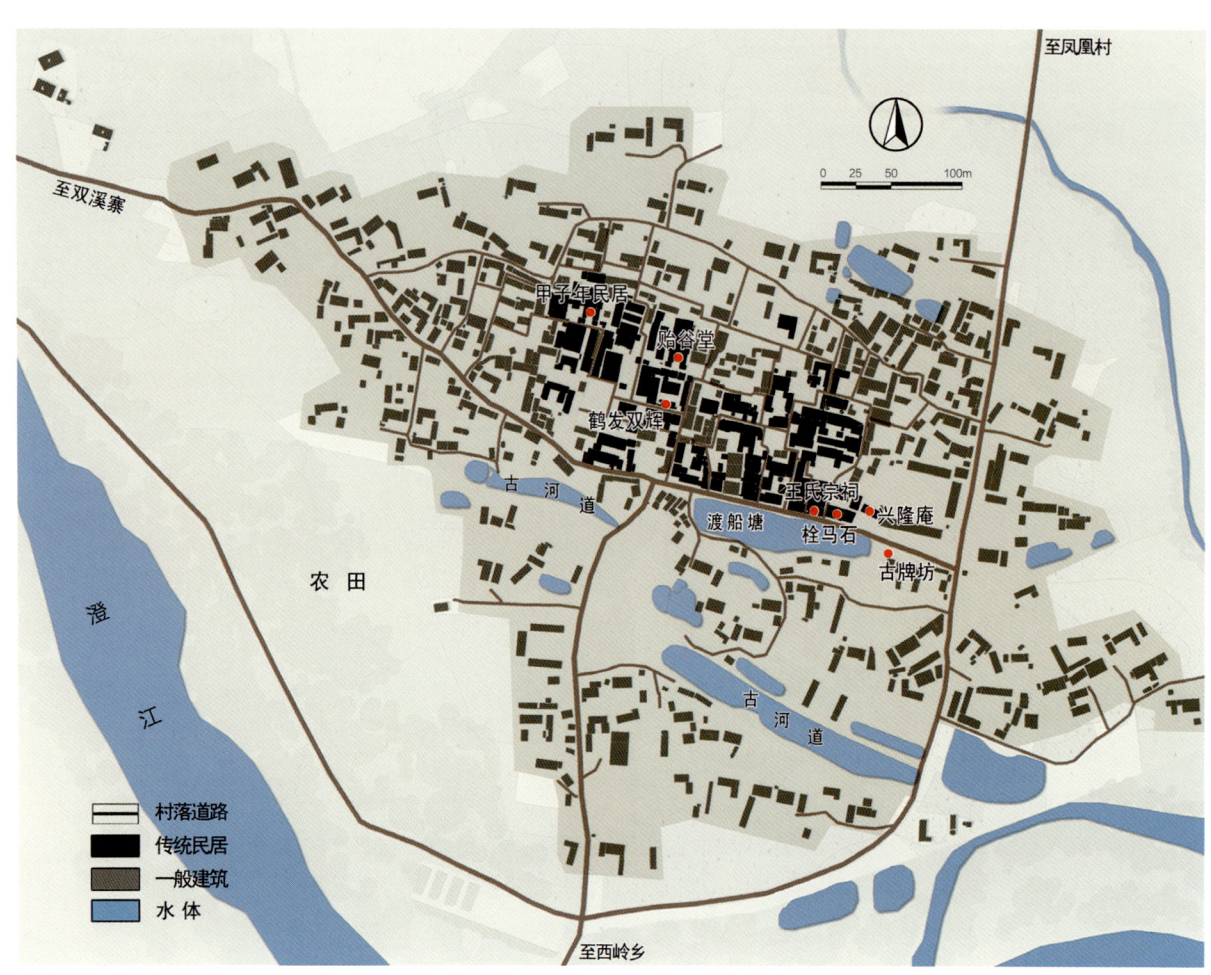

图4　杨溪村村落平面图

图5　兴隆庵

1处，即刺史第门楼，门楼为青砖建造，门梁采用木材，除了交通功能外，还起防盗的作用；古牌坊1座，位于村楼东入口，建于清道光八年十二月，是当时举人王聘之为其祖母、叔祖母青年守节，向朝廷申奏获准，由朝廷敕建；拴马石1处，位于兴隆庵正门前，用厚重青石雕铸，整个形状如一把大锁；古井3口，村落西面入口1口、村落中部2口；照壁2处，即门楼式照壁、福字照壁；古巷道6条，构成村落内部交通，巷道材料就地取材，采用澄江河岸边的鹅卵石铺设，简便实用。

杨溪屯内古树多沿村内水塘、横向主巷道而布，包括樟树4棵、冬青4棵、榕树1棵、罗汉松1棵。其中最大的一棵樟树树龄达280余年，位于村落主巷道中部，罗汉松位于贻谷堂入口，其余古树树龄均已逾百年。

图6　进士第

图7　甲子年民居

图8　刺史第门楼

图9　贻谷堂天井

图10　刺史第内院

图11　石牌坊

图12　诰封碑

图13　门楼式照壁

贻谷堂院落

贻谷堂是杨溪屯中规模最大，保留最完整的民居，建于清同治年间。建筑入口外设围墙、院落与村中小路隔开，入口设前厅，小天井，整个入口空间十分讲究。堂屋牌匾上书"兄弟登科"，记载了王聘之、王锡之兄弟在清道光年间中举的事件。不同于其他民居建筑精美的木雕门扇，贻谷堂中厅木门设置了可上下推拉的木板隔扇，向下拉开变成洞口，利于夏季通风。

整栋建筑坐北朝南，大门开在东南角，入口为门厅、天井，往里是中厅，天井和堂屋，两边设厢房，再往里是天井和后房。平面最大的特点是专门的入口空间和布局的左右对称。院门建在建筑东南角，建筑的入口立面即东立面，可以清晰看出建筑院落的布局为"天井—房屋—天井—房屋—天井—房屋"其中第二进天井和房屋的规模最大，即为堂屋所在。有趣的是，堂屋前天井通向室外的通道开设的是圆拱门，其他通向室外的都是方形门。

整栋建筑为砖木混合结构，为了节约木料，采用了将屋顶梁直接架在砖墙上的做法。利用坡屋顶空间设置夹层，并根据房屋使用功能的不同相应调整，堂屋层高最高，前厅、后厅次之，堂屋后过厅与厢房层高最低。

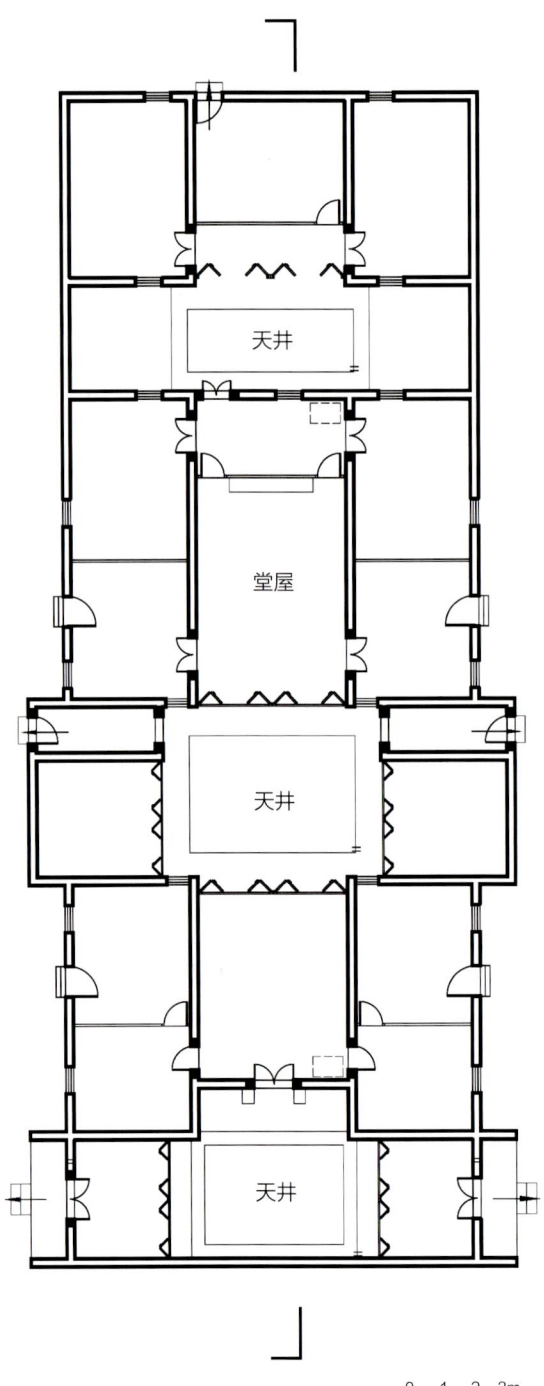

图14 一层平面图

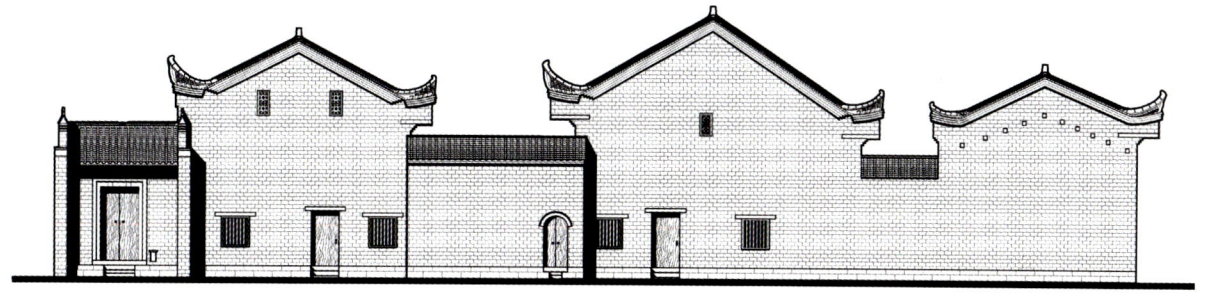

图15　立面图

0　1　2　3m

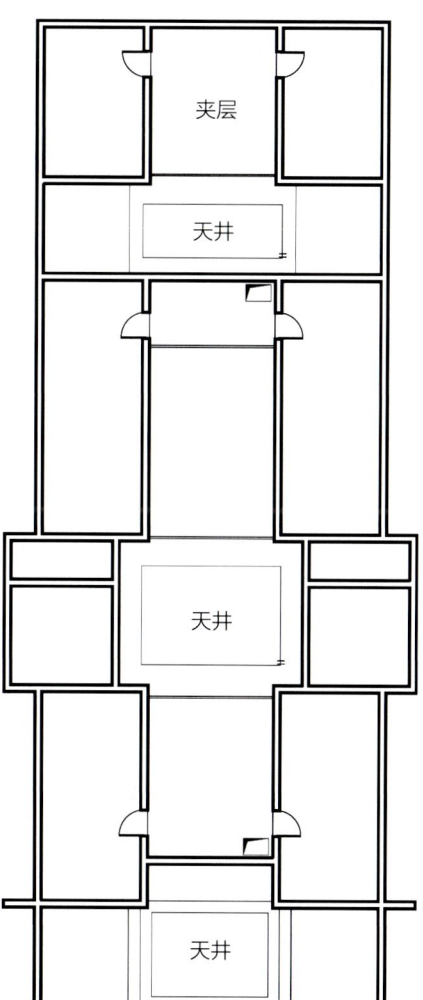

图16　二层平面图

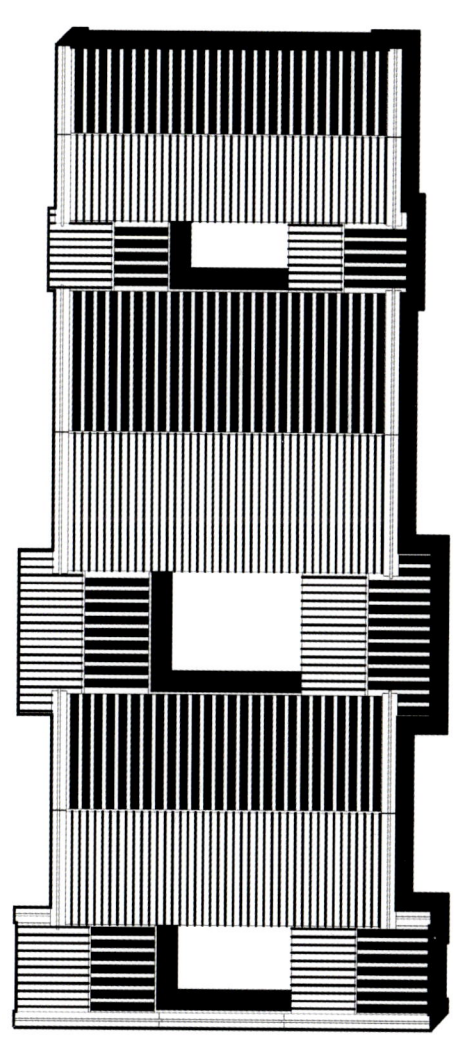

图17　屋顶平面图

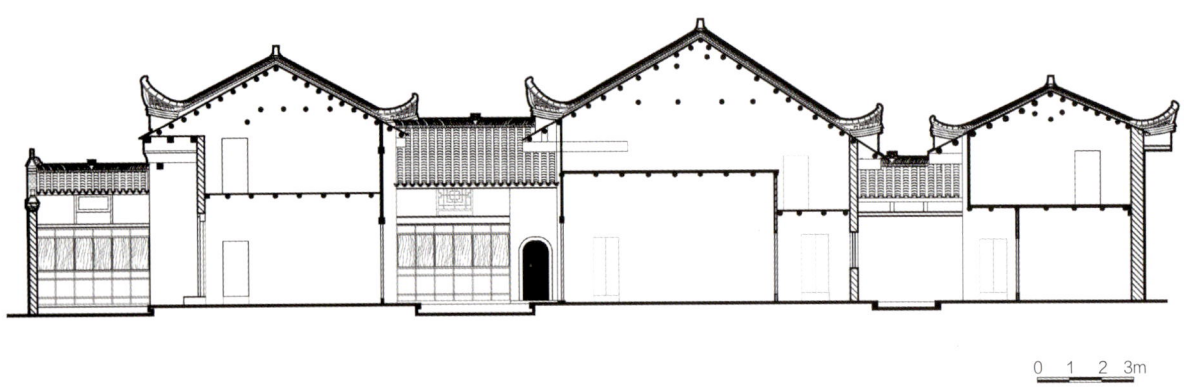

图18 剖面图

图19 大门

图20 堂屋神位

桂林传统村落勘录

木雕花格

图21　窗棂花格1

图23　木雕窗花

图22　窗棂花格2

10

荔浦县   242

马岭镇　永明村小青山屯   243

荔浦县

荔浦县，始建于西汉元鼎六年（公元前111年），位于广西壮族自治区东北部，桂林市南部。东连平乐县，西接柳州市鹿寨县，南与梧州市蒙山县、来宾市金秀瑶族自治县、贺州市昭平县交界，北与永福县、阳朔县毗邻。荔浦河自西向东蜿蜒入漓江，贯穿全县，其支流有马岭河、蒲芦河、修仁河等河，呈扇状分布全县。荔浦县是"文场"戏剧的发源地之一，被中国曲艺家协会授予"中国曲艺之乡"称号，是一个具有2000多年历史的古邑。

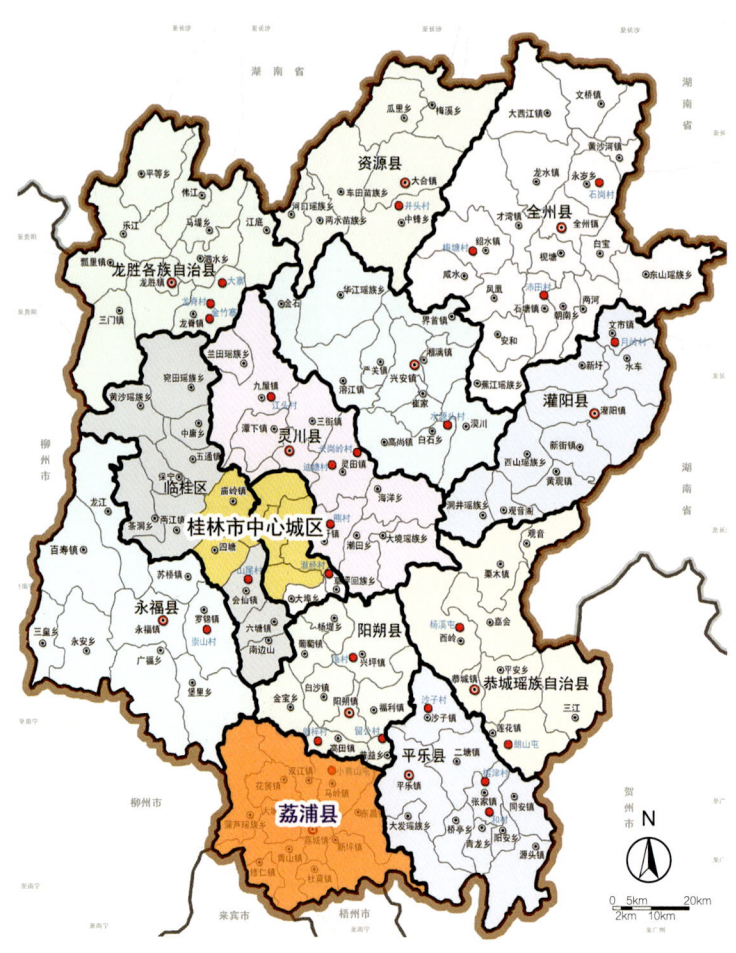

图1　荔浦县县域区位示意图

马岭镇

永明村小青山屯

图2　村域区位图

村落概况

小青山屯（又名银龙古寨）位于桂林市荔浦县马岭镇东北部，距离荔浦、阳朔两县城均约20公里，与321国道相距约500米，交通条件便利。小青山屯是由龙姓人家组成的血缘村落，现村中居住着邓、龙、李三姓人家，村民绝大部分姓龙，现有人口约50户，350余人。2012年小青山屯列入中国传统村落名录。村前大道旁的马岭古墓群为自治区重点文物保护单位，此墓群庞大，早至东周、西汉时期。

小青山屯始建于北宋末年，宋仁宗皇佑年间（1053年），狄青率部南平叛乱，其先锋杨家将之后杨文广屯兵马岭镇镆鎁关小青山周边为营，现在营盘遗址尚存。传说杨文广为震摄"南蛮"，铸将军铁帽百余斤置寨前一山岭，非膂力不能取之。此铁帽历经数百年，在近几十年才遗失。战事平息之后，士兵依小青山建房舍以休养生息。小青山生于石上的千年古榕树（树包石），据推测为宋人所植。

村落多数居民姓龙，其先人为明朝万历年间进士，显赫一时。村周连绵的山峦犹如一条飞龙昂首，村落又傍银子岩溶洞，故取"银"、"龙"二字，称"银龙古寨"。据《龙氏族谱》记载，龙氏之肇基主彦海公于明朝中期迁徙至此，距今已有500多年的历史，繁衍20余代，现有龙氏后人2000多人。

图3 小青山许愿亭

图4 小青山

村域环境

图5 小青山屯村落平面图

村落四周群山环抱，地处天然小盆地中，连绵的山峰犹如一条巨龙昂首腾飞，寓意子孙后代飞黄腾达。小青山和朝寨山恰似玉柱擎天，清溪环绕，古树参天，是一块宜居之地。此外村落的选址还体现了古人顺应自然，与自然相融合的意识。村落水资源丰富，常年不会干旱，且北部靠山，南面开阔，保证冬天背风向阳，再者农业经济要求有相对宽阔集中的田地可供耕种，种种条件，皆极其优异。

小青山屯以荷花池为中心，建筑绕池而建，依山势坐北朝南，青山、绿水、房舍、池塘有机融合，体现了天人合一的思想。村口有寨门把守，称祥履门，房屋座座相连，由巷道相沟通，高墙深巷，体现了一定的防御功能。

历史要素

小青山屯内留存下来的传统建筑为明中后期所建，历经清代而成规模。现存明、清建筑约8座，占地约4000平方米，民居建筑形制基本一致，这些宅院均为传统院落式，呈典型桂北民居特色。屋宇高大，用条石垒基，青砖墙到顶，灰瓦屋面，三开间木结构，窗棂雕花，天井为青石板铺设，光滑整洁。

小青山屯包含丰富的历史文化遗产，除上述保存完好的古民居外，还有凉亭、水碾作坊、寨门、牌匾、古村规、石碑等。其中凉亭1座，水碾作坊1个，寨门7座，牌匾1面，古村规1份，石碑2座。

古寨门：整个村中共有巷道12条，每条巷道均设有寨门，主要包括思文门、崇武门、仁慈门、德心门、劳心门、安定门、怡情门、中兴门等，寨门采用砖石修砌，造型古朴，构成一个攻防兼备的体系。

凉亭：凉亭又名许愿亭，位于小青山的半山腰，供人们登山休息，默许心愿。

水碾作坊：寨中荷花池旁的水碾作坊建于清初，由两个碾米坑和一个磨盘机组成。打开水闸，蓄积的水奔向转盘，带动木槌砸向晒干的谷子。整个碾米过程，缓慢而富有韵律，咿咿呀呀的响声和流水的搅动声交织在一起，似乎回到古老的岁月。这种原始的作坊，在人们的生产、生活发挥着重要作用。20世纪90年代，因成为危房而被拆除重建。

图6 "进士"第大门

图7 通往安定门的巷道

龙氏古宅

龙氏古宅位于秀丽的青山绿水环绕之中，风景优美，南面背靠小青山，北临葱郁良田，建筑约有300年历史。建筑院落由两部分组成，进入入口大门为第一部分，由厨房、厢房及牲口房组成L形院落；第二部分为传统天井居中的堂屋、厢房、书房的组合。书房外毗邻天然水塘，现在仍可看到当年临水读书亭的残留柱础。

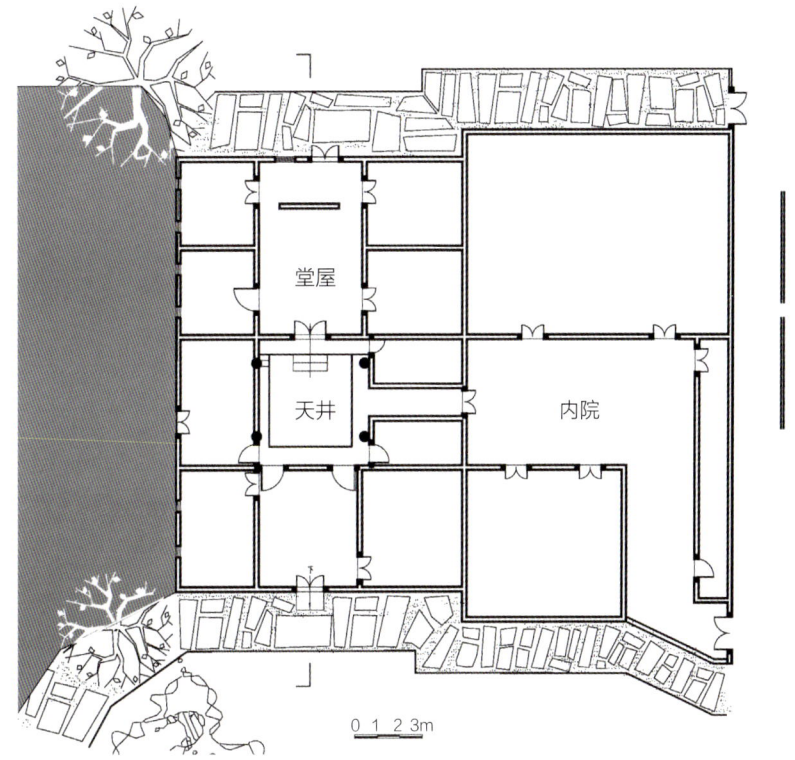

图8　龙氏古宅平面图

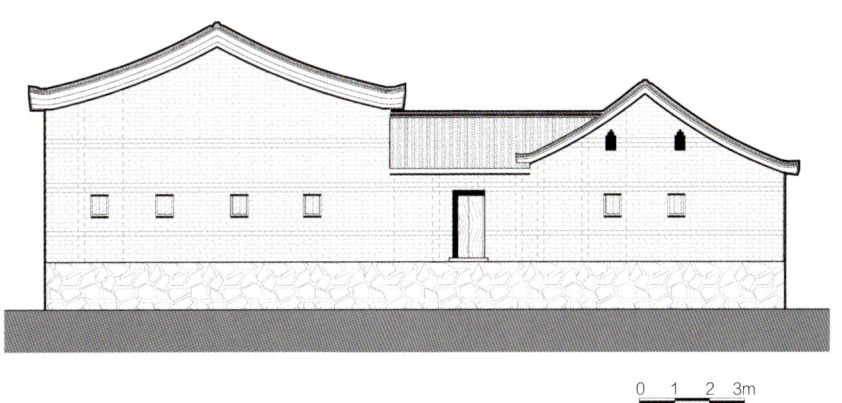

图9　龙氏古宅立面图

图10　书房外水塘

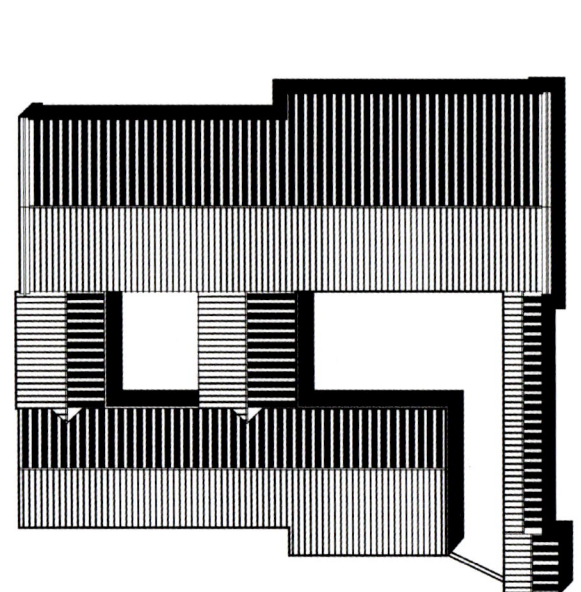

图11　龙氏古宅屋顶平面图

图12　古宅入口

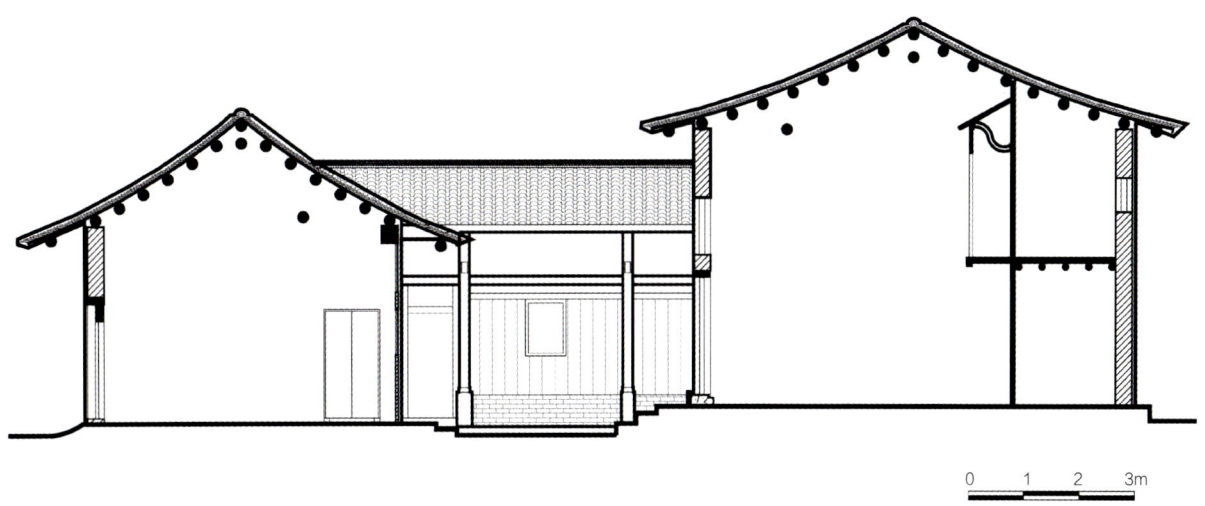

0　　1　　2　　3m

图13　龙氏古宅剖面图

图14　天井院落

11

平乐县	252

沙子镇	沙子村	253
张家镇	榕津村	262
张家镇	和村	274

平乐县

平乐县，古称昭州，隶属于广西壮族自治区桂林市，位于桂林市东南部，东临钟山，南接昭平，西北毗邻阳朔，北连恭城。漓江、茶江、荔江三江在平乐县城汇成桂江，县城为漓江分界点，以北称漓江，以南称桂江。平乐县是桂北地区唯一通达粤港澳地区水上出口的运输通道，有"黄金水道"之称。

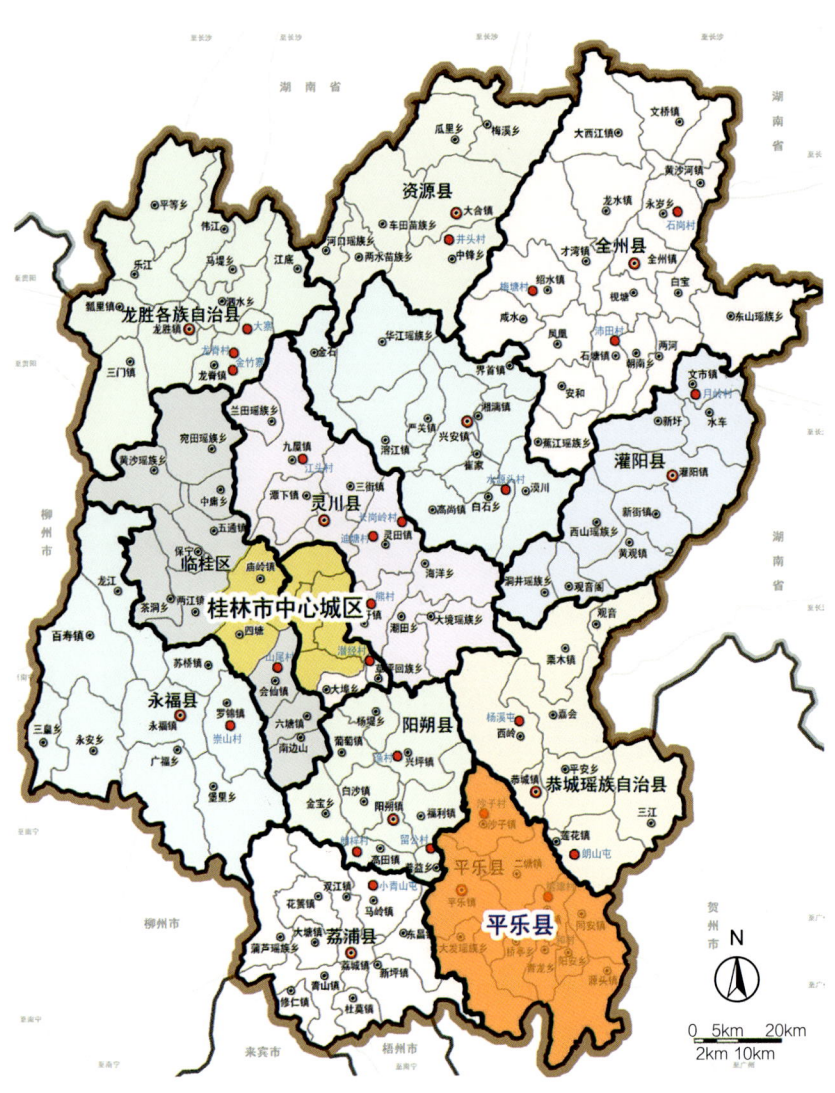

图1　平乐县县域区位示意图

沙子镇

沙子村

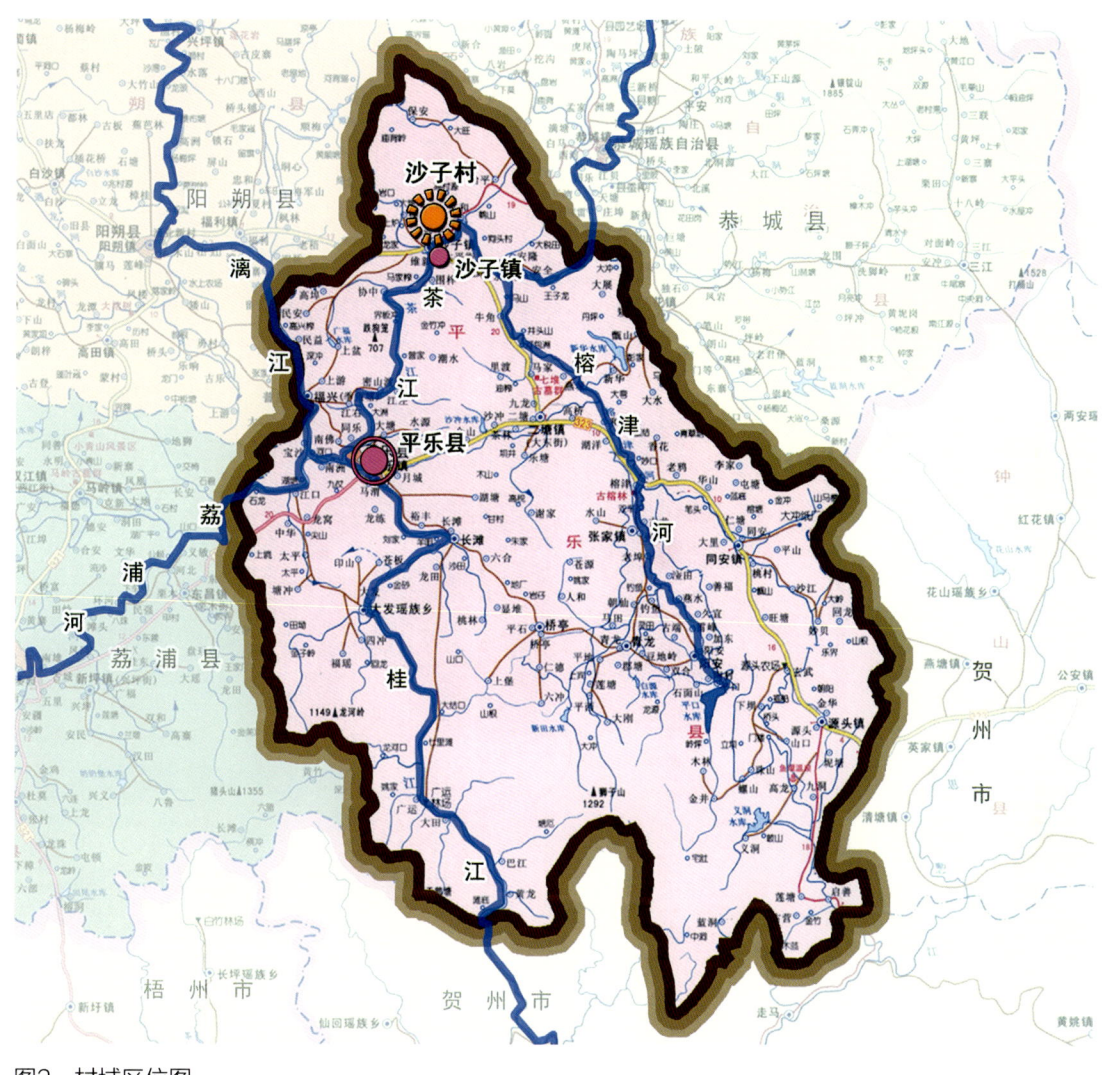

图2　村域区位图

村落概况

　　沙子村距平乐县城约30公里，距阳朔县城约20公里，距恭城县城约19公里，163省道从这里穿境而过，连通桂林与梧州两大城市，位于平乐、恭城、阳朔三县城交界处的沙子村，是昭州古城平乐县的北大门，地理位置十分优越。

　　沙子村始建于唐朝，为岭南千年古村落，村落的范围从厄子头至石拱桥，全长约2公里。现有村民约480户，约1800人。2012年被列入中国传统村落名录，村内狮子桥为平乐县重点保护文物。

图3 茶江

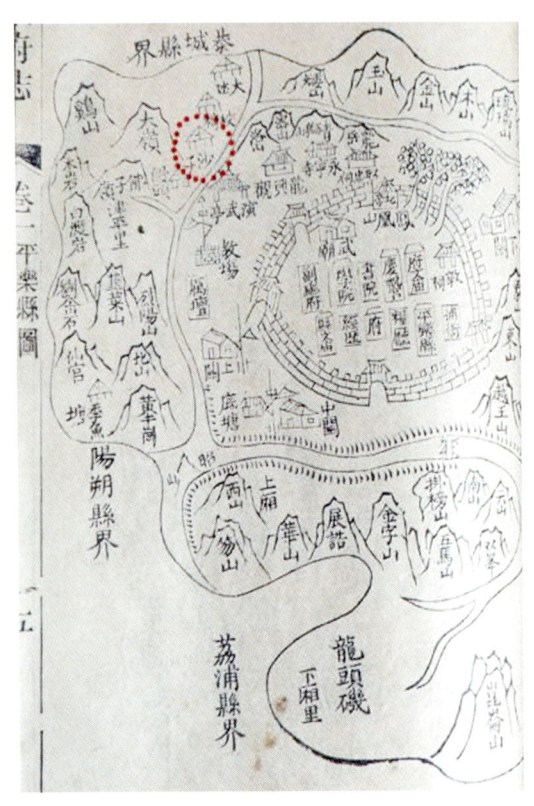

图4 平乐县图局部

沙子村原是村民为了便于行走，从河中捞取河沙铺砌街道而得名。光绪三十三年（1907年），村民到治平老鼠山村凿取石块，用数以万计的长料石铺设村内道路，因而也得名"沙子石板街"。早在唐朝初年，沙子村已经是茶江河畔最为繁荣的村落。因湘桂驿道从这里经过，又邻茶江之畔，水道交通便利，这里便成为连接湘桂粤，沟通桂南与桂中的交通要地，也成为了南来北往商贾云集的地方。沙子石板街头至今还保存有唐驿道。沙子镇街道素有"三湾九塘十八巷"之说，因年代久远，"三湾九塘"早已消失，只有"十八巷"至今还在。

据《平乐县志》记载，沙子村近代还涌现出一批知名人物。如地方农民起义领袖杨西安，就曾久踞平乐县沙子街。1852年杨西安响应洪秀全起义，反抗清政府，集合多路义军，没收豪绅财物，开仓济贫。麦焕章，1905年加入同盟会，辛亥革命爆发后，麦焕章积极响应，慷慨陈词，宣传救国救民思想，引导进步人士加入革命队伍。抗战爆发后，麦焕章奔走各方，呼吁各地人民团结抗日，并代表广西政府出席国防最高委员会，诩赞中枢，主张一致对日作战。1926年3月，进步青年黄资生、黄在中等在沙子成立了第一个农会——沙子区协和左团博爱村农民协会，农会成立后，立即带领农民开展一场浩大的斗争。1930年2月地主勾结湘军进入沙子，将农会领导人黄资生、黄在中杀害，农会斗争失败。

村落格局

图5 沙子村村落平面图

村落选址背山面水，背靠大岭主山，左有令公山、牛牯山相护，西南侧场地平坦开阔，土地肥沃可供耕种，前有茶江流过，且有支流环绕，便于生活及物资交流。沙子老村沿茶江而建，呈

纵向的"一字形"，有明显的主轴，"三弯九塘十八巷"是对沙子古村格局的高度概况。

村落由一条平行于茶江的主街和18条横向小巷构成，主街全长约1.4公里，有三处"之"字形的转折，共分四个街段，由东北向西南依次为景仁街、仁里街、崇德街、太平街。主街又横向分叉出18条小巷，有石榴巷、当铺巷、茶岭巷、双闸门巷、莫福利巷等。据沙子古街上的周经生老人介绍，沙子古镇旁原有9个水塘，这与沙子古镇的建造历史有关，人们搬迁至沙子古街时，建造房屋的墙体均用泥土夯实而成，村民就近取土，该处洼地逐渐形成深坑，汇集雨水而成水塘。

图6　茶江江畔景色

图7　石板街旁民居

图8　巷道闸门

传统建筑

沙子古村建筑皆沿主街、茶江而建，排列整齐有序，多为居住、商业混合型古民居，造型简洁古朴。居住、商业混合型民居分布于老街两侧，为1至2层，每栋山墙相连，沿街面整齐，青砖、木架结构，屋面高低错落，正面两侧突出约1米墙垛，墙垛顶端多为石雕装饰。

景仁街尾保留有一座建于清光绪年间的上行宫，建筑面积约800平方米，由两进院落组成，前院有一古屋，正面为圆形大门，上书"古鉴今观"，两侧各有拱形侧门，其木梁斗栱用料讲究，木雕精美。沿茶江边的石板街上还保存有享有"广西第一当铺"美誉之称的沙子当铺，当铺为7层高楼，原为光绪初年开设，屋内螺旋楼梯、梯形货架直至顶层，连通浦口一座，共占地456平方米，其中当房390平方米。村落南面保存有广西唯一一座准提佛母寺，该寺初建于明代，清光绪十六年（1875年）重修，整座寺庙高大雄伟，现仅存前殿及山墙，其余损毁严重。

图9　准提寺

图10　沙子当铺

图11　古当铺

图12　上行宫

图13 古榕

图14 沙子村街道

沙子石板街

沙子石板街建于清光绪（1875~1908年）年间，全长约1.8公里，宽约3米，路面青石铺装。街道两侧保留有古铺面400余间。石板街两头原建有石牌坊，"文革"时被毁。

古树

沙子村内保留约有15棵古榕树，树龄均已超百年，主要沿茶江边分布。

古石桥

沙子古村西南面，有一气势雄浑的石拱桥——狮子桥。古桥由西向东架设，横跨茶江支流，桥全长约30米，高7米，宽4.2米，桥有一大两小三拱，大拱为主孔，跨度6.1米，东端两小拱供泄洪防护之用。桥面两侧护栏各由5根石柱和4块石板镶嵌而成，两侧石柱顶端共雕有8个栩栩如生、形态各异的石狮，桥栏石板上刻有动物、花鸟、人物等浮雕，其中中部桥栏石板上刻着的《樊梨花征西》、《张果老骑驴》等浮雕，线条流畅。桥栏两侧无论是石柱上的石狮抑或是石板上的浮雕，从雕刻风格和制作工艺来看都迥然不同。据沙子古街上的老人们说，原来此桥是由广东会馆和湖南会馆共同建造，两个会馆各请了一班石匠，因而桥栏两侧的石狮雕像和屏风石板上的浮雕风格迥异，体现了湘粤雕刻文化的差异。1989年狮子桥公布为平乐县文物保护单位。

图15 狮子桥

图16 石雕栏板

图17 石雕望柱头

建筑院落

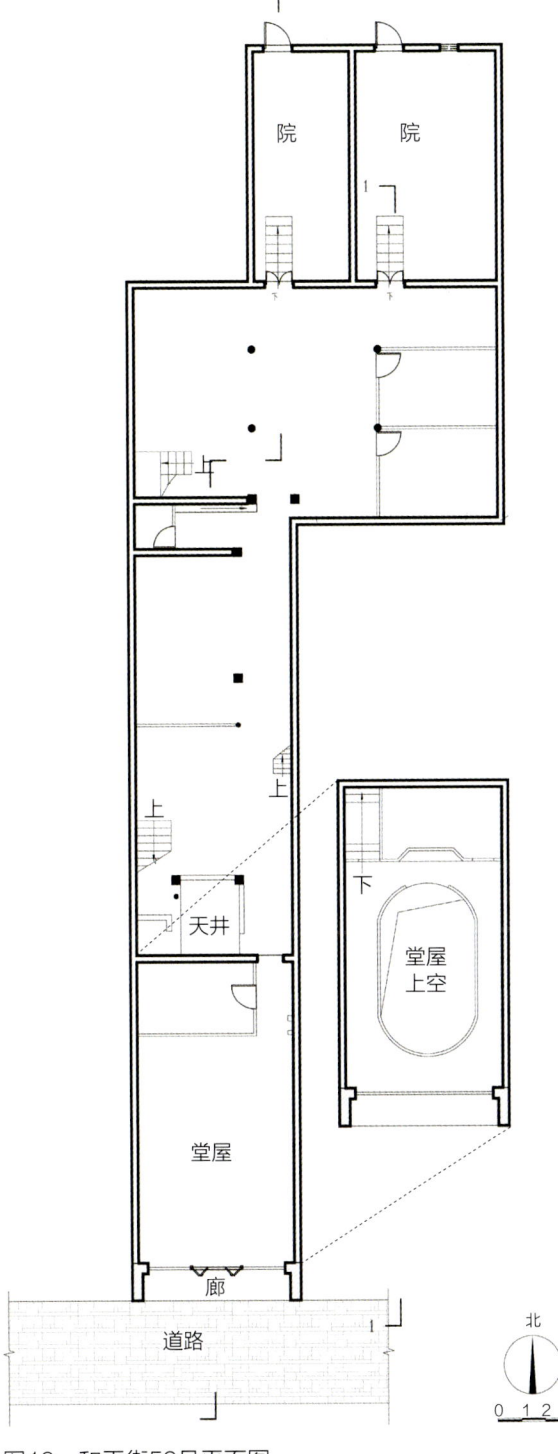

图18　和平街59号平面图

和平街59号

和平街位于沙子村著名的商业石板街中段，其中的59号民居是沙子村规模较大、保存较完好的代表性民居。其特点是贯通上下二层的堂屋，以及入口山墙向道路凸出约1米墙垛。和平街59号民居是典型的前店后坊式建筑，由于用地缘故，建筑入口处较窄，三进房屋排列紧凑。第一进正房规模最大，二层，进深约12米，总高约10米，是店铺所在；穿过一个约3米的内天井，是第二进单层作坊及储藏用房，进深14米，高度约6米；紧接着是第三进生活用房，二层，进深约8米，高度约8米。

图19　二楼栏杆

张家镇

榕津村

图1 村域区位示意图

村落概况

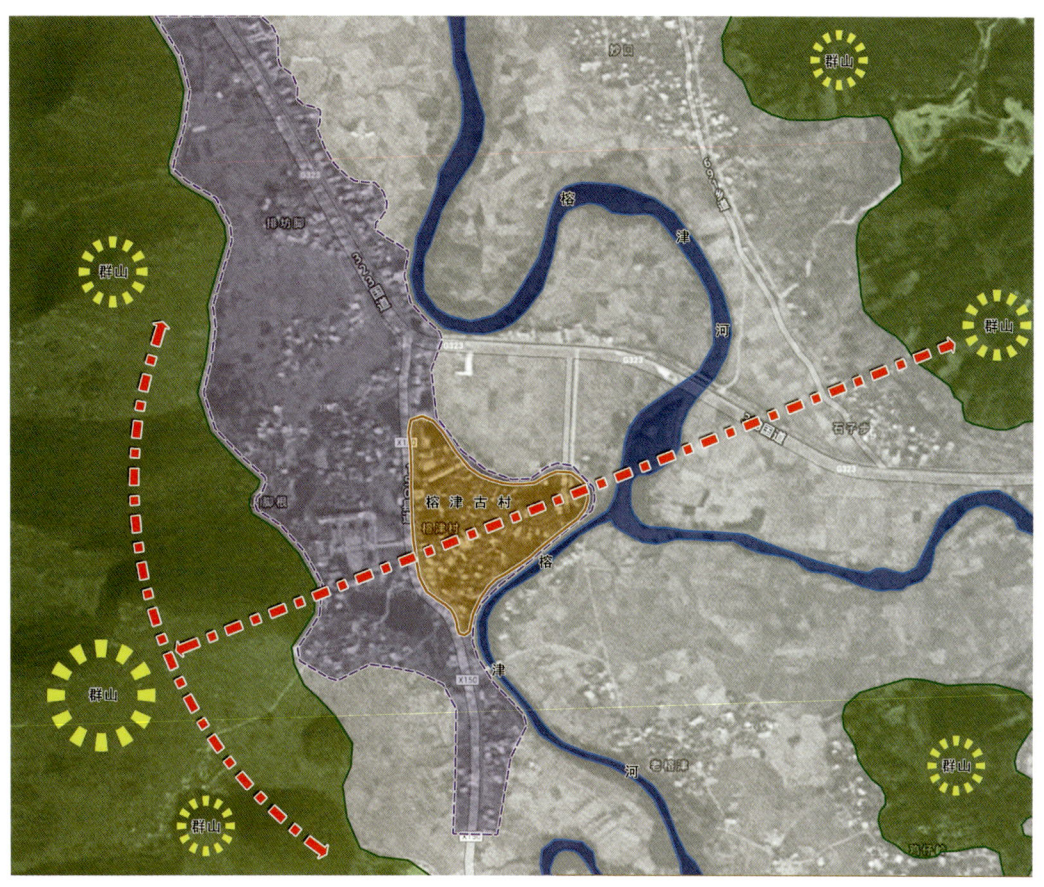

图2 村落外部环境分析

榕津村位于桂江支流榕津河和沙江河的交汇处，平乐县张家镇北面，距张家镇镇政府所在地约5公里，距平乐县城约25公里。村庄占地约258亩，现全村约有1380人。

榕津村始建于宋绍兴元年（1131年），距今已有近千年历史。旧时曾经是商贾云集，商品交流的集散地。"榕者，榕树也；津者，渡口也"，榕津村因有千年古榕群，又有直达平乐府的大河码头渡口而得名。榕津村以古榕、渡口为名，村内古榕成群，塘泽密布，古商业街保存完好。2012年列入中国传统古村落名录，2010年公布为自治区历史文化名村，1995年村内的粤东会馆公布为平乐县文物保护单位。

因村头的榕津河能直通桂江达广州，且其处于现在钟山县、恭城县、平乐县三县的中心点，故榕津村逐步发展为一个物流集散地。榕津还是桂剧的发源地。在中国戏剧界一直流传着"中国桂剧在桂林，桂林桂剧自平乐，平乐桂剧源榕津"的说法。据《平乐县志》记载，光绪三十三年（1907年）春天，榕津街告老还乡的廖保龄，独资从桂林请来桂剧名伶林秀甫、刘吉甫等人为教师，开办了桂剧科班。从此，桂剧便在榕津扎根，并在平乐传播开来。

村落格局

　　榕津村依水而建，在其发展早期是沿着榕津河和池塘南北向呈带状布局，随着村落规模的扩大，遂由滨水形态向平原村落形态转变，道路也从原来联系水道的南北向为主，转变为以陆路为主的道路系统，通过东西方向的两条道路与榕阳公路相联系。村落具有明显的西北—东南走向的主轴线，古村内街道分为三纵两横，将村落分为6大块，建筑沿主街整齐排列。村落整体布局完整有序，肌理清晰，具有较高的历史研究价值。

图3　榕津村村落街巷格局

历史要素

榕津选址于榕津河西岸，榕津河两岸为溶蚀平原，其特点是地势平坦，土层肥厚，利于耕种。在陆路交通不发达的过去，货物流通只能靠桂江水运实现。从榕津船行向北可达桂林，向南可抵梧州、广州。早在宋朝初年，榕津就吸引了福建、江西、广东、湖南等地商人前来经商，榕津先是成为区内外的盐业经销大市，继而发展成岭南地区颇具规模的商品集散地。鼎盛时期有各类店铺200余家，随着商业的繁荣，人们在榕津定居下来，建起了一幢幢青砖瓦舍，形成了现今的古街风貌。

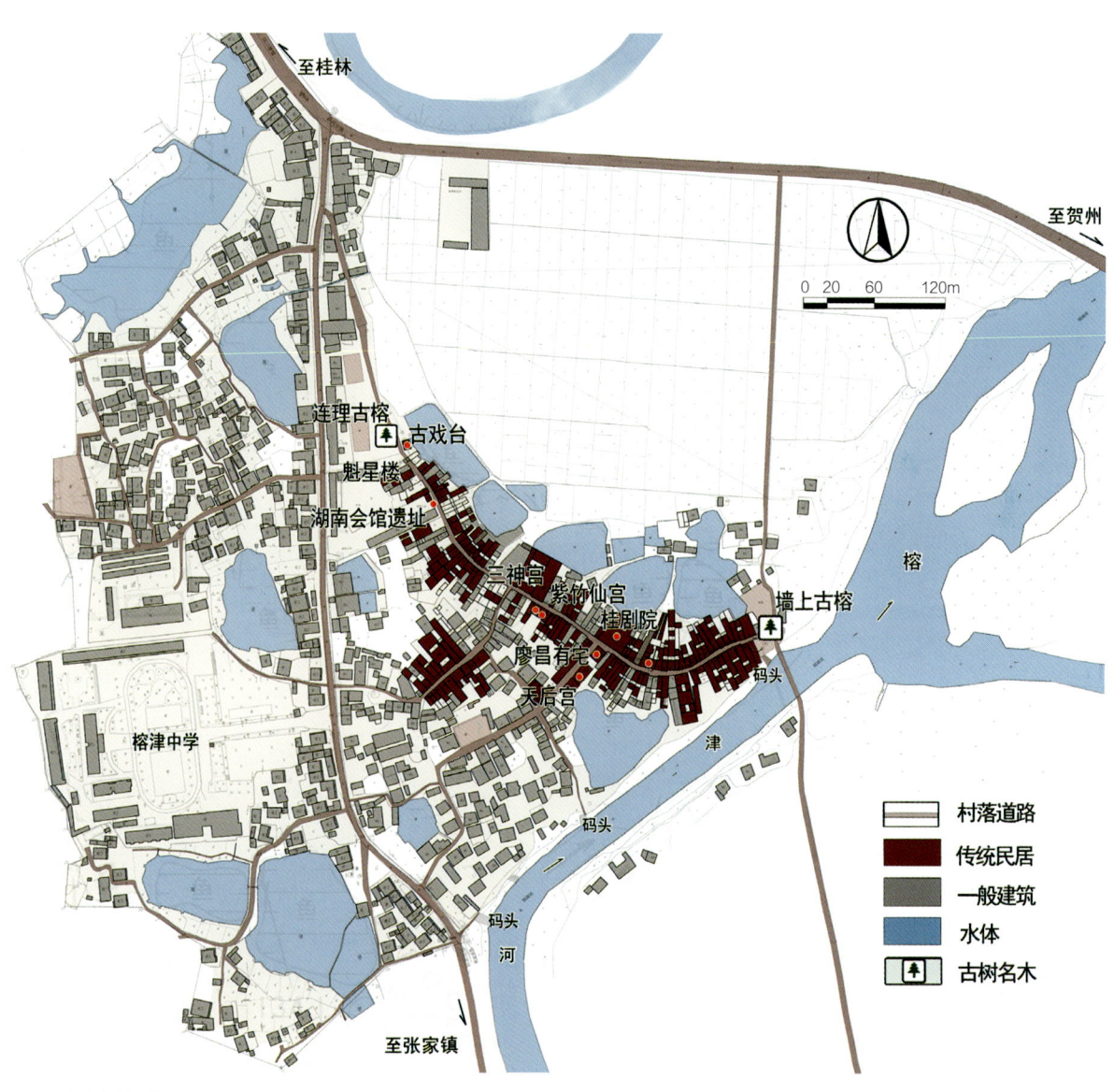

图4 榕津村村落平面图

图5 天后宫

图6 粤东会馆

传统建筑

榕津村古街两侧店铺林立，至今尚保存有120余间明、清和民国时期的建筑。店铺民居受岭南建筑文化影响，多为二进或是三进式，门槛由整条青石做成，脊饰及花窗多用彩瓷，檐口横梁以木雕装饰，图案精美。古街内的太平门、魁星楼、粤东会馆、天后宫、古戏台、三神官、紫竹仙宫和一些商人故居都保存较为完整，各个时期的墙头造型、雕饰表现出元、明、清等不同时期的文化背景。

图7 古街

图8 古街

街巷

榕津古街长700多米，宽约5米，中间用青石板铺砌。据说在建造此街时，由于此地面对的石山如同两只下山猛虎，聪明的榕津人便把街修建得像一张弓，街中所有小巷直指对面的虎山。小巷笔直无曲，确像利箭搭在弦上，因而古街又有"张弓射虎"之说。

图9 村寨门

古戏台

位于榕津街北侧，古村入口"连理古榕"旁，戏台古朴、大方，既有精致的石刻、石墩，也有镂空的飞檐和形态逼真的雕花，古戏台边的石刻，可以清晰看见身着宋朝官服的人物图案。

门楼

榕津北侧古戏台旁的门楼，牌额上题有"通津履泰"，除此尚有魁星楼以及十字街西头的太平门和十字街东头的十字街门，此三处门楼外观结构仍保留着传统的风貌。

义渡码头

此外位于榕津老街的东南侧，临榕津河岸还保存有义渡码头。

古树名木

榕津村古榕群由十株树龄逾千年的古榕所组成，北街口的连理古榕和东街口的墙上古榕最有特色：连理古榕发育茁壮的气根酷似树干，气根与枝干相连形成了类似拱门的造型，实属罕见；东街口的墙上古榕也十分让人惊叹，树根、树干与墙体相依，分不清是"先有树还是先有墙"。

图10　古戏台

图11 连理古榕

图12 义渡码头

图13 墙上古榕

粤东会馆

粤东会馆是广西最早建立的商业会馆之一，会馆位于榕津十字街56号，系广东籍人士为进行交往和开展商业活动而兴建的会馆。建筑为砖木结构，由前厅、天井、天后宫、厢房等部分组成。该建筑平面形似"回"字，四角四檐天面盖有黄色琉璃瓦，檐下四角为雕花吊檐挡板，屋脊高0.5米，绘有一幅幅古代故事人物画像，非常精美。

图14 会馆大门

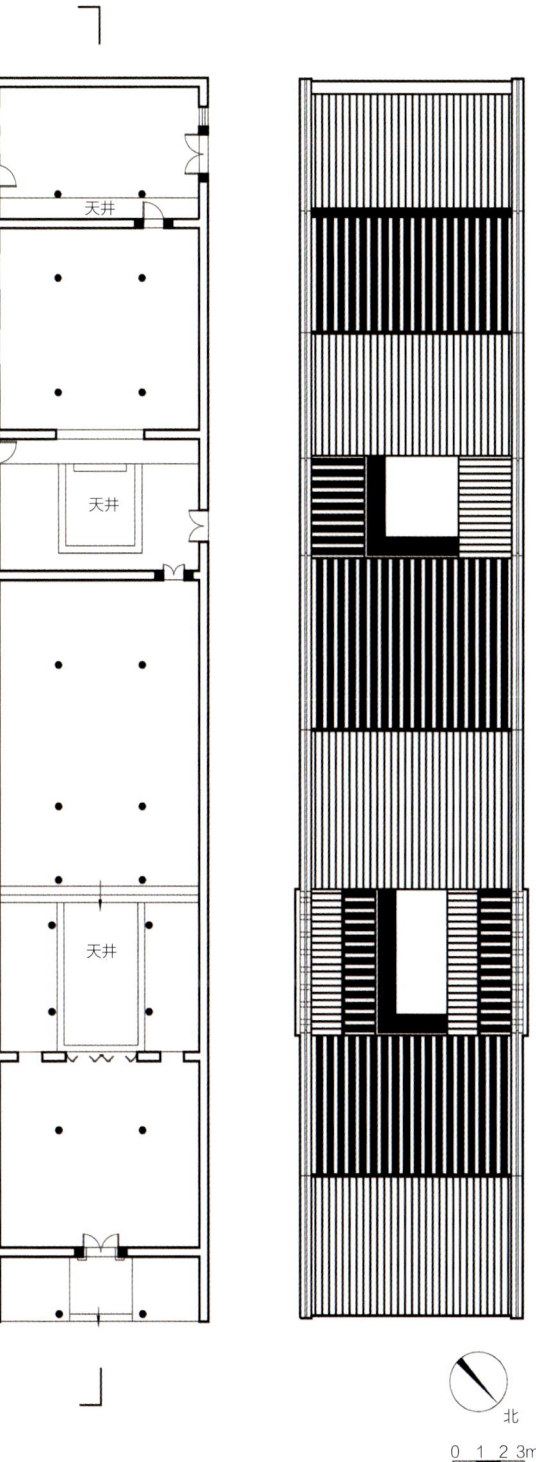

图15 粤东会馆平面图

北

0 1 2 3m

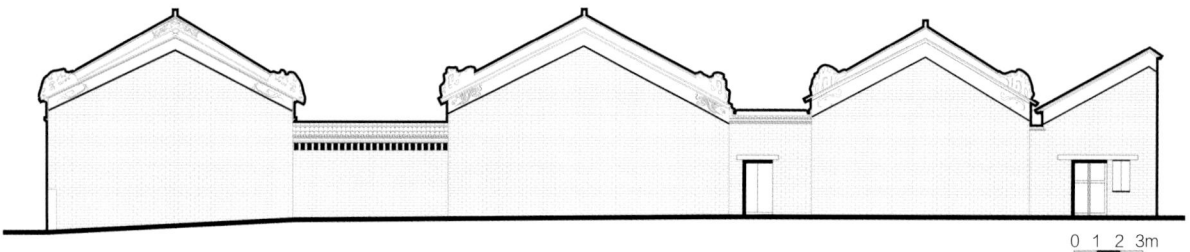

图16 粤东会馆侧立面图

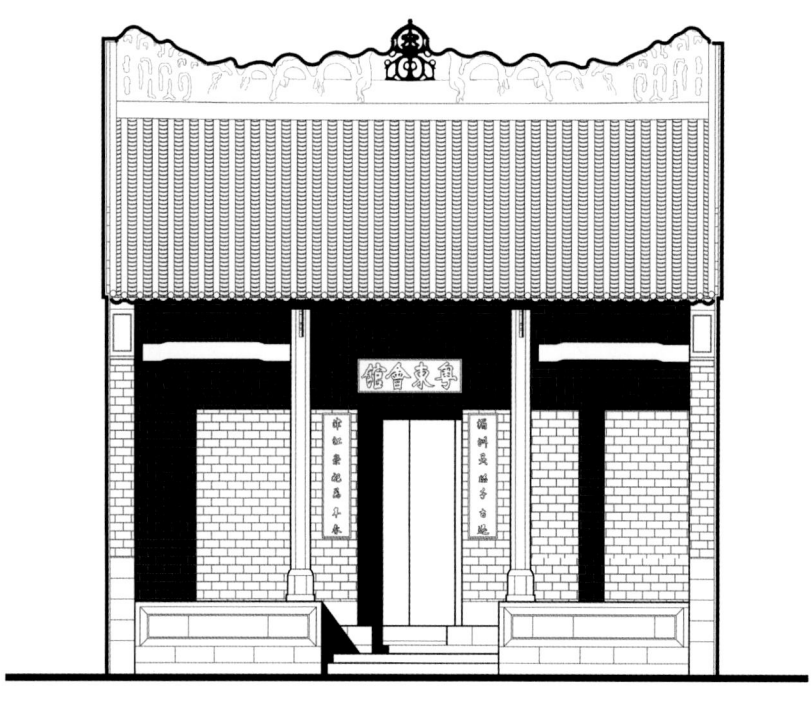

图17 粤东会馆正立面图

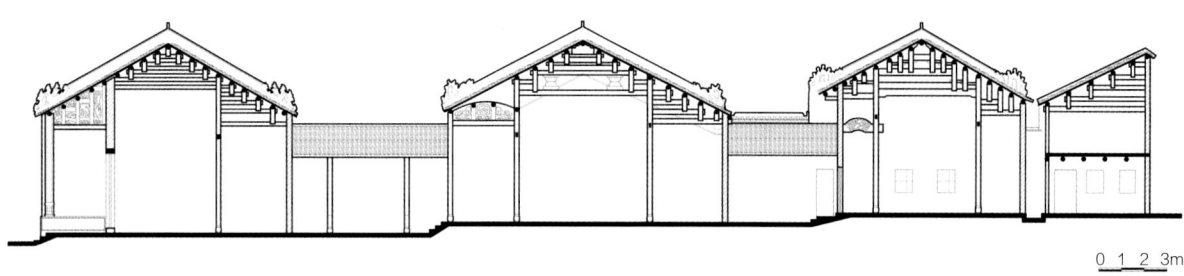

图18 粤东会馆剖面图

细部构造

图19 雕花梁板

图20 入口雕花梁板

图21 内院天井

张家镇

和村

图1　村域区位示意图

村落概况

和村位于平乐县张家镇南部，距平乐县城约27公里，距张家镇镇政府约6公里。和村村民多为李氏后人，始祖李樑系唐太宗李世民第13代孙，官居太尉。905年，广西昭州（平乐）壮瑶民乱，李樑带5子及部将兵卒3万余人，会同陶英太尉至昭州"平乱"，数月间平定，并安抚民众，深得民心，因未获班师诏书，暂时留守昭州。907年3月，唐发生政变，朱传忠逼哀帝李柷"禅位"，自称为帝，改国号为梁。李、陶二将军闻讯，不愿为梁臣，遂自卸兵权，为避梁祸及，李、陶两家及部将隐居于昭州白竹林（今属平乐县张家镇境内），后迁往和村。至今和村每年仍举行盛大的祭祖活动，并保留有李梁墓和一品夫人陶君慈墓。

和村位于县道150西南侧，榕津河一支流缓缓在村东流过，村落依山而建，建筑群体呈弯月形环绕山体。村落西面场地开阔，为大片田地，南侧树林密布。整个村落山环水抱，有充足的水源，有开阔的可耕种的农田，还有日常生活所需的林地，符合传统村落选址择地的重要条件。

村落巷道多为青石板铺设，沿路两侧布置排水沟，与每户天井的出水口相通，部分巷道入口还保存有门楼。

图2　传统建筑

图3　古民居

祠堂入口建筑

该建筑为村内最早的祠堂，内部已塌陷，仅留入口处外墙及石柱。

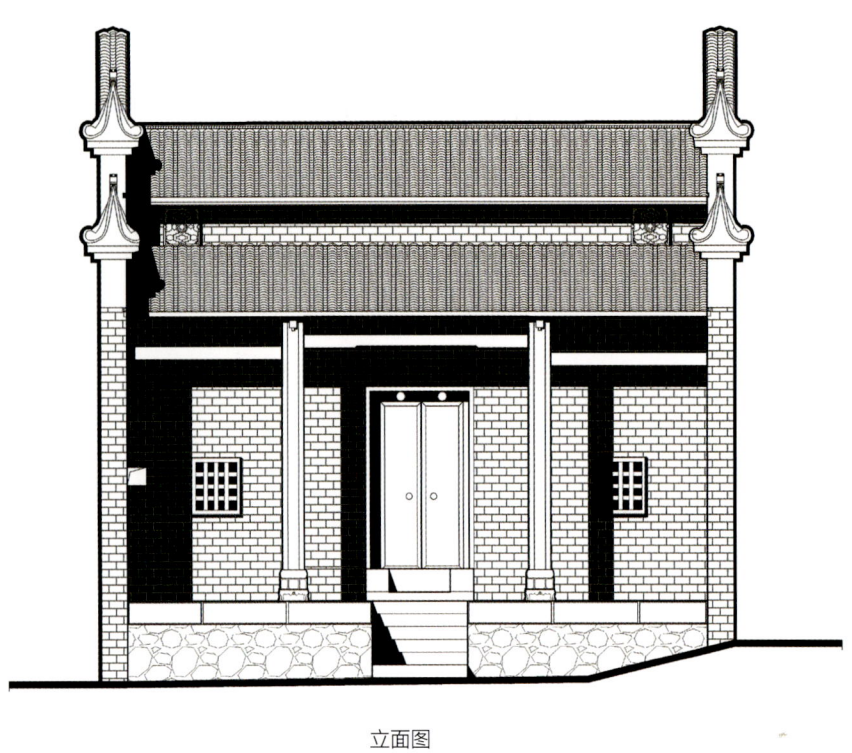

立面图

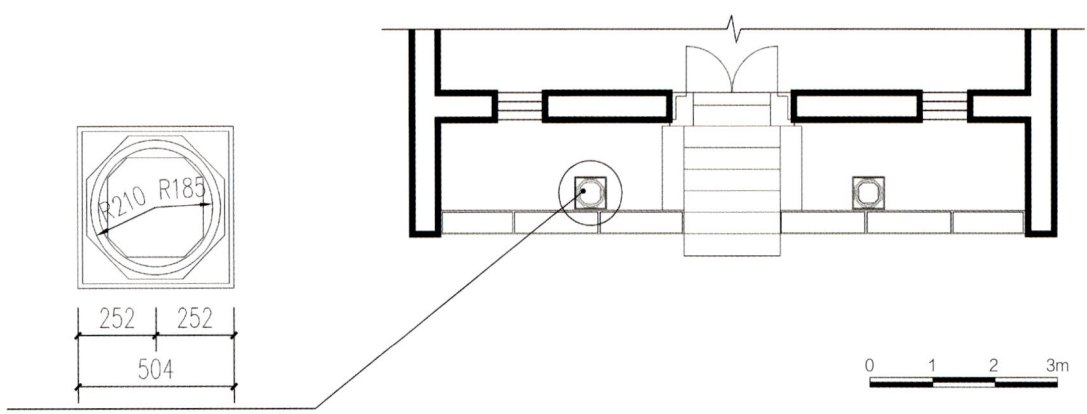

图4　祠堂入口平面、立面及大样图

图5　木雕花格

图6　祠堂大门

图7　石雕柱础

12

雁山区   280

草坪乡　潜经村   281

雁山区

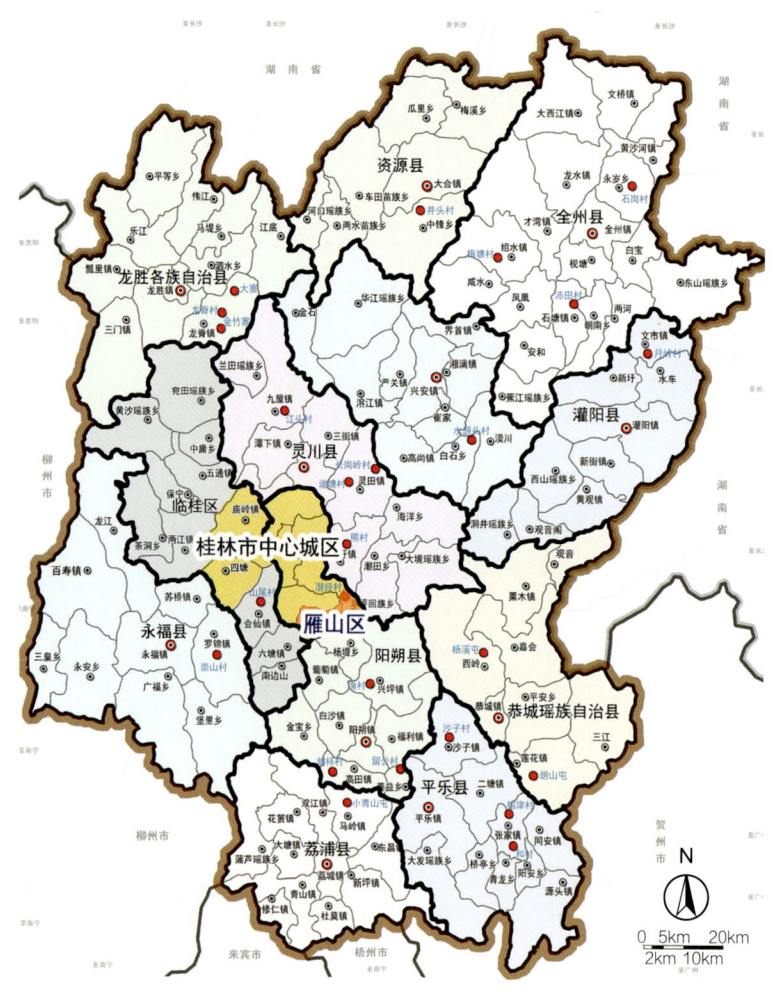

图1 桂林市雁山区区位示意图

雁山区位于桂林市南部，属桂林市六城区之一，雁山区辖雁山镇、柘木镇、草坪回族乡、大埠乡，行政区划面积288平方公里。东与灵川县相连，西与临桂区毗邻，南与阳朔县交界，北与象山区、七星区接壤。雁山区在桂林市五城区中属于较特殊的城区，辖区面积大，以乡镇农业人口为主。雁山区中心镇为雁山镇，因镇区西北面丘陵大岭与雁山公园内石山组合形同大雁而得名。雁山镇在秦汉至隋朝为始安县属地，唐朝改属辖于

临桂县，清代属临桂县东乡，清末改设良丰乡。1913年临桂县改名桂林县，雁山镇随属桂林县东区；1933属桂林县良丰区；后临桂县复名，属临桂县良丰乡。1950年该镇改名临桂县九区（良丰）；1954年属临桂县三区（雁山）；1958年由雁山乡改称雁山公社；1959年划入良丰农场；1961年划入桂林市郊区，复称雁山公社；1984年改称雁山镇；1996年12月桂林市郊区更名为雁山区。

草坪乡

潜经村

图2　村域区位图

村落概况

　　草坪回族乡成立于1984年，属桂林市雁山区辖区，位于桂林市东南郊的漓江东岸，下辖草坪、潜经和大田3个村委会和一个居委会。全乡有8个民族，其中回族人口占总人口的38%，是广西唯一的回族乡。潜经村位于草坪乡北面，大草公路东侧，距乡镇府约700米。潜经村现有村民约205户，人口约1102人，是一个回民聚居较多的村庄（占全乡回民人口数的85%）。

　　据村中老人白贵芬叙述，潜经白氏回民先祖来自河南洛阳。元朝时，蒙古统治者追杀伊斯兰信仰者。白家为了保住后代及家中的四十卷《古兰经》，让儿子文登、文竹携带四十卷经本潜逃。

　　兄弟俩忍饥挨饿，日夜兼程，经过四个多月的跋涉，到了现在的草坪。当时这里有十多个小村庄，星罗棋布地散布在潜经周边。兄弟俩见此处地势平坦，周围环山，树林茂密，交通闭塞，易于躲藏，兼气候温润，宜于种植。便在后山金鸡岭找了一山洞，将经卷藏于其中，后人称"藏经洞"，至今仍在。定居后，兄弟俩勤恳劳作，与当地女子通婚，繁衍后代，形成了一个小村庄，叫白家庄。几代后人丁兴旺，长房留守本土，弟弟文竹携其子孙离开了白家庄，到南山另辟家园。清代为了纪念先祖文登，将白家庄改为"藏经村"，后又更名为"潜经村"，一直流传至今。

村落特色

潜经村东南环山，山上植被葱郁，西朝漓江，地势平坦，西侧大草公路经过，交通便利。村落入口处有一水塘，塘边古树参天。民居多坐东朝西，面对漓江，布局紧密。作为广西代表的回族迁徙村落，潜经村有较高的文化研究价值。

潜经村保存有白氏宗祠、清真寺、砖木结构民居约70栋，包括清代的老宅院近20座。它们依结构可分为明厅屋、跑马楼和燕子屋三类。明厅屋为单层长方形布局，"明厅"者，厅堂明亮之意。入口以隔板为屏门，从隔板两边侧门进入天井，正厅朝天井开敞，厢房门窗镂空采光，雕花精美。正厅供奉祖先香火，两侧厢房供客人居住，主人居住正厅侧面及后面4个房间。天井铺设青石板，四周暗沟排水。跑马楼则为两层布局，一层形式与明厅屋相似，但厢房和正厅上还设一层楼，楼上的房间连贯相通，故名"跑马"。燕子屋则是无天井的平房式民居，规模较小。

每户老宅的大门两侧，又或是房屋转角处的墙根都嵌有一对圆形石臼，个别房屋只嵌一只，为趋吉避凶之物。村落入口处保留有一座清真寺，位于白氏宗祠旁，大门保存完整，由国民党高级将领白崇禧主持修建，至今正门所对墙壁上还有其所提"兴教建国"的碑刻。

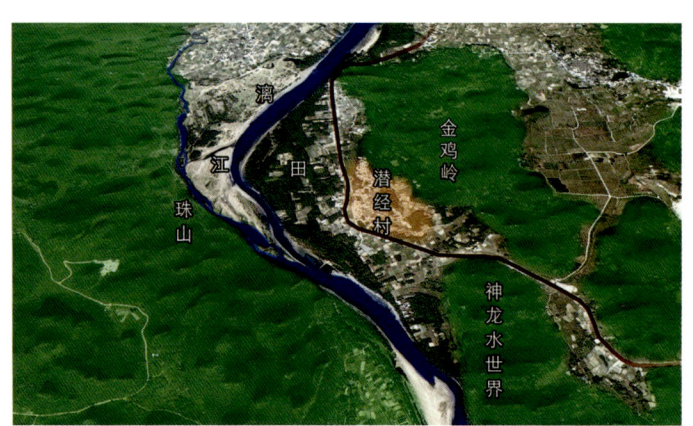

图3　村落外部环境示意

图4　村落入口全景

图5 潜经小巷（钢笔画）

白氏宗祠

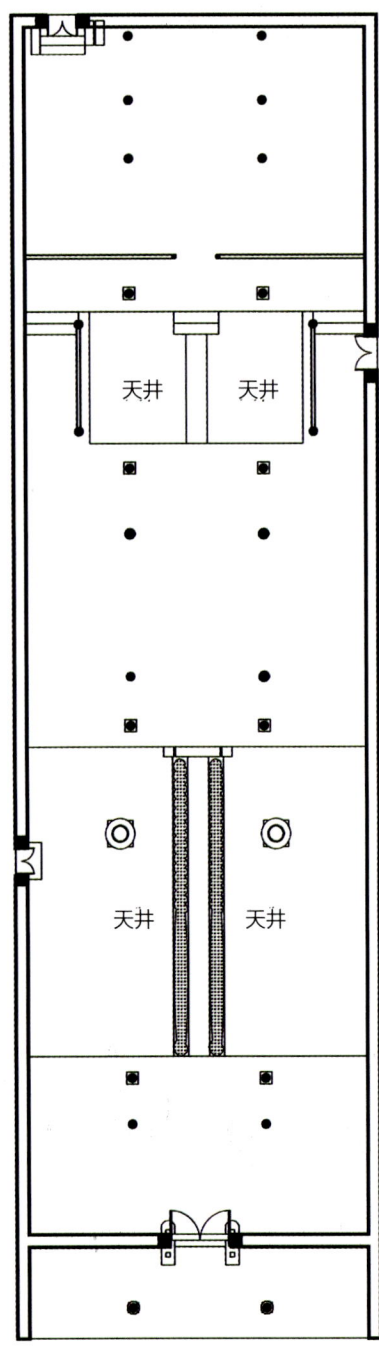

图6 白氏宗祠平面图

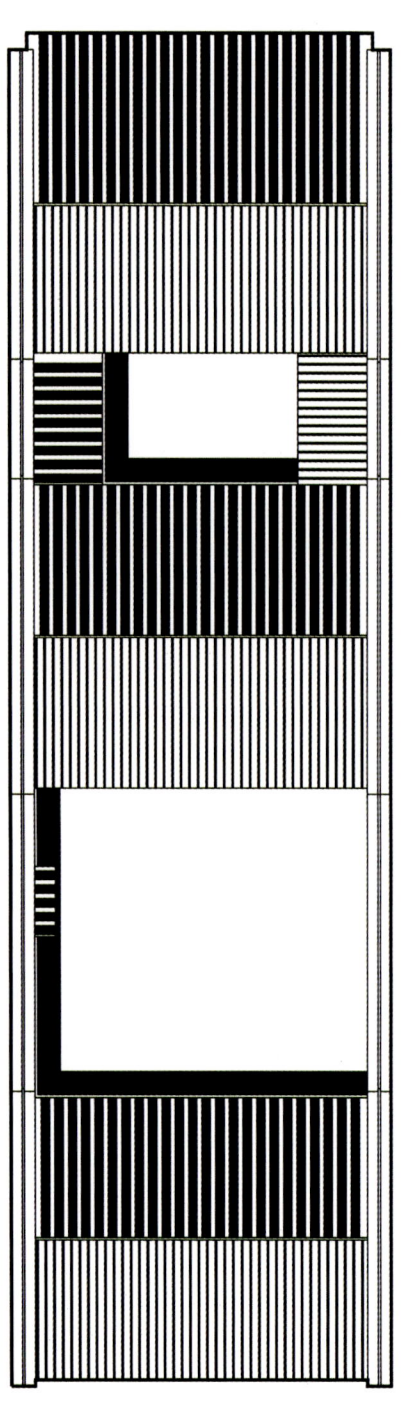

图7 白氏宗祠屋顶平面图

潜经村是草坪乡重要的回族村落，白氏宗祠为鲜见回民宗祠，其对于研究民族融合具有极高价值。宗祠坐落在村口大路旁，进村道路将宗祠侧面山墙与村中水塘隔开。宗祠对面是丰茂的稻田，清澈的漓江和秀丽的群山。

白氏宗祠为三进两天井院落，规模巨大，是村民议事、节庆、婚丧嫁娶的场所，建筑内部可见伊斯兰教特有的文字与装饰。宗祠的平面呈长方形，面宽三间，进入大门即为一方形院落，穿过方形院落为开敞议事大厅，大厅往内再穿过一小院落为正厅。入口方形院落于中央道路两侧设置了防火用的太平缸。宗祠正立面庄严大度，无过多装饰，侧立面则结合了弧形和马头形山墙，形成变换的节奏。加上建筑侧面近村中水塘，水面清澈的倒影更显宗祠的静穆秀美。为了获得更大的开敞空间，建筑第三进大厅灵活地采用了抬梁减柱的独特梁架结构。

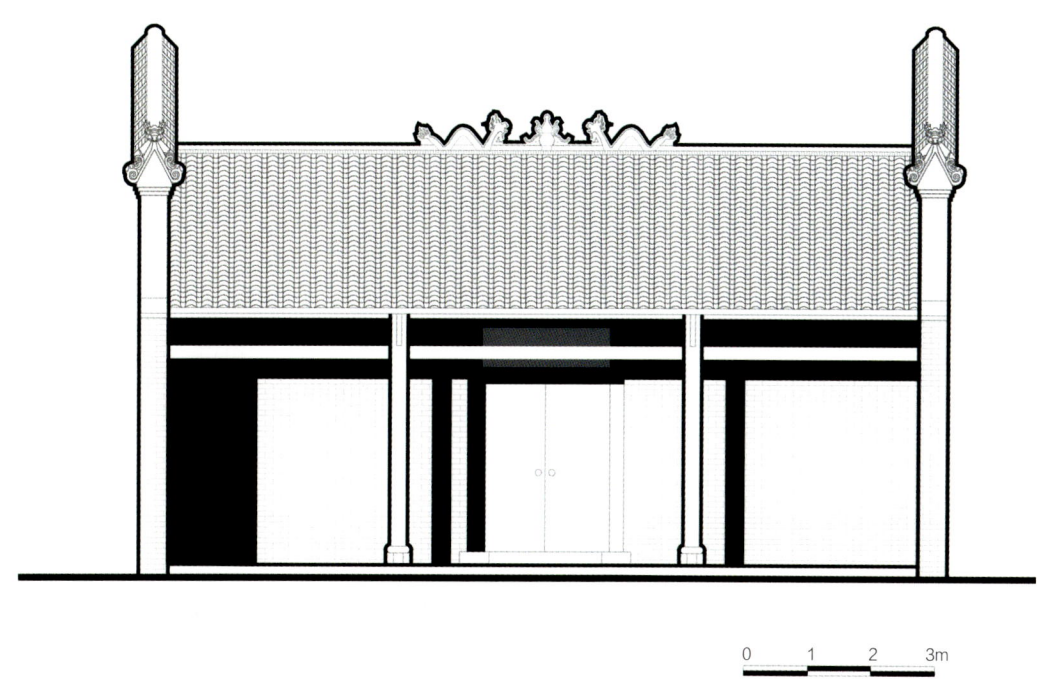

图8　白氏宗祠正立面图

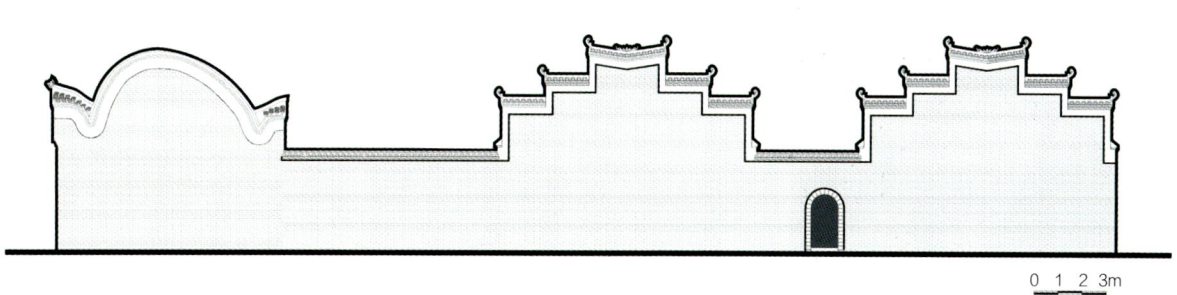

图9　白氏宗祠侧立面图

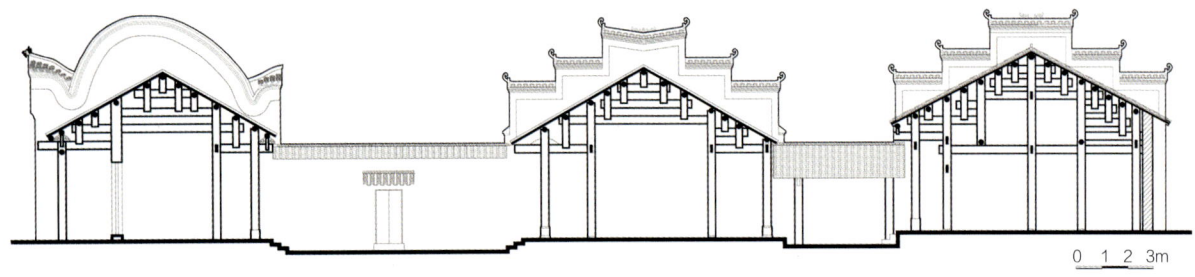

图10　白氏宗祠剖面图

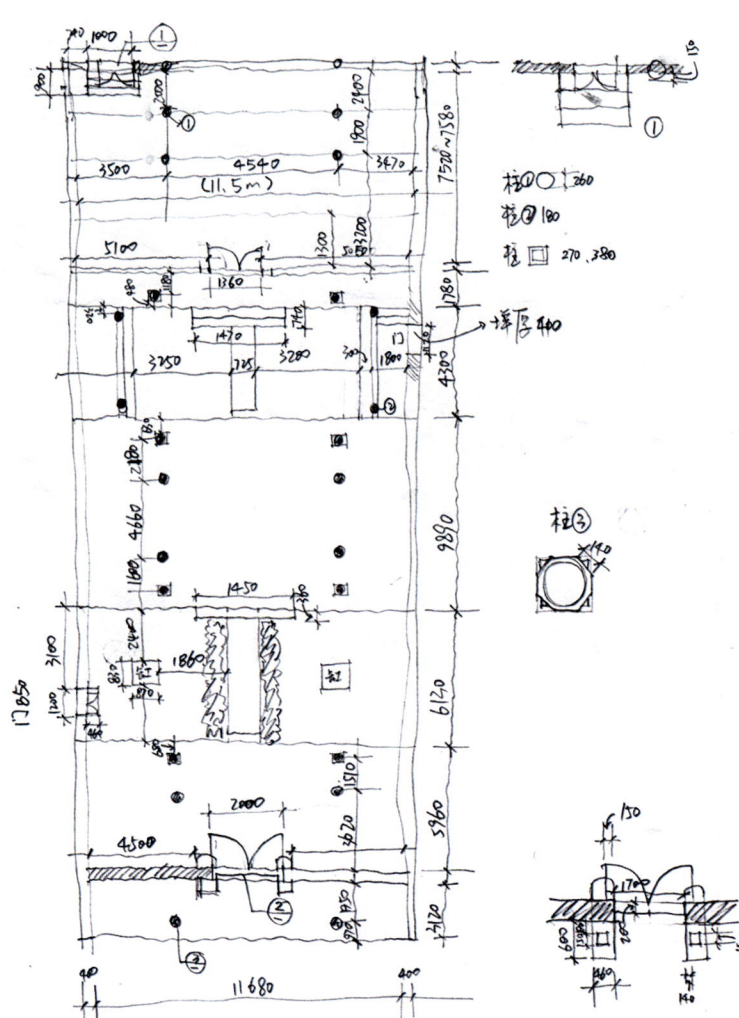

图11　宗祠屋顶

图12　现场手绘稿

87号民居院落

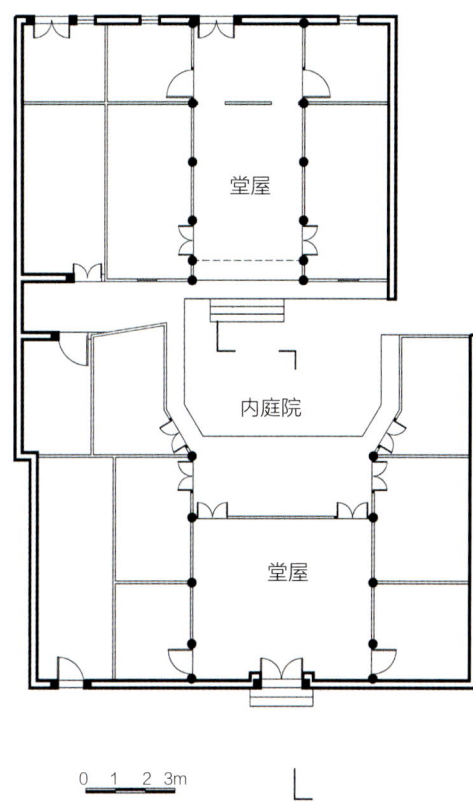

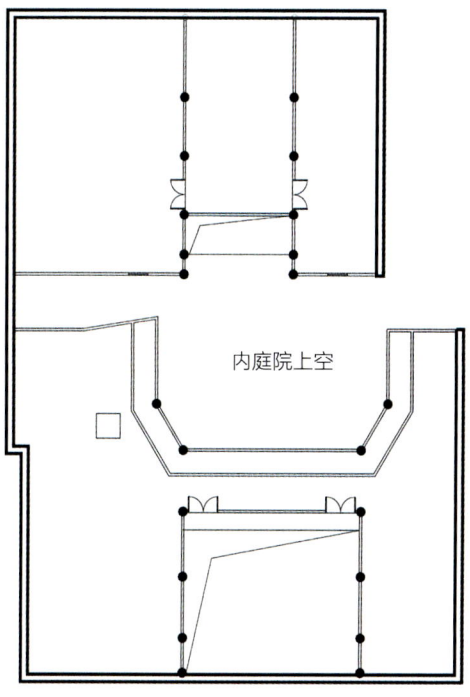

图13　87号民居平面图

潜经村87号民居为典型的跑马楼式民居。建筑依用地而建，呈不规则凸出的长方形，进深长，开间窄。进入民居可以发现，两边厢房与正厅之上还设有一层楼，楼上房间以走廊连贯相通，名"跑马廊"。穿过跑马廊下方的天井，即为厢房环绕的堂屋。

87号民居体现了潜经村的民居特点，十分有代表性，即外墙封闭性强，内部木结构开敞通透。建筑采用了穿斗木结构与砖砌外墙的组合，局部悬挑的跑马廊和堂屋上方的开敞厅堂可以将室内外空间融为一体。

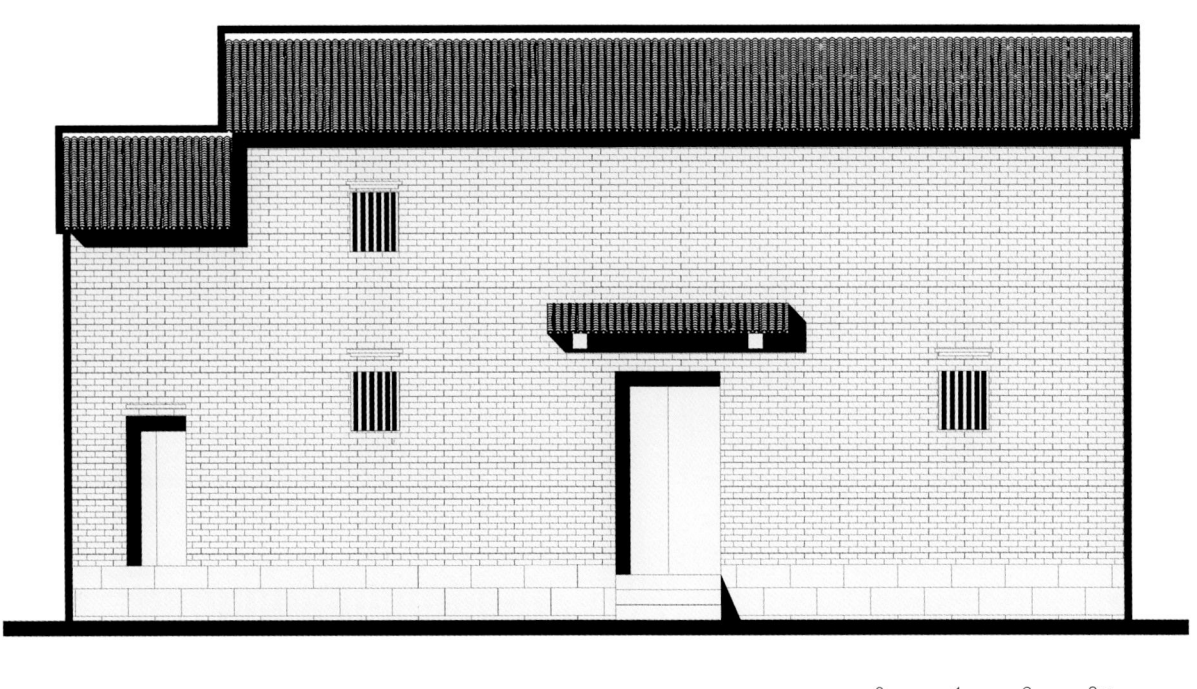

图14　87号民居正立面图

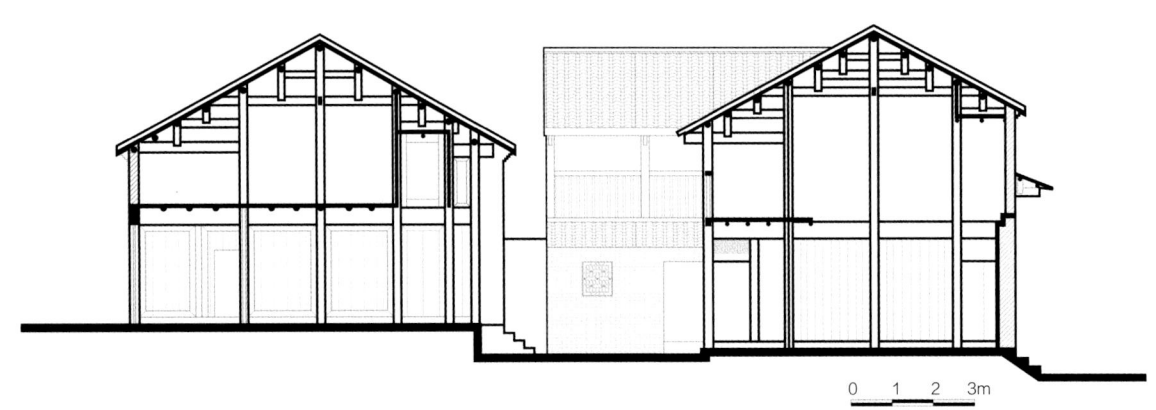

图15　87号民居剖面图

13

临桂区　　　　　　　　　　　　　　　　290

会仙镇　山尾村　　　　　　　　　　　291

临桂区

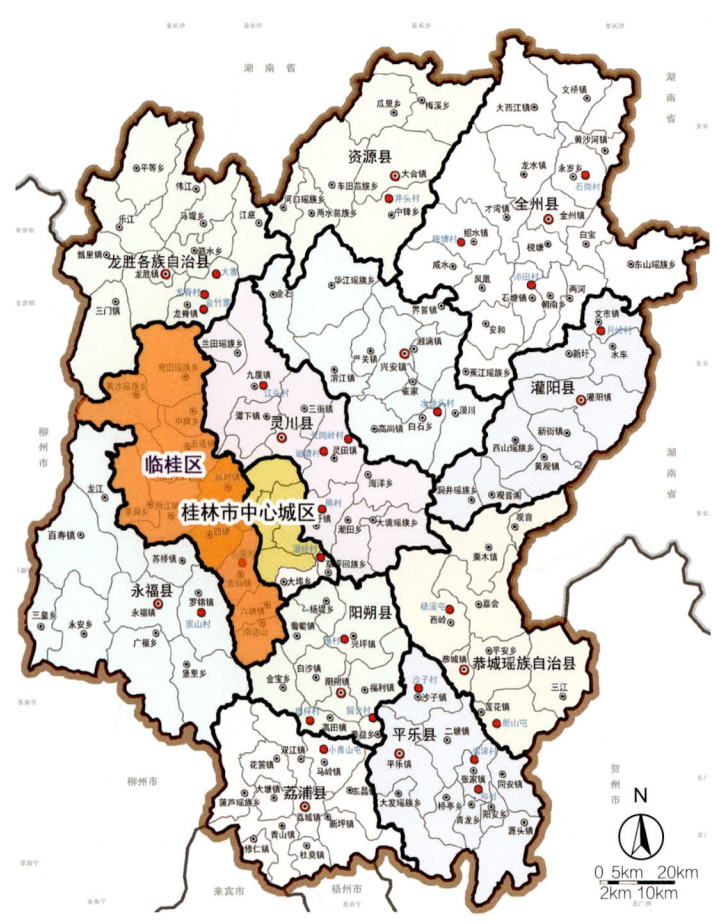

图1　桂林市临桂区区位示意图

临桂区位于桂林市西郊，下辖8个镇、1个乡、2个民族乡。临桂境内地处南岭南缘，东西窄，南北长，东部略低于西部，由西北向东南倾斜，形成东西向分水岭。临桂区西南临永福县，东接桂林市秀峰区，东南靠桂林市雁山区。汉代，县地属南越王国，元鼎六年（公元前111年）置始安县，为临桂县行政建制之始。三国吴甘露元年（265年）置始安郡，以始安县城为治所。南朝始安县成为皇族封邑。隋、唐属桂州、始安郡。唐至德二年（757年）因"附郭桂州"，将始安县改名

临桂县。唐代在城南修筑相思埭运河，沟通桂江和柳江的航运。五代至清，临桂县名未变。民国元年（1921年），临桂县撤销，直属桂林府。1949年11月县境解放，隶属桂林专区（后改为桂林地区）。2013年国务院批文，撤销临桂县，设立桂林市临桂区，以原临桂县的行政区域为桂林市临桂区的行政区域。临桂历史上人才辈出，广西历史上第一位状元赵观文就出自临桂。自唐代以来，临桂共出了5名状元，2名榜眼，291名进士，被誉为"状元之乡"。

会仙镇

山尾村

村落概况

会仙镇位于临桂区南部，距临桂城区30公里，是临桂四大古镇之一。山尾村位于会仙镇北面，距会仙镇区约1.6公里。山尾村占地约67亩，属平原地貌，现有村民约140户，650余人。山尾村是国民党名将白崇禧的故居所在地。2001年6月，临桂县人民政府将"白崇禧故居"列为县文物保护单位。

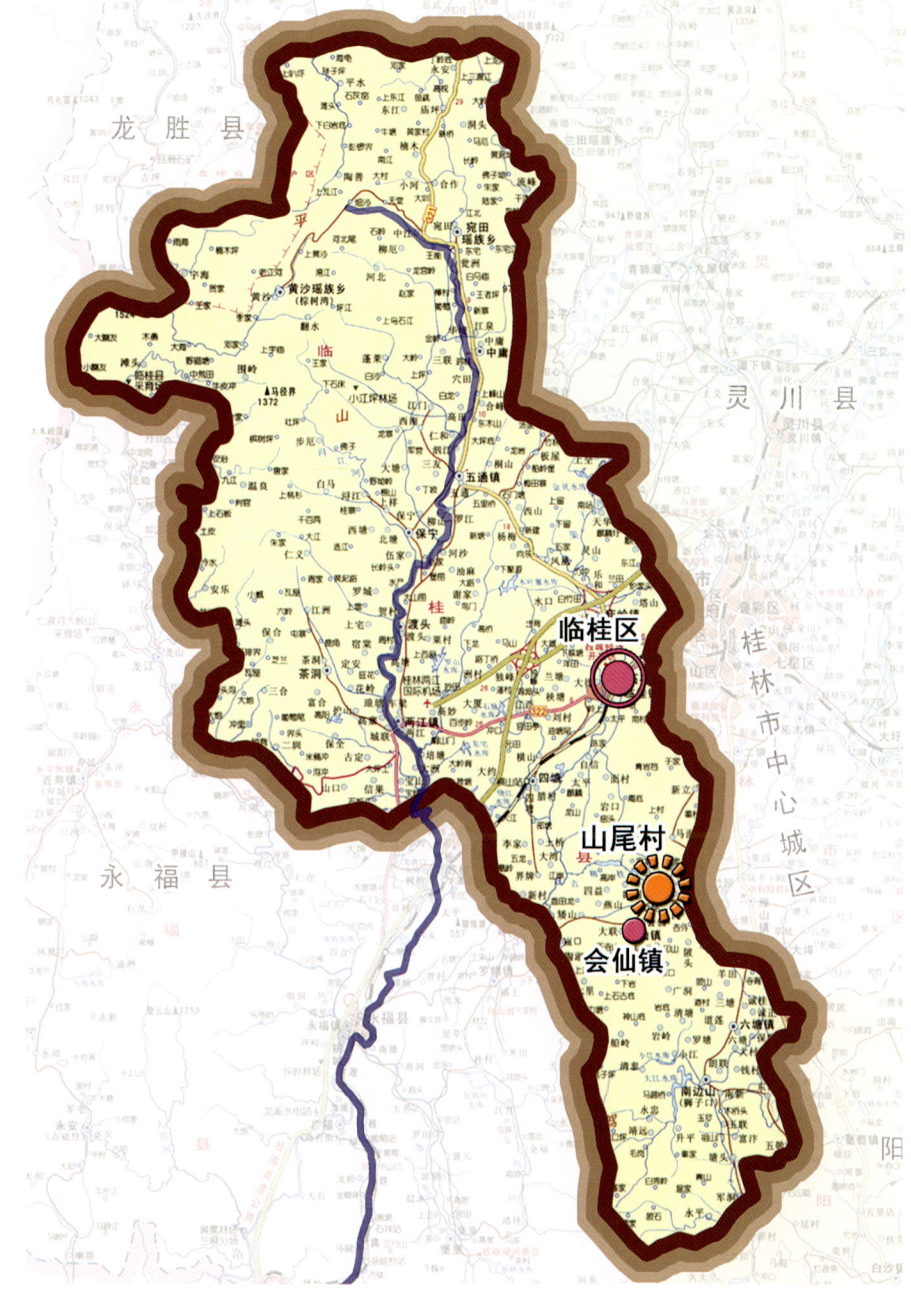

图2　村域区位示意图

村落特色

山尾村北面为开凿于唐代的桂柳古运河支流，西面背靠龙头山，东面为开阔的平原，周边河溪密布，地下水丰富，村中多古井，井水甘冽清甜，实为一处钟灵毓秀的宜居之地。山尾村历史悠久，现仍保留有传统民居、石制门楼、石井、石盆等历史遗存。村内建筑多背倚石山，坐西朝东，布局规整，村落周边为开阔田地，夏日凉风可直入村内。

白崇禧为官后于1937年修建的"白崇禧故居"就坐落于在村子中央，是一座坐西朝东的两层建筑，故居大门前是一块约两百平方米的地坪，青石板镶嵌，一条小溪从门前穿过。白崇禧出生于1893年3月18日，他的出生地不在此房，而是在距该建筑约50米的龙头山脚下的后屋中。据村民介绍，后屋原为一栋砖瓦结构的平房，20世纪60年代末被拆除，拆除后的场地一侧做谷坪，另一侧于20世纪70年代砌成知青房，现仅存断墙残瓦。

山尾村清真寺始建于明末清初，占地一亩多。抗战时期，寺内曾设中阿小学。1950年该寺白小春阿訇去世后，无人掌教，清真寺年久损毁，只余一寺门及山墙。

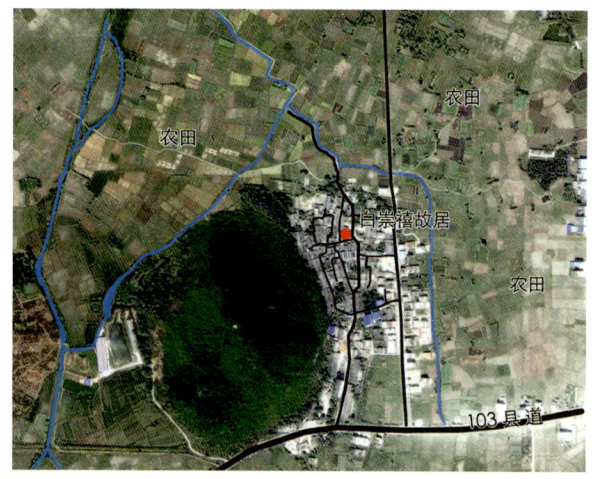

图3　村落格局示意

图4　村落全景俯瞰

白崇禧故居

白崇禧故居原为国民党桂系首领之一白崇禧的兄长所建，始建于1929年，完工于1937年。故居原占地面积广阔，为组合式大庄园，依山傍水，山下有井池、荷塘，庄园中有清真寺和学堂。现存一座主楼及配楼，主楼坐西朝东，外墙厚重，内部通透，内院保留了石雕鱼池、花台及大量精美木雕。

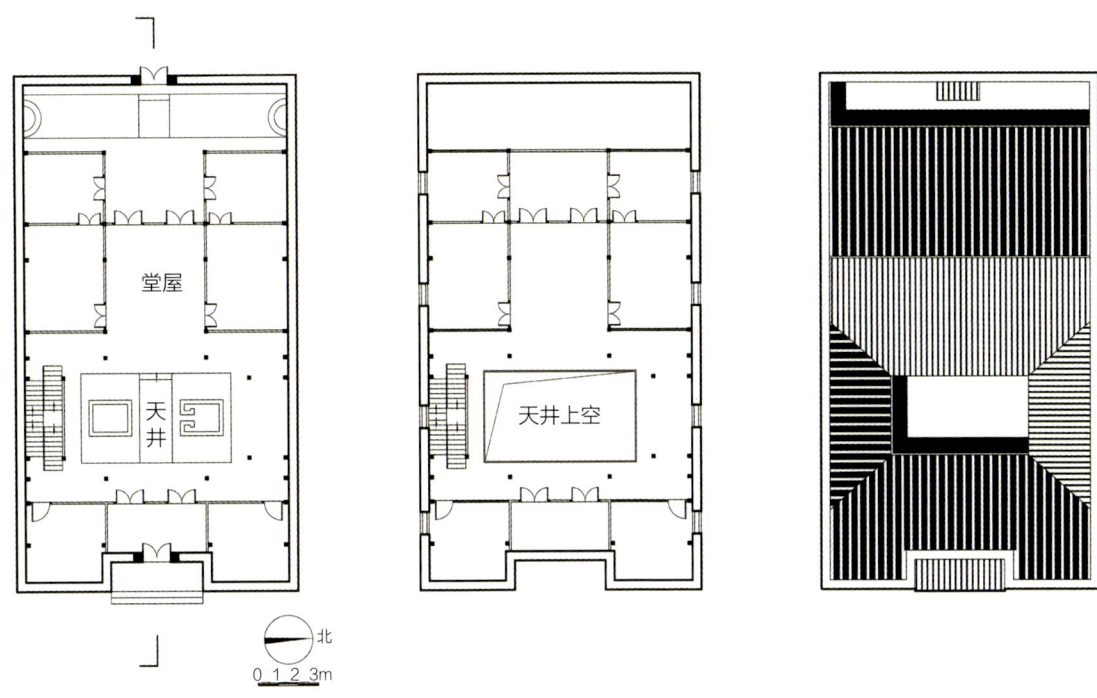

北

0 1 2 3m

图5　白崇禧故居平面图

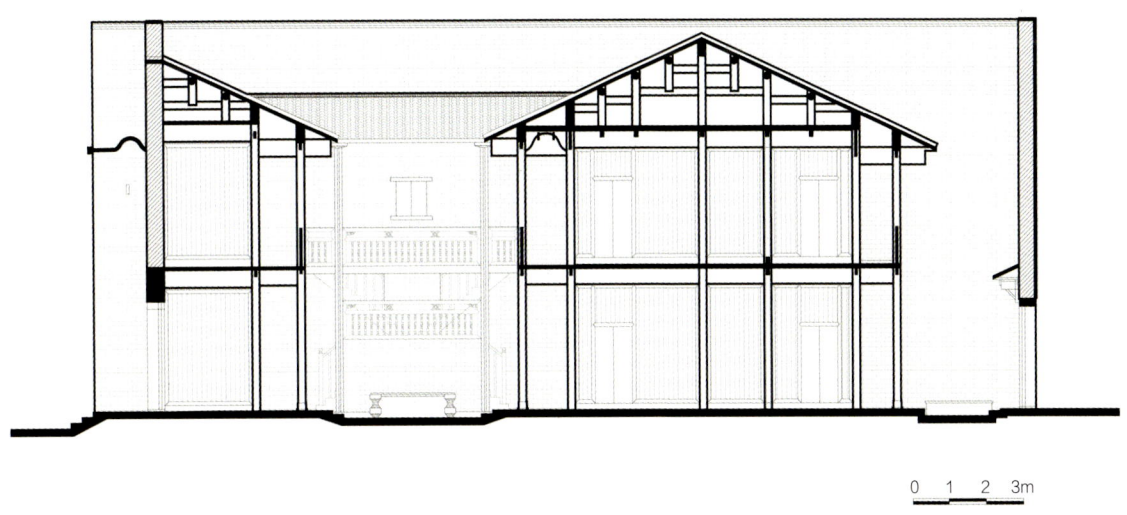

0 1 2 3m

图6　白崇禧故居剖面图

图7　故居大门

图8　栏杆及檐口

图9　庭院一角

图10　楼梯及栏板

后 记

AFTERWORD

　　民居调查研究是一件异常耗时耗力而没有"产值"的工作，但也是一件极具意义的工作。尤其像桂林这样历史悠久、文化底蕴深厚、众多民族聚集生息的地区，其传统村落与桂林独特山水环境的完美结合，中原文化与地方（岭南）文化的和而不同、多元共生，形成了独具桂林特色的人居环境和乡村风貌，建筑制式与风格的多样尤显得十分突出。

　　早在20世纪80年代后期，我院就开始了这项艰苦的工作，深入桂北地区每个县（乡）现存的传统村落调查访谈、实地测绘、图纸制作、文字整理以及资料查证等等。但因当时技术力量薄弱、资金不足，只能不急不躁、持之以恒的点滴积累，眼前的这本册子只是阶段性的小结。桂林目前列入国家传统村落名录的数量占广西的一半，如此丰厚的遗存，有待我们从更广阔的视角，更深入地去研究、发掘并加以弘扬，尚需孜孜不倦的去努力。还须提及的这只是一次不够全面的汇报，望不吝指正。

韦伟

2017年12月25日

本书制作与调研人员

制作人员：丁　玲　李　玲　覃海英　韦　琦　陈招弟
　　　　　杨林霞　莫　波　李　兵

调研人员：韦　伟　郑景文　陈　清　周　彦　丁　玲
　　　　　李　玲　肖小平　毛义立　林　兵　龙良初
　　　　　刘建军　李　兵　农建明　余建林　覃全文
　　　　　庚爱华　唐海涛　郑海涛　廖广山　莫　波
　　　　　蒋继军　何　源　时　铸　杨林霞　李　敏
　　　　　邓珍玉　陈利花　龙　程　梅冠达　李光耀
　　　　　蒋　为　石跃中　蔡庆莹　王雯雯　胡润福
　　　　　何　宁　邓立恒　孙秀华　朱　倩　石嘉宝
　　　　　于春洋　陈江碧　陈招弟　陈少勋　谭卫华
　　　　　周俊威　陈同舟